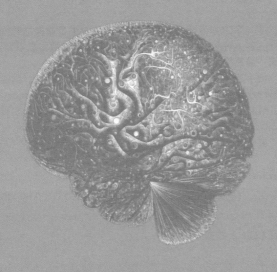

行业元宇宙

王紫上　孙　健　颜　桃　贾博越◎主编

清华大学出版社
北京

内容简介

本书是众生共创、真实原生的"活"的元宇宙图书，它首先是一部关于行业元宇宙的专著；其次是全球首款数字原生共创的图书，以游戏化、行为艺术的方式奠定元宇宙基础并构建元宇宙生态。

本书描述了行业元宇宙如何赋能实体行业，帮助中小企业换道升维，进入元宇宙的数字新蓝海，并打造各类数字新物种、数字人、数字场景和数字新财富。

本书以点带面，最终推广到各个行业，行行皆可元宇宙。

本书合数千位数字原生藏品参与者之力，创建了共创者DAO。因篇幅有限，最终由20多位共创者分享行业元宇宙的探索实践。

本书对于想了解和探索Web 3.0、元宇宙和数字经济的创业者、实践者、从业人士、爱好者、藏家及Z世代（出生于1997—2012年的人）、实体经济的企业家都是一部非常有借鉴意义的元宇宙专著。

本书封面贴有清华大学出版社防伪标签，无标签者不得销售。

版权所有，侵权必究。举报：010-62782989，beiqinquan@tup.tsinghua.edu.cn。

图书在版编目（CIP）数据

行业元宇宙/王紫上等主编.—北京：清华大学出版社，2023.2（2023.4重印）
ISBN 978-7-302-62802-6

Ⅰ.①行… Ⅱ.①王… Ⅲ.①信息经济 Ⅳ.① F49

中国国家版本馆CIP数据核字（2023）第025007号

责任编辑：白立军　战晓雷
封面设计：杨玉兰
责任校对：韩天竹
责任印制：宋　林

出版发行：清华大学出版社
　　　　　网　　址：http://www.tup.com.cn，http://www.wqbook.com
　　　　　地　　址：北京清华大学学研大厦A座　　邮　　编：100084
　　　　　社 总 机：010-83470000　　邮　　购：010-62786544
　　　　　投稿与读者服务：010-62776969，c-service@tup.tsinghua.edu.cn
　　　　　质量反馈：010-62772015，zhiliang@tup.tsinghua.edu.cn

印　装　者：三河市东方印刷有限公司
经　　　销：全国新华书店
开　　　本：148mm×210mm　　印　张：10.375　　字　数：232千字
版　　　次：2023年3月第1版　　　　　　　印　次：2023年4月第2次印刷
定　　　价：69.00元

产品编号：098368-01

推 荐 序 1

元宇宙：驱动经济创新和社会改造

"你永远不会通过与现有的现实作斗争来改变事物。要改变一些东西，就要创造一个新的模式，使现有的模式过时。"

——建筑师和设计师 Richard Buckminster Fuller

自去年春夏以来，逐渐形成了一种元宇宙现象——元宇宙概念、元宇宙会议、元宇宙试验、元宇宙实体、元宇宙投资、元宇宙技术、元宇宙艺术，一波又一波，至今方兴未艾。其中，在出版界兴起了元宇宙著作热，至少数十种不同主题的元宇宙书籍展现在读者面前。

现在，由清华大学出版社出版的《行业元宇宙》则是别开生面的一本元宇宙著作，是彰显元宇宙合作组织方向的开山之作，因为本书是由王紫上、孙健、颜桃、贾博越四人发起，多方共创完成的，"不仅是写元宇宙的专著，也是践行元宇宙创新的一个原生数字新物种"。

从书名来说，本书直指元宇宙未来发展的根本路径：元宇宙需要与行业结合。因为一部人类经济发展史说到底是不同经济行业演变的历史。行业是宏观经济和微观经济的结合点：一方面，行业是经济部门，即经济结构的基础；另一方面，行业构成支撑企业从生产到交易的生态。

所以，元宇宙需要行业化，行业需要元宇宙化。本书将行业元宇宙定义为"现实世界中的各行各业，利用元宇宙相关技术和基础设施,从现实世界迁徙到元宇宙数字虚拟世界,从而形成的拥有原行业基因和特质的、高维度的元宇宙数字虚拟世界"。本书共12章,着重论述行业元宇宙的诞生、趋势、特征、意义、商业、经济、治理、应用、技术、分布式自组织(DAO)、非同质化通证(NFT)和数字藏品,并列出参与者、共创者名单和本书的诞生过程。

值得赞赏的是,本书提出了一些具有理论深度的核心概念。例如,元宇宙三要素,即数字场、数字人和数字新物种。其中,数字场是数字空间、数字域;数字人是元宇宙的主体,是现实人类的未来存在模式;数字新物种包含了数字孪生、数字原生和虚实共生三类。按照生物学原理,物质本身还会进化和突变。

进一步,本书详述了行业元宇宙在制度、维度、模式、技术、数字新物种五方面的创新,具备历史、社会、艺术、科技、金融、经济等多重价值与意义。作者指出,"在元宇宙世界中,法律和治理的标准语言一定是代码,而不是文字。"同时,元宇宙对于人类而言,包含不可忽视的治理风险。为此,元宇宙存在"八共"原则:共识、共创、共生、共养、共治、共玩、共赢、共享。

本书探讨和描述了元宇宙的未来发展阶段,即现实行业向元宇宙移民、创造数字原生新行业和创造虚实共生的新行业新物种三个阶段,并做出了元宇宙对现实社会的影响力和冲击要远大于工业革命的论断。所以,如果说元宇宙存在终极意义,可以描述为"元宇宙的诞生标志着人类社会从工业信息社会和文明进入数字社会、数字文明阶段"。

诚然,展望元宇宙的未来发展路径是重要的,但是,更为重要的是元宇宙如何面对当下面临的深刻社会变化与挑战。

元宇宙最大的挑战来自如何适应 Z 世代的价值观。Z 世代在观察了年长的人在工作中的倦怠、时间贫困和经济不安全感之后，更加注重个人职业发展，对工作场所提出了更多要求：更多的薪水、更多的休息时间、远程工作的灵活性及更大的社会和环境责任。对 Z 世代来说，这种价值偏好已成为他们的期望、原则和选择。如果他们的需求得不到满足，他们宁愿离开雇主；如果工作条件不合适，他们就会寻找其他方法维持生计。如此一来，Z 世代有时会被视为反资本主义。然而事实并非如此，Z 世代只是对他们这个时代的社会演变做出独特反应的一代人，并不完全参照年长的人生教训来指导自己的职业选择。有些人甚至认为，劳动力中最年轻的一代人有潜力为工作场所带来有意义的变化。这就是当代工作环境中共识愈加重要的鲜明例证。元宇宙的范式和结构及元宇宙深层的价值理念无疑对 Z 世代具有极大的吸引力。

元宇宙治理也是元宇宙发展需要面对的挑战，所以需要提到日程。元宇宙治理需要从理论和现实社会治理中获得启示。近几年，世界上越来越多的城市开始了相关的实验。2021 年，巴黎市批准建立一个指导政策的常设公民大会（l'assemblée citoyenne），并承诺每年通过参与式预算分配超过 1 亿欧元。在冰岛首都雷克雅未克，游戏设计师建立了一个参与式民主平台 Better Reykjavik，让数百人参与城市的运作中。还有，北美的墨西哥城为其 900 万人口"众包"了一部宪法。智利也正处于一个由公民驱动的宪法制定进程中。

毫无疑问，未来的元宇宙将是自主公民的空间和集合体。在那里，作为未来元宇宙公民，必须建立一个相互信任的基础，必须从每个成员所处的位置开始，接受责任，并为彼此创造有意义的机会并做出贡献。在未来的元宇宙，不仅不存在没有自主权利和能力的顺民，而且可以终结资本主义和消费主义所引导的资源浪费和生态破坏。

最后，针对元宇宙的叙事想象，也会影响我们对于生存环境的判断与思考，因为故事可以塑造社会。系统论先驱 Donella Meadows 写的具有里程碑意义的文章 Leverage Points: Places to Intervene in a System 中提出，社会坚持"关于现实性质的共同社会协议……关于世界如何运作的最深层次的信念"的思维模式或范式。在 Meadows 看来，它们是"系统的来源"。最近，社会学家 Arlie Russell Hochschild 试图通过"深层故事"（deep story）理解她所研究的美国社区——一个他们看待世界的"主观镜头"。

总之，仅仅元宇宙的概念、思想和刚刚开始的实践，已经使当代人类受益甚丰。本书以其独特的方式开启了奠定元宇宙基础和重建元宇宙生态的一种新方式。书外的世界潮流风向和书中对于元宇宙的期待交织在一起，奔赴远方。

谢谢王紫上、孙健、颜桃、贾博越代表的《行业元宇宙》写作群体，本书就是一个百花齐放的花坛。借用本书中不知名的一位行业元宇宙先行者的话作为结尾："花若盛开，蝴蝶自来"。

朱嘉明

2022 年 11 月

朱嘉明 经济学博士，教授。横琴数链数字金融研究院学术与技术委员会主席，南方科技大学等高校客座教授，珠海等地方政府顾问。朱嘉明学术领域宽广，包括经济增长、产业结构、科技创新、金融货币历史与政策、空间经济学、中国改革史等领域。特别是对数字经济、数字货币和区块链有开创性的研究与实践。代表作有《国民经济结构学浅说》《现实与选择》《非均衡增长》《从自由到垄断：中国货币经济两千年》《书话集》《未来决定现在：区块链、数字货币与数字经济》《元宇宙与数字经济》等。

推荐序 2

行业元宇宙推动脱虚向实　助力实体经济纾困增效

当前世界正处于百年大变局和世纪疫情，国际政治、经济、技术、军事正处在大重组、大动荡、大洗牌的特殊时期，国际和国内形势更趋复杂、严峻和不确定。国内的经济复苏动能有所减弱，面临着"需求收缩、供给冲击、预期转弱"的三重压力。特别是消费与投资需求萎缩、产业链与供应链的稳定性受到冲击，大宗商品价格高位带来企业生产成本压力所形成的复合影响，进一步压缩了企业利润空间，传统经营模式下实体经济所面临的瓶颈和困难愈发突出。当然，危机中也孕育着良机，我们也应该认清：大变局带来了大挑战，也会带来大机遇。

尽管传统产业和商业发展面临的压力和困难增多，但是新一轮科技革命和信息化技术的广泛应用也飞速推动着新经济、新业态发展壮大，大数据、区块链、云计算等新技术在整个社会生产过程中发挥着越来越重要的作用，孕育出数字经济和元宇宙蓝海的窗口期。

数字经济是数字时代和文明社会的基石。当前数字经济的发展速度之快、辐射范围之广、影响程度之深前所未有，加速推动着社会生产方式向元宇宙、数字化与智能化协同方向发展，在科技、资本及政策的支持下形成的广阔"蓝海"为企业经营发展带来了新赛道和市场空间，为企业家应对宏观经济下行压力提供了发展的良机和先机。

未来数字经济的体量和规模将远远超过传统经济。利用大变局和疫情的机遇，充分发挥元宇宙的多项数字技术：人工智能、互联网、区块链、3D显示交互、游戏化、物联网、机器人、数字人、大数据等数字科技的力量，改革阻碍生产力发展的旧的生产关系和生产方式，推动实业和企业的数字化转型。

在这样的背景下，王紫上和发起人团队积极推动行业元宇宙赋能实体经济的创新实践，事事皆可元宇宙，物物皆可元宇宙，360行皆可行业元宇宙，无疑是元宇宙数字蓝海中的新模式、新业态、新机会。王紫上和发起人团队在行业元宇宙创新实践的过程中创建了数字阿拉尔和数创新疆，对于推动和发展西部和新疆的数字经济有非常积极的引领示范作用。

行业元宇宙帮助实体经济受冲击最大的传统零售、餐饮、酒店、娱乐、交通、旅游等各行业换道超车，进入元宇宙时代，既可以催生出新的生产消费关系，为纾困增效提供了新路子，也可以帮助企业化解外部环境变化造成的风险和影响，实现逆势突破和稳定增长。实体经济进入行业元宇宙之后，创造了新数字资产的倍增式增长，并出现了可以有效地实施创新、拉动就业的数字岗位，从而带动和促进数字经济的高速成长，拉动传统经济进入新的高速发展轨道。

难能可贵的是，王紫上、孙健、颜桃、贾博越等发起人将创新实践经验总结为一本数字原生的行业元宇宙专著，率先在著书的过程中通过数字孪生、数字原生和虚实共生相结合的创新方式创造出了数字品牌、数字权益、数字藏品和数字新物种等数字资产，让DAO社群成员一起共识、共创、共享、共赢，真正做到了知行合一，实践和理论完整统一。

面对元宇宙的新数字经济时代,我们要因势而谋、应势而动、顺势而为,希望更多实体经济和传统经济能进入行业元宇宙新赛道,抓住机遇,破除垄断,抢占新赛道,把握先发优势,推动脱虚向实,实现商业的稳定变现,赢得市场丰厚回报。

刘以雷

2022 年 12 月

刘以雷　中国(深圳)综合开发研究院首席顾问,中国通证数字经济研究中心理事长,中国投资咨询公司原首席经济学家,中国区域经济 50 人论坛成员,新疆生产建设兵团党委委员、兵团原副秘书长,天山经济论坛主席,博士生导师。

花若盛开　蝴蝶自来
——致敬元宇宙时代的开启者

如果各行各业还没开始对元宇宙的思考,那么元宇宙就依旧停留在科学家的研发、哲学家的思考和培训师巧舌如簧的课程里。

如果没有对元宇宙如何应用在各行各业进行脚踏实地的思考,我们也许永远不能对元宇宙有如此切身的体会和感受。

企业家的思考和想象力是务实的,他们在展望未来的同时必须活在当下。

开启一个科技时代的功劳,似乎总是记在思想家和科学家的头上,从来都没有归功于企业家。而实际上,哪个新科技时代的到来不是各行各业的企业家实干出来的?

他们向来不在乎,也无法计较他们被湮灭的创世英名!其中找对方向的获利企业就此一飞冲天,而支付了高昂的试错成本就此消亡的企业则默默无闻地化作了未来成功者的铺路石。

Web 3.0 时代开启了,元宇宙时代到来了,崭新的信息模式、商业模式、生活模式已经开启了。我们终于有条件,也有能力把各行各业中我们所知晓的企业家邀请在一起,把他们在元宇宙新时代的来临之际基于自己的企业和所处行业的思考汇总到一起,以元宇宙的方式架构成一本——元宇宙形态的"书"。

目前每个行业的第一篇都是一粒种子,而这本《行业元宇宙》

是活态的,这个行业里的每个企业都可以以自己的观点和业务描述这个行业的元宇宙。

这本书本来就是一个元宇宙现象。现在参与这本书编撰的每个行业的先行者都是这个行业进入元宇宙时代的探索者,他/她打开了一个行业对于元宇宙描述之门,随之而入的同样在这个行业领域的人将不断丰富、完善这个行业进入元宇宙时期的客观描述。

这些企业家对元宇宙的描述会从各行各业的不同侧面让我们越来越清晰地看到元宇宙时代的未来。而这本由各行各业的先行者完成的活态的书,未来还会继续记载由这些先行者开启的,后续的千万个企业继续深入进行的思考和实践、成败与得失。

《行业元宇宙》像是由不同行业、不同企业接龙续写的日记本,忠实记录了2022年疫情困扰下的人们如何在懵懂中摸索前行,去探求、共创美好未来。

新时代开启的历史不容忘记,企业家勇于探索、负重前行的身影不容忘记!

——本文摘录于元宇宙产业发展与投资研讨群聊天记录

作者佚名

前　言

行业元宇宙　中小企业的价值增量新蓝海

我多年奋斗在创新创业的第一线，2002 年创立上方，2021 年卸任 CEO。运营上方近 20 年，我深切地体会到当前中小企业最大的几个痛点。

(1) 客户和订单的获得越来越难。目前中小企业一般都是供给端发力，先募资招员工开发产品，再去找客户。如果找不到客户和订单，资金链很容易断裂。

(2) 资金难。房租水电，员工工资社保，银行贷款利息，上下游供应链付款……不管是你欠别人的，还是别人欠你的，几乎所有中小企业都遇到资金问题，一分钱难倒英雄汉。

(3) 新技术如何帮助企业增加效率、降低成本，采用先进的技术改变生产方式和组织形态，采用新模式减少企业成本支出，让效率成倍提升。

(4) 股东客户关系互动难。在当前环境下的公司制度及 Web 2.0 背景下，股东出钱不出力，员工出力不出钱，供应商供货拿走钱，消费者出钱拿走货，创业者既出钱又出力。这几种角色相互制衡，各有自己的利益，很难形成紧密的合力。

这些问题周期性地困扰着和我们一样的中小企业。我们一路不断地寻找新机会、新出路，然后找到了 Web 3.0 和行业元宇宙这片数字新蓝海，让解决上述问题有了一个切实可行的新出路。我们发现，在行业元宇宙中，通过 DAO 社群、数字藏品和数字权益等，有机会先解决客户订单和资金问题，再开始开发和研发，可以极大地降低风险，节约资金，提高项目成功率。通过数字权益和数字财富，有机会将消费者变成投资者、创业者、劳动者和传播者五位一体，大家有共同的利益和目标，就容易劲往一处使，并形成紧密的合力，降低组织内部交易成本，还有机会解决企业遇到的资金问题。

上方于 2002 年创立，先后经历和搭建了互联网移动增值服务、移动互联网、移动游戏和应用、3D/XR、区块链、元宇宙和行业元宇宙的媒体平台和综合服务平台。在推动 Web 3.0 和元宇宙发展的过程中，上方作为元宇宙数字生态构建商，拥有多项元宇宙技术专利，致力于行业元宇宙赋能实体经济，构建数字丝绸之路，开辟元宇宙数字新蓝海。

上方链组织的团队认知前卫，做了很多创新性的试验和实践，打造了一系列行业元宇宙平台及上方数创等工具。我于 2022 年 3 月 25 日决定开始动笔撰写本书，把团队的实践经验记录下来，总结并分享给 Web 3.0 和元宇宙的实践者，实体经济的企业家、创业者以及数字藏品、数字权益的爱好者和藏家，希望能有更多的人进入 Web 3.0 和行业元宇宙的数字新蓝海。

行胜于言，如果一本元宇宙的书只有理论，没有实践和落地案例，就没有说服力，别人也很难照方抓药。为了帮助大家理解行业元宇宙如何赋能实体行业，我们设计了行业元宇宙三部曲，决定以游戏化、行为艺术的方式，亲身实践和完成这部众生共创、有机持续、真实原生、自由鲜活的数字原生共创图书。

本书共创者 DAO 自 2022 年 5 月 9 日建立之后，有 200 多位来自不同行业的认知领先的创业者、实践者、专家学者、艺术家、程序员等接龙报名、参与共创，希望将所在行业关于元宇宙赋能实体行业的探索和实践分享出来，以自己的观点和业务描述行业元宇宙。

本书首先是一部行业元宇宙的专著，也是全球首部数字原生共创的专著，它按章节发行了数字藏品、数字人波氪系列等创新性的数字凭证；在作者、读者、出版社、共创者和DAO社群达成共识后，再众生共创，以游戏化、行为艺术的方式共同孵化数字原生图书和数字养成品，最后再出版纸质图书。它集创新性、游戏性、养成性、稀缺性、艺术性、增值性、交易性于一体，限量发行，生命周期和未来内容都未知的一本"活"的元宇宙形态的书。

共识、共创、共生、共养、共治、共玩、共赢、共享是本书在实践过程中提炼出来的"八共"原则，它最大的特点是从元宇宙基础设施到创作方式、营销渠道、成书要素构成、采用的元宇宙技术及作者与读者的关系、都与传统图书有很大的不同。它不仅可以改变出版业的内容生产模式、图书销售模式及读者和作者的关系创新了出版业，让出版业升级到出版元宇宙。

在本书众生共创的过程中，从一本元宇宙的书到出版元宇宙，以点带面，协助创建细分领域行业元宇宙DAO、智媒元宇宙、艺术电影元宇宙、数创新疆元宇宙、茶元宇宙、白酒元宇宙、牛排元宇宙、土豆元宇宙、水元宇宙、瘦身元宇宙等30多个细分领域的行业元宇宙。

在DAO社群中推动了各行各业借鉴出版元宇宙的方式，打造自己所在行业的元宇宙数字新物种、数字人和数字场景，以面带体，最终推广到"360 行，行行皆可元宇宙，物物都可元宇宙，事事亦可元宇宙"的整体图景。

以上就是行业元宇宙三部曲。

行业元宇宙与传统经济、实体行业的结合，通过行业元宇宙的七大技术（元宇宙六大技术＋行业技术），让传统经济、实体行业实现换道升维，快速迁徙到行业元宇宙中，可以让传统经济改变其组织形态、组织方式、创新方式、生产方式和营销方式等，将企业原本的消费者变身成为投资者、生产者、创造者、传播者和消费者五位一体的角色，进而让企业组织中各方角色可以形成紧密的合力，极大地降低组织内部交易的成本，有机会解决实体企业的资金问题，并创造出实虚结合、虚实共生的数字新物种和数字新财富。

行业元宇宙有机会帮助实体行业，也是由于新消费升级的要求，年轻一代对数字藏品等数字新物种购买力强劲；行业元宇宙刚刚起步，能有效赋能实业，帮助各行各业换道升维，借风口之势杀入行业元宇宙数字经济蓝海；资本和国家政府大力支持和投资数字新业态，各地方政府出台了很多鼓励政策，这就让实体行业不但可以在原来的现实空间里继续努力，还可以到行业元宇宙的数字蓝海里开疆拓土，共同奔赴行业元宇宙的星辰大海！

元宇宙和行业元宇宙的序幕刚刚开启，我们将面临百年不遇之历史大变局，本书对未来的预测难免有认知的局限性及错误之处，还望各位专家、作者、读者、共创者及社群成员们不吝赐教；也希望行业元宇宙的先行者们共同分享、协同创作、升级迭代，记录你们如何在百年未有之大变局中开启了新的元宇宙时代。

本书第 11 章是《行业元宇宙》创世记，记录了有意义的时间节点及事件，将一群人的记忆凝固在本书里。在书和人之间，在数字藏品和波氪数字人之间，奇妙的联系在其中串联交织，记忆也不断再生。如果你曾参与共创过行业元宇宙，可以在大事记后续写我们共同的记忆，也寄托我们对行业元宇宙的期望与想象。

本书第 12 章列出了数字藏品参与者及共创者名单，记录了《行业元宇宙》在创世过程中，一群参与者如何共识、共创、共生、共养、共治、共玩、共赢、共享，共同以游戏化、行为艺术的方式众生共创这本数字原生专著，并积极推动行业元宇宙在 360 行的普及和推广。

无论是行业元宇宙 DAO 共创者成员，还是创建了细分领域元宇宙 DAO 的岛主，或是曾收藏原生数字藏品、波氪系列数字藏品的藏友，愿你在元宇宙时代这场游戏化行为艺术中通过共创一本数字原生图书收获新认知，愿你在这场共创活动中获得新乐趣和新体验，愿你结识志趣相投的新朋友，愿你能和父母、孩子、朋友们分享你的新成就，愿你在元宇宙数字蓝海中开创新事业。

感谢我的合伙人张秋水、孙健、颜桃、贾博越等共同致力于行业元宇宙赋能实业的创新实践，并共同完成本书。

感谢著名经济学家朱嘉明教授、刘以雷教授为本书所作的推荐序，以及他们给予行业元宇宙赋能实体经济的大力支持。

感谢蔡维德、王巍、沈阳、王鹏飞、邓绍武、黄敬文、法法、黄维林、魏斌、黄发捷、欧阳飞洪、王鹏举、李志高、楼为华、唐健文、叶少波、谢成鸿、何亦凡、宣宏量、张娜、刘亚飞、赵小葳、谭娟、汤斯琴、李颖信、柴菁、王冠龙、孙胜楠、瓦哥、汪梓欣、崔俊、草禾言、邓志鸿、徐彦平、柳春阳、孟虹、唐维、黄埔、蒋亚洪、蔡宗辉、白立军、李永刚、牟建银、张宇彤、高飞、龙典、林里鹰、张权、李国旗、梁凯、邓恩艳、宾颖超、黄敏、吴佩玉、李凡、曹美英、田爱娜、张小米、张爽、黄传星、肖飒、肖灵艳、卢爱芳、孟赛丽、许晨、张烽、陈飚、周远、徐刚、管鹏、武文君、张小平、贺宁等伙伴及同行们在宣传推广 Web 3.0 和元宇宙，以及推动元宇宙赋能实体经济中的努力和支持。

感谢罗佳、马达飞、梁家僖、陈菜根、卜长青、胡烜峰、黄润豪、曹家林、江斌、朱林、张力、许虹、徐卫兵、付玉辉、李永刚、李春林、李承鸿、李正海、卢洪波、胡歌、谢礼、张利英、刘晶、郝一鸣、周振宇、白云虎、曹彤、刘秉林、王鹏昊、于宗洋、贺钰涵等共创者参与共创的精彩内容。

感谢联合发起行业元宇宙联盟倡议的各大机构，横琴数链数字金融研究院、海南省区块链协会、中广联智能全媒体委员会、深圳科技文化产业创新促进会、智能制造产业联盟、深圳市芯片行业协会、中国服务贸易协会博士后科创中心、深圳市区块链技术应用协会等机构及上方集团、缘聚天下、清博智能、LayaBox、湖南光芒时尚集团、芯电易股份、上海天画画天、0086、数藏中国、中网数智、芯缘网等企业。

很荣幸我在行业元宇宙的路上与你们同行！

王紫上
2022 年 8 月 1 日

王紫上　元宇宙 AI 艺术家 / 产业投资人 / 作家 / 企业家 / 瘦身教练

中国潮·兔紫《千兔无量图》创作者，《行业元宇宙》发起人，上方股份（835872）创始人，《链组织：区块链环境中的组织形态》《云管理 2.0》作者，海南省区块链协会副会长，中国人工智能产业发展联盟理事，TFC 全球移动游戏联盟创始人，TokenSky 创始人，TopAIGC 创始人。

01 第 1 章
为什么会诞生行业元宇宙　001

- 1.1 几大数字技术的相继成熟催生了元宇宙　004
- 1.2 数字经济的发展要求催生了行业元宇宙　007
- 1.3 社会各行各业的内卷和发展瓶颈　010
- 1.4 新时代的消费升级　012
- 1.5 新冠病毒感染与行业元宇宙的诞生　014
- 1.6 Web 2.0 时代互联网巨头的垄断　015
- 1.7 Web 3.0 应运而生　019
- 1.8 资本投资推动了元宇宙的发展　026

02 第 2 章
什么是行业元宇宙　029

- 2.1 什么是元宇宙　030
- 2.2 什么是行业元宇宙　035
- 2.3 行业元宇宙进程三部曲　039
  - 2.3.1 行业元宇宙第一部曲：现实行业向元宇宙移民　040
  - 2.3.2 行业元宇宙第二部曲：创造数字原生新行业　043
  - 2.3.3 行业元宇宙第三部曲：创造虚实共生的新行业和新物种　044
- 2.4 行业元宇宙中的终端新物种　046
- 2.5 行业元宇宙中的数字新物种　046

03 第 3 章
行业元宇宙的"五星"创新和"八共"原则 050

- 3.1 行业元宇宙解决传统行业的痛点问题 051
- 3.2 不拥抱行业元宇宙大概率会被历史所淘汰 052
- 3.3 行业元宇宙的"五星"创新论 054
- 3.4 行业元宇宙的"三公"原则 058
- 3.5 行业元宇宙的"八共"原则 059
  - 3.5.1 行业元宇宙中的共识 059
  - 3.5.2 行业元宇宙中的共创 060
  - 3.5.3 行业元宇宙中的共生 061
  - 3.5.4 行业元宇宙中的共养 062
  - 3.5.5 行业元宇宙中的共治 063
  - 3.5.6 行业元宇宙中的共玩 065
  - 3.5.7 行业元宇宙中的共赢 066
  - 3.5.8 行业元宇宙中的共享 067
- 3.6 数字新物种的四种属性合一 068

04 第 4 章
行业元宇宙价值分析和支撑体系 071

- 4.1 行业元宇宙实现的多种价值 072
- 4.2 行业元宇宙创世的历史意义和价值 073
- 4.3 行业元宇宙的社会价值 075
- 4.4 行业元宇宙的文化艺术和美学价值 076

4.5　行业元宇宙的科技时尚价值　078

4.6　行业元宇宙的金融投资价值　079

4.7　行业元宇宙的经济价值　080

4.8　行业元宇宙全新的价值增量新蓝海　084

05 第 5 章
行业元宇宙的价值体系　086

5.1　现实世界的商业模式和经济体系　087

5.2　行业元宇宙的商业模式和经济体系　089

  5.2.1　数字孪生经济的商业模式和经济闭环　091

  5.2.2　数字原生经济的商业模式和经济闭环　092

  5.2.3　虚实共生经济的商业模式和经济闭环　093

5.3　行业元宇宙中的生产力、生产方式和生产关系　095

  5.3.1　行业元宇宙中的三种人及相互关系　095

  5.3.2　行业元宇宙中的生产力　097

  5.3.3　行业元宇宙中的生产方式　098

  5.3.4　行业元宇宙中的生产关系　099

5.4　行业元宇宙中的治理结构　101

5.5　行业元宇宙中的治理风险　104

5.6　元宇宙会导致人类走向灭绝吗　106

06 第 6 章
行行皆可元宇宙　110

6.1　从一本书到出版元宇宙再到各行各业元宇宙　112
　　6.1.1　第一部曲：一本行业元宇宙专著　112
　　6.1.2　第二部曲：出版元宇宙　114
　　6.1.3　第三部曲：行行皆可元宇宙，万物皆可元宇宙　115
6.2　从无聊猿的神奇崛起看元宇宙如何从 0 到 1 冷启动　116
6.3　红色元宇宙　119
　　6.3.1　对行业元宇宙的认识　119
　　6.3.2　南泥湾红色元宇宙的探索和实践　120
　　6.3.3　南泥湾红色元宇宙概念解析　122
　　6.3.4　结语　125
6.4　智媒元宇宙　126
　　6.4.1　概念：构建开放共享、智能融合的数字虚拟新世界　126
　　6.4.2　愿景：打造世界一流智媒元宇宙传播新生态　127
　　6.4.3　特征：涌现多元主体，创建多维场景　128
　　6.4.4　机制：构建和谐共生的智能全媒体传播体系　129
　　6.4.5　展望：为人类文明新形态发展提供支持　130
6.5　教育元宇宙　131

    6.5.1 教育元宇宙让教育更美好 131
    6.5.2 教育元宇宙重塑教育系统 135
  6.6 金融资产管理元宇宙 137
    6.6.1 金融资产管理公司金融元宇宙助力实体经济融资服务案例 138
    6.6.2 证券公司金融元宇宙运用场景案例 139
    6.6.3 海外平台公司金融元宇宙跨境支付案例 140
    6.6.4 拍卖处置资产金融元宇宙运用案例 141
  6.7 游戏元宇宙 142
    6.7.1 元宇宙 Web 3.0 和大型网络游戏的关系 142
    6.7.2 元宇宙和游戏产业结合的意义 143
    6.7.3 海外元宇宙游戏的三个发展方向 145
    6.7.4 在中国如何建设全新的游戏元宇宙 147
  6.8 电影元宇宙——电影行业的一种新的救赎 149
    6.8.1 电影的未来和元宇宙 150
    6.8.2 故事是元宇宙电影的核心 150
    6.8.3 元宇宙电影里的故事和以前的不同 151
    6.8.4 电影对元宇宙的影响 153
    6.8.5 元宇宙对电影的影响 154
    6.8.6 数字人和虚拟演员之于元宇宙电影 155
    6.8.7 城市元宇宙电影的意义 155
    6.8.8 电影元宇宙将视听文化导入一个神秘而美好的地方 156
  6.9 古琴元宇宙 156
    6.9.1 古琴元宇宙的构成和发展 158

6.9.2 古琴元宇宙 NFR 作品　159
6.9.3 古琴元宇宙 DAO　159
6.9.4 古琴元宇宙文化空间　160
6.9.5 古琴元宇宙的未来　161
6.9.6 古琴元宇宙作者说　161
6.10 社交元宇宙　162
6.11 工业元宇宙　165
6.11.1 工业元宇宙概论　165
6.11.2 新一代工业产品　166
6.11.3 工业元宇宙典型场景　167
6.11.4 工业元宇宙的价值与意义　170
6.11.5 工业元宇宙的发展展望　171
6.12 奢侈品时尚元宇宙　172
6.12.1 奢侈品元宇宙诞生　172
6.12.2 奢侈品的元宇宙链接　173
6.12.3 顶级奢侈品元宇宙纷纷登场　174
6.12.4 奢侈品元宇宙的细分领域和落地应用　177
6.13 美妆元宇宙　178
6.13.1 中国美妆产业的发展轨迹　178
6.13.2 美妆元宇宙是跨越产业新发展周期的路径　179
6.13.3 美妆元宇宙是体验和互动的超现实应用　180
6.14 养老元宇宙　183
6.14.1 使用行业元宇宙技术建立老年人数据库　184

6.14.2 通过行业元宇宙技术改善养老环境，
提高服务效率 185

6.14.3 国家发行养老数字藏品，汇聚社会
爱心 187

6.14.4 支持低龄健康老人二次就业和二次
创业 188

6.15 土豆元宇宙 190

6.15.1 土豆世界观——Web 3.0 时代之第一
食物 190

6.15.2 土豆价值观——DAO 艺薯星球
元宇宙 191

6.15.3 土豆文化观——灵境世界，艺术令生命
永恒 192

6.15.4 土豆元宇宙——共同迈向崭新的
未来 194

6.16 牛排元宇宙 195

6.16.1 什么是牛排元宇宙 195

6.16.2 牛排与元宇宙的关联 196

6.17 香港文博元宇宙 199

6.17.1 世上本无路，路都是人走出来的 199

6.17.2 宏观层面：战略优势互补 200

6.17.3 中观层面：产业优势互补 202

6.17.4 微观层面：人才优势互补 203

6.17.5 案例：文博产业元宇宙 204

6.17.6 人生万事须自为，跬步江山即寥廓 206

第 7 章
行业元宇宙的支撑技术和基础设施　208

7.1　交互现实技术　209
7.2　数字孪生和数字原生技术　211
7.3　游戏技术及游戏化　211
7.4　分布式网络通信技术　213
7.5　物联网技术　214
7.6　区块链技术　216
7.7　分布式账本　217
7.8　智能合约　219
7.9　数字钱包　222
7.10　DApp　225
7.11　预言机　228

第 8 章
行业元宇宙中的 DAO 链组织及节点　231

8.1　什么是 DAO　234
8.2　什么是链组织　236
8.3　海外 DAO 的主要特点　238
8.4　行业元宇宙的行业节点　240
8.5　行业元宇宙的城市节点　242

09 第9章
行业元宇宙的价值载体——海外 NFT 243

9.1 海外 NFT 介绍 244
    9.1.1 海外 NFT 的发展历程及现状 247
    9.1.2 海外 NFT 的特性及价值 249
    9.1.3 海外 NFT 的应用类型 251
9.2 海外 NFT 交易市场 254
    9.2.1 国外最大的 NFT 交易市场 Open-Sea 256
    9.2.2 国外 NFT 交易平台的黑马 LooksRare 259
    9.2.3 主打 NFT 质押挖矿的 X2Y2 259
    9.2.4 Coinbase NFT 260
    9.2.5 野心勃勃的 NFT 交易平台 Yuga Labs 260
9.3 NFT 发展三段论 261

10 第10章
行业元宇宙的价值载体——国内数字藏品 263

10.1 国内数字藏品介绍 265
    10.1.1 国内数字藏品的应用类型 265
    10.1.2 优质数字藏品的主要特性 269

10.2 国内数字藏品市场　270

第 11 章
《行业元宇宙》创世记　276

第 12 章
数字藏品参与者及共创者　286

12.1　数字藏品参与者名单　287
12.2　行业元宇宙欢迎第 100 位吃螃蟹的先行者　292
12.3　共创者报名接龙名单　295
12.4　共创者介绍　297

第 1 章

为什么会诞生行业元宇宙

我们这一代人有幸赶上了农业文明、工业文明、信息文明和数字文明这四大文明的融汇和变迁，经历了比18世纪第一次工业革命更波澜壮阔的大变局，这场历史大变局给我们带来的变化力度、深度、规模和影响力都远远超过以前历次大变局。

在这样的国际和国内环境下，我们未来能够走的道路有三条。

第一条路：继续在现实中的地球上折腾，聚焦于新能源、新算力、新材料、新技术和新模式等。

第二条路：通过宇宙飞船或者星际运载火箭迁移到外太空，去月球、火星甚至更远的星球生存和发展。

第三条路：通过数字丝绸之路去往元宇宙的数字虚拟空间，开辟崭新的数字元宇宙虚拟新世界，创造一个新的数字美好家园，置身于数字经济和数字治理的蓝海。

这三条路摆在面前，我们应该走哪一条？

先看第一条路。人或许是世界上最消耗资源的生物，地球上的资源是有限的，养活越来越多的人口，并满足人类多层次的不同需求，使得地球逐渐呈现不堪重负的疲态。要发展新能源、新算力、新材料、新技术和新模式等，说明原有的一切都已经落后了。而要想实现突破性发展，则需要非常大的能量。现实的地球太拥挤，太内卷，这条路很难走通。

第二条路太艰难、太遥远，是一个漫长的过程。中国国家航天局、美国国家航空航天局、马斯克的 SpaceX 公司等，都在不懈地努力。况且能够移民外太空的人毕竟是少数，其他人只能望空兴叹。

第三条路，也就是元宇宙之路，是我们目前最容易走的一条路，也是最贴近现实情况的一条路，更是最有前途的一种选择，代表着历史发展的方向。满足地球所有人真实体验需求的碳排放量总和可能会加速人类灭绝；而元宇宙既能满足绝大多数人的大部分精神需求，又能减少资源消耗。

在元宇宙中，能够低成本、便捷地享受更丰富的体验，让更多的人体验更丰富多彩的人生，或者实现不方便在真实环境里进行的一些操作和行为。例如，可以云游故宫、敦煌、埃菲尔铁塔、珠穆朗玛峰等；可以和明星、医生、教师、艺术家、音乐家、科学家、思想家等进行各种线上交流；身处异地，也能以逼近真实的方式和其他人一起共处某个场景；可以进行实验或训练的模拟，尤其是危险环境或难以真实呈现的环境，例如航空航天训练、危险工种的培训；可以进行社会新制度的探索，以降低试错成本；可以实现数字孪生、数字原生和虚实相生，助力制造业，赋能实体经济。

在元宇宙的新世界中，我们可以生活、工作在各种虚拟场景中，遇到各式各样的虚拟数字人、虚拟动物和虚拟新物种，这些全新的数字生命将给我们带来今天难以想象的便利和变化，就像几十年前我们无法想象今天的互联网世界一样。

从财富的角度看,元宇宙将成为未来人类社会核心资产最重要的平台和载体,提供支持和发育未来核心资产的框架。元宇宙是数字经济、信息经济和人工智能经济的结合,也是信息社会、数字社会和智能社会的结合,代表了人类未来的方向,具有很大的潜力。

基于以上原因,我们要正视元宇宙对现实世界的重构,地球上的各个行业的实体企业和产品都要换道升维,除了继续在现实的物理空间继续开拓,还要跟上潮流,移民到元宇宙虚拟空间去开拓,要在两个世界里同时进取。在未来很长的时间内,以地球和外太空星球为代表的物理世界和元宇宙体现的数字虚拟世界将长期并存。

1.1 几大数字技术的相继成熟催生了元宇宙

区块链、3D 交互显示、游戏化、人工智能、网络通信、物联网等各种数字技术经过多年的发展,在 2019 年前后几乎同时趋于成熟,这导致了融合性新技术——元宇宙技术的诞生。

就像在工业革命时代蒸汽机技术、机械技术、石油化工技术、钢铁等材料技术的成熟导致了汽车工业的诞生一样,上述多种数字技术的集成或者融合是导致元宇宙诞生的根本原因。

元宇宙技术的诞生又导致了数字革命的发生,数字革命的结果就是元宇宙的形成,元宇宙就是人类用数字技术创造的一个或者多个平行数字虚拟新世界。元宇宙的诞生标志着人类社会从信息社会和信息文明进入数字社会和数字文明阶段。元宇宙数字虚拟世界的产生反过来又会对人类的物质世界产生重大影响。

物质世界中的人类未来有两条可行的发展路线：外太空星球和元宇宙。

第一条路，也就是去往外太空星球，看上去比较艰难遥远。目前，人类进入外太空星球进行拓荒、殖民、旅游的相关技术尚不成熟，而且外太空星球的生存环境极其恶劣，距离地球最近的月球以及人造飞行器已经到达的火星都不适合人类大规模居住。人类除了美国 20 世纪登上月球以外，再没有另外一个国家的人登上月球或者其他星球。以美国的埃隆·马斯克为代表的 SpaceX 公司和以中国航天科技集团为代表的"神舟"号飞船载人航天工程都是这条路的先行开拓者。

第二条路，也就是元宇宙数字虚拟空间，看上去比较切实可行。为什么可行？我们不妨简单回顾一下导致元宇宙技术诞生的几个关键技术的发展历程。

自从 18 世纪交流发电技术被发明出来以后，电子通信网络信息技术已经发展了数百年，经历了无线电、通信网、互联网等历程，来到了互链网、物联网、量子通信网的时代。

计算和存储技术从 1893 年第一部四功能计算机被制造出来开始，经历了真空管计算机、晶体管计算机、集成电路计算机、大规模和超大规模集成电路计算机、量子计算机、云计算技术、分布式加密计算技术等历程，使得算力超越电力成为最重要的生产力之一，也使得人工智能在各个方面追赶甚至超越现实人类智能。

分布式算力、通信、加密等技术的纵向发展和横向融合引发了区块链技术的出现。区块链技术的发展使得元宇宙数字虚拟新世界有了超越地球社会环境的经济和治理平台基础；区块链的去信任、去中心、去中介、数字交互等特点非常适合数字人之间、数字人和现实自然人之间以及数字人和机器人之间的交流。

与此同时，3D交互显示技术也从平面显示、照相、电影、电视、计算机和手机发展到VR（虚拟现实）、AR（增强现实）、MR（混合现实）到XR（扩展现实）、全息投影、裸眼3D、脑机接口等立体显示方式，给人进入数字元宇宙提供了便捷的入口和通道。

游戏化技术也一样，从1952年剑桥大学的计算机科学家设计出第一款井字游戏开始到今天，电子游戏已经走过了整整70年的历程，从单机游戏、客户端网络游戏（端游）、网页游戏（页游）、手机游戏（手游）、手机网页端游戏（H5游戏）、VR/AR/MR游戏、区块链游戏（链游）到今天的元宇宙游戏（元游）或Web 3.0游戏，游戏化技术基本满足了人们在网络和现实中对快乐和互动的需求。

元宇宙数字虚拟世界的所有创世技术和要素都具备了，于是元宇宙数字虚拟世界便应运而生了。这个新生的元宇宙数字虚拟世界和现实世界类似，由数字场、数字人和数字新物种三要素组成。

数字场就是元宇宙中的"宇宙"，简称"宇"。在中国文字中，"宇"就是原野、疆土、房屋、空间的意思。在元宇宙的数字场中，人类可以和数字人一起构建各式各样的生存场景，如土地、楼宇、建筑、办公室、房间、广场、体育场、博物馆、展厅、厂房、商店等作为生存和发展空间。

数字人是元宇宙的主人，是最关键的角色。它有三个重要的特征：第一，数字人具有人的形象；第二，数字人具有独立的人设，每个数字人都拥有类似人类的性格特征和行为特征；第三，数字人具备语言、思考、互动的能力，拥有超过人类的智商和记忆能力。

在可以预见的未来,数字人之间、数字人和自然人之间、数字人和机器人之间、数字人和太空人之间都能够自如地交流想法和表达情绪,有着超越人类的处理和解决问题的能力。

数字新物种分成三种,分别是数字孪生、数字原生和虚实共生。

数字孪生是元宇宙中对应现实地球甚至超越现实地球的数字物种。包括地球自然生命体的细胞和生物,以及各种人造物,如农业产品、工业产品、语言文字作品、文化艺术品、武器装备、虚拟游戏道具等,未来地球上的所有物品都会以数字孪生的方式迁移到元宇宙数字虚拟世界中。

数字原生是元宇宙中在现实地球上不曾有过的新物种。这些数字原生物种有着和地球数字孪生物种完全不同的生物属性。

虚实共生经济是行业元宇宙发展到一定阶段的必然结果,也是人类向数字人学习的必经过程。虽然行业元宇宙还在创世的早期,但是诞生于区块链上的一些数字原生新物种,如原生的 NFT(Non-Fungible Token,非同质化通证),已经显示出对传统行业的影响和作用。

创造各式各样的数字场、数字人和数字新物种就是行业元宇宙要完成的任务。现实中的人和元宇宙中的数字人将共同建设元宇宙数字虚拟世界。行业元宇宙也给地球上各行各业的人们提供了换道升维、摆脱现实困境、进入数字蓝海的重大历史机遇。

1.2 数字经济的发展要求催生了行业元宇宙

2022 年 5 月 17 日,全国政协在北京召开"推动数字经济持续健康发展"专题协商会,中共中央政治局委员、国务院副总理刘鹤出席会议并讲话。刘鹤指出,党的十八大以来,在以习近平同志为核心的党中央坚强领导下,我国数字经济发展成就举世瞩目。全球数字经济正呈现智能化、量子化、跨界融合、深度渗透、变革速度指数化等新特征。要努力适应数字经济带来的全方位变革,提高综合国力和国际竞争力。要打好关键核心技术攻坚战,提高基础研究水平,重视先进适用技术研发推广。

当前数字经济已成为我国发展规划的重要组成部分。《中华人民共和国国民经济和社会发展第十四个五年规划和2035年远景目标纲要》(简称"十四五"规划)指出:"迎接数字时代,要激活数据要素潜能,推进网络强国建设,加快建设数字经济、数字社会、数字政府,以数字化转型整体驱动生产方式、生活方式和治理方式变革。"

此外,"十四五"规划还将数字经济部分单独列为一篇,并在主要目标中提出:2025年数字经济核心产业增加值占GDP比重提升至10%,中国将把数字经济的转型升级作为未来10年关键的机会窗口,数字经济将成为整个中国经济转型的核心部件。在"十四五"规划的数字经济篇中,未来数字经济重点发展的产业包括云计算、大数据、物联网、工业互联网+、区块链、人工智能、虚拟现实和增强现实,这正是构成元宇宙的纵向核心技术,也是元宇宙技术横向聚合的基础要件。

我国地方各级政府也对元宇宙的发展和应用表现出极大的兴趣,各大城市依次出台了促进数字经济和元宇宙发展的相关计划措施。例如,上海市将元宇宙写入产业发展"十四五"规划;合肥市在"十四五"规划中也瞄准了元宇宙;武汉市在政府工作报告中提出要推动元宇宙和实体经济的融合;成都市政府提出要抢占元宇宙未来赛道;杭州市成立了元宇宙专委会;三亚市引入了网易元宇宙产业基地;北京城市副中心率先入局元宇宙,成立了第一支元宇宙母基金,深圳市成立元宇宙创新实验室;厦门市政府提出了元宇宙产业发展三年行动计划;等等。由此可见,前瞻布局发展元宇宙,是做大做强数字经济、抢占未来竞争制高点、把握发展主动权的重要现实路径。

2022年10月31日,中国香港特别行政区政府发布《有关香港虚拟资产发展的政策宣言》,面对虚拟资产进入 Web 3.0 和元宇宙领域带来的未来机遇,香港要拥抱元宇宙,迎接 Web 3.0,融入加密世界,对接 NFT,牵手稳定币。

与此同时,所有对科技有敏锐嗅觉的国家都在元宇宙相关领域实施了动态布局和发展规划。

2021年5月,韩国科技信息通信部发起成立现代化 SK 元宇宙联盟,它由韩国 200 多家企事业单位组成,旨在通过政府与企业的合作,在现实和虚拟领域建立元宇宙生态系统,开发元宇宙平台。2021年8月,韩国财政部发布 2022 年预算,计划斥资 2000 万美元用于元宇宙平台开发。2021年11月,首尔市政府宣布了元宇宙首尔推广的基本计划,包括元宇宙政策的中长期方向和战略以及元宇宙平台的建立。

日本紧随其后,2021年7月,日本经济产业省发布了《关于虚拟空间产业未来可能性和主题的调查报告》,将元宇宙定义为各领域生产者在特定虚拟空间内为消费者提供的各种服务和内容。该报告认为，政府应重点防范和解决虚拟空间的法律问题，完善跨国和跨平台业务的法律适用条款，政府应与业内人士制定行业标准和指导方针，并向世界各地推广此类规范，以期让日本能在全球虚拟空间行业中占据主导地位。

2021年8月，日本社交游戏巨头GREE宣布将开展元宇宙业务。

此外，英伟达公司在某发布会上展示了数字替身，微软公司在Inspire全球合作伙伴大会上宣布了企业元宇宙解决方案。

1.3　社会各行各业的内卷和发展瓶颈

日益膨胀的人口规模与日渐短缺的资源之间的矛盾在全球各个产业中都呈现出持续加重的趋势。自2018年以来，中美贸易战及经济下行导致传统实体经济始终在周期性的危机中徘徊，大量传统经济问题，诸如劳动生产率下降、通货膨胀持续存在、利息成本波动、就业难度上升、传统国际贸易频繁冲突，不一而足。2020年暴发的新冠病毒感染又加剧了经济的持续低迷、经济衰退和通货膨胀，不仅实体经济萎靡不振，互联网巨头也在缩减规模和裁员，实体经济获客成本急剧上升，收入并未有明显增加，业务量停滞不前，无法转化为产出，造成了各行各业的行业内卷。

行业内卷主要来自同行之间的竞争关系。如果非理性、非自愿的竞争加剧，最直接的体现就在同行之间，有人愿意付出更多努力以争取有限的资源，导致周围的人也必须更加努力才能获得原先不那么努力就能获得的资源，从而出现努力和收益不成比例的现象。

一个企业如果没有增长,必定会内卷;一个行业没有增长,更会造成内卷。增长正成为当下各行各业面临的重大问题,剧变时代所带来的价值和发展的重构,使得各行各业都开始面临增长的困境。

现代社会尽管解决了温饱问题,但全球性人类资源分布不合理,同时贫富差距严重,两极分化,顶级富豪和底层穷人之间的差距却大的惊人,占社会绝大多数的中产阶级则比上不足比下有余。在传统经济框架下解决经济所面临的问题,不能说已经走到尽头,至少可以说已经困难重重。

阶层固化导致社会资源分配不公。收入主要来自两方面:一是劳动所得;二是资产所得。占据大量资产资源的群体将这些资源卖给其他群体,相应地会得到丰厚的收入,一旦这样的收入超过大多数人劳动所得的收入,就意味着无论如何努力奋斗,都不可能超过那些占据更多资源的人。同时,由于基因的自私性,占据更多资源的人往往贪得无厌,富人为获取更多的资源不择手段,导致富人将穷人视为自己赚钱的工具,穷人永远无法改变命运。

在一个国家发展过程之中,中等收入群体在达到一定的规模时,为了获取更多的利益,就会开始投机取巧,这就是中等收入陷阱。中等收入群体焦虑无处不在,他们担心自己的技能被更新的科技所淘汰,他们担心自己的职位被更年轻的同事所替代,他们担心自己的孩子输在起跑线上,只有把钱攥在手里才能放心。

贫富差距过大,也就意味着中等收入群体的规模已经不可控制。中等收入群体想把更多的钱攥在手里,竞争就开始变得极其残酷,社会变成弱肉强食的黑暗森林。竞争的目标只是为了争夺有限的资源,并没有为社会创造更多的价值,反而阻碍社会的理性发展。阶层固化、中等收入陷阱以及社会内卷都是贫富差距问题所造成的消极状况,带给人们最直观的感受就是生活的不公平。

实体经济本身已经产生和积累了太多的问题,很多实体经济和产业正走向衰落,在工业经济乃至信息经济已经走到规模成本递增、规模收益递减的阶段,要增加有效投资、扩大消费需求,就势必要找到新的投资空间、新的消费场景。人们需要新的思想支持新的经济模式,以摆脱传统经济结构性、制度性的困境。

在元宇宙时代,与现实世界一一对应的数字孪生人和无中生有的数字原生人,使得虚拟世界总人口可能是目前地球总人口的十倍、百倍。千亿人口总数下的社交关系和商业往来,再加上虚拟世界打破时间与空间的限制重组而来的商业场景和消费需求,就是元宇宙的总体经济价值,它也许比目前现实经济体高出十几个数量级。

1.4　新时代的消费升级

随着人们生活水平的不断提高,以及 Z 世代消费群体的崛起,人的消费习惯和消费需求正在悄然发生着变化,目前,网上电商、区域电商已经超越线下实体公司和实体店的比重,成为商业的主流。随着 Z 世代的年轻消费群体的崛起,他们的消费习惯和消费比例产生了越来越重要的影响,在全球范围内形成了新的消费市场,引发了消费内容升级。

Z 世代是从一出生就伴随着互联网、智能手机和移动游戏一起成长的新一代人,他们对网络、手机和游戏有着天然的亲近感,他们的生活、学习、成长环境从一开始是全球化的、网络化的、游戏化的,他们对于新生事物接受得快,受传统观念的影响小。

我们可以从比较接近元宇宙的 Roblox 平台观察这一变化趋势。2004 年,Roblox 在美国加利福尼亚州创立,这家公司的核心业务是视频游戏和社交平台。在他们开发的游戏和社交媒体 Roblox 平台上,玩家和创造者共同开发了数百万种游戏,构成了 Roblox 数字虚拟新世界。

游戏创作者、玩家与朋友在 Roblox 上可以一起开发、探索、聊天和互动。Roblox 公司的主要工作不是制作游戏产品,而是生产游戏制作平台、工具并提供相应的服务,在 Roblox 上人们利用这些平台、工具和服务开发他们的游戏作品。

Robux 是 Roblox 平台的数字通证,Roblox 平台用 Robux 作为所有游戏创作者和游戏玩家的激励手段和生态能源。游戏创作者可以使用 Robux 数字通证向玩家收取各种游戏物品、装备、道具等的使用费,他们可以将赚取的 Robux 兑换成现实中的货币。100 个 Robux 可以兑换 35 美分,玩家可以花 1 美元购买 100 个 Robux。有了 Robux,人们就有了创作和参与游戏的动力。

Roblox 上的用户(尤其是孩子)非常擅长制作吸引其他用户的视频游戏。在全球范围内,Roblox 每月有超过 7000 万访问者,根据 comScore 公司的统计数据,6～12 岁的孩子在 Roblox 上花费的时间比在互联网上的任何其他网站的时间都多。

可以看出,新消费市场正在出现很多的新的变化趋势。例如,Z 世代的消费群体正在成为主流;他们花费在线上的时间越来越长,他们在 3D 虚拟环境中生活和工作的占比迅速提升,正在颠覆目前的网上社交平台;他们对线上虚拟身份、虚拟场景、虚拟装备、虚拟道具的需求比例越来越大；他们天然接近比特币、以太坊、狗狗币等加密数字货币，特别是 NFT 数字艺术品等数字资产，习惯于使用这些加密的数字货币以替代现有的法币支付体系；Z 世代的人花费在互联网社交软件上的时间正在下降，这也正是 Facebook 公司急于改名 Meta 进入元宇宙的原因。

元宇宙数字虚拟世界的社交关系完全独立于现实社会。一旦元宇宙数字虚拟世界建设成功，Z 世代或许会花费大部分时间在上面和数字人、现实世界的机器人同台共舞；Z 世代在未来会成为社会的主导消费力量，他们会在元宇宙数字虚拟世界中完成生活中绝大部分的消费活动，他们在绝大部分时间中会在元宇宙中生活和工作。

1.5 新冠病毒感染与行业元宇宙的诞生

2020 年的新冠病毒感染大暴发可以说是近 10 年来对于全球影响最大的事件。新冠病毒的肆虐导致了一些线下的行业受到重创，例如旅游、餐饮、航空、酒店、KTV、会展、影视、医疗机械、房地产、建材等行业。疫情导致了大量的中小企业倒闭，也加速了一些行业的发展，例如电商、云办公、线上会议、外卖等。因为疫情的影响，很多人不能去公司上班，只能在家云办公，促进了云生态的发展。

新冠病毒感染大大加速了线上办公、线上购物、线上会议的进程，让大家看到了线上生态的发展潜力，部分美国高科技公司（如谷歌、微软、Twitter 和 Meta）宣布员工可以在家线上永久办公，这些都印证了未来线上数字化工作的趋势会越来越明显。

此外，疫情期间，线上虚拟演唱会、线上虚拟展览会、线上虚拟现实游戏等业态也得到了大的发展。例如，美国电子游戏开发公司 Epic Games 旗下的游戏 *Fortnite*（《堡垒之夜》）早在 2021 年就陆续举办了歌手 Ariana Grande、电子音乐 DJ Marshmello、饶舌乐手 Travis Scott 的虚拟演唱会，验证了元宇宙音乐会、演唱会的可行性。例如 Travis Scott 的虚拟演唱会，就有多达 1230 万名玩家在同一时间聚集在该游戏平台上观看新歌上线发布。

传统娱乐巨头迪士尼公司也宣布将会开发元宇宙体验。迪士尼公司表示，米老鼠有一天或许也会出现在元宇宙中和粉丝互动。迪士尼乐园进军元宇宙，让人们在家里体验迪士尼乐园，成为一个可能的现实。

疫情期间大量的娱乐虚拟化线上活动证实了元宇宙也是未来的一个趋势。虚拟演唱会、虚拟游乐园意味着不必限制人数以及担忧公共卫生问题，创造一个虚拟场景让大家参与就行了，其规模和影响力将远远超过现实世界中的演唱会。例如，Travis Scott 的虚拟演唱会一共有 2770 万名玩家前往观看，这在现实世界中是完全不可能实现的。

此次疫情也让大家认知到了数字化、网络化、游戏化、社交化、3D 显示是发展趋势，而元宇宙则是数字化、网络化、游戏化、社交化、3D 显示的终极形态，可以说此次疫情是元宇宙和行业元宇宙诞生的催化剂和加速器。

1.6　Web 2.0 时代互联网巨头的垄断

Web 是 World Wide Web 的简称，即全球广域网，也称为万维网,是一种基于超文本和 HTTP 的分布式超媒体系统。Web 是建立在 Internet 上的一种网络服务,为浏览者在互联网上查找和浏览信息提供了图形化的、易于访问的直观界面,其中的文档及超链接将互联网上的信息节点组织成一个互相关联的网状结构。

Web 1.0 是建立在二十世纪七八十年代开发的软件协议之上的,是开放的,不属于任何个人和组织,任何人都可以免费使用。今天我们还在使用的电子邮件是基于开放协议 POP、SMTP 和 IMAP 的,网站仍然使用开放协议 HTTP 服务,比特依然通过互联网的原始开放协议 TCP/IP 传输。人们从互联网获取的大部分信息是只读的,Web 1.0 可以说是"来自人民,为了人民,服务人民"。

1990 年 12 月,蒂姆·伯纳斯-李(Tim Berners-Lee)制作了第一个网页浏览器和第一个网页服务器。到了 20 世纪 90 年代中期以后,互联网很少采用新的开放标准协议,围绕着身份、社区和支付机制,基本都由互联网企业解决,直到 21 世纪初形成了一个强大的互联网服务层,我们可以称之为 Web 2.0。在 Web 2.0 时代,互联网用户可以自主发布言论,与其他用户进行交流,当然还可以开设个人直播,传递自己的想法,用户也可以通过点赞、评论、互动等多种方式进行即时的在线交流。

Web 2.0 架构在 Web 1.0 之上,实际上是一个集中式的网络结构。在 Web 1.0 时代,没有一家私营公司拥有定义电子邮件、GPS 或开放网络的协议;但在 Web 2.0 时代,有很多互联网公司拥有能够定义今天数十亿人社会身份的数据。Web 2.0 最重大的缺陷是没有建立一个安全的开放标准用于在网络上确定人的身份。没有这样的协议,人们也就没有办法定义和分享自己的真实姓名、位置、兴趣,和其他网民建立关系。另外,Web 2.0还存在诸如用户数据隐私泄露风险较大、行为受到多重限制、需要受到平台的监管、必须在平台本身的引导和限制下实现创造等问题。

Web 2.0没有体现出互联网用户参与和创造的价值。大量的用户在互联网中活动,付出了很多时间、精力和劳动,但这些活动大部分都没有给使用者、分享者带来价值和利益,反而给互联网网站或平台带来了巨大的利润。谷歌、百度等公司采集和索引网上的内容,然后向用户提供查找服务,而内容的生产者、分享者、搜索者等所有付出时间的人并没有得到应有的价值回报。

过去的20多年,从Web 1.0到Web 2.0,中国互联网行业依托庞大的人口基数和迅速攀升的网络普及率,实现了持续的高速增长,产生了一个又一个造富神话,数年的人口与流量红利滋养出互联网巨头,互联网巨头积累财富的速度数倍于过去的传统行业。可以说,在Web 2.0时代,以互联网巨头为核心,形成了一个个生态圈,核心互联网公司统治着生态圈,垄断着生态圈的数据、价值和网络效应。

正是因为互联网存在着这样的不完善之处,用户普遍更信任大型的互联网公司,例如腾讯、阿里巴巴等。人们认为大公司无法逃匿,而且会对公众及媒体负责任,一旦发生问题会波及整个行业,因此大公司会对自己负责任。小公司、小平台无法获得用户的信任,开发的新技术、新服务无法获得长足的发展,也就没有了流量和发展的基础,这就导致了互联网发展了20多年之后形成了巨头垄断的局面。

由于Web 2.0的缺陷,互联网巨头在追逐增长与回报的过程中开始出现不同程度的垄断行为，有的互联网巨头在长达十几年的时间里处于垄断地位。绝大多数互联网企业都不存在太高的技术门槛，而一旦占据互联网龙头老大的地位，先行一步占领市场，其他竞争对手就很难超越，几乎还在萌芽状态中就会被巨头扼杀。为了避免被竞争对手超越，互联网巨头每年拿出巨额利润投入到各种产品研发中，用强大的资金优势和人力优势建立自己的壁垒。

在吸纳社会资源迅速生长之后，互联网巨头纷纷涉足通信、消费、金融、信息、出行等民众生活的各个方面，它们过度扩张形成的垄断和不正当竞争极大地遏制了中小企业的创新能力，冲击了在互联网领域完全不占流量优势的传统经济体，已经严重制约了国民经济的发展。

互联网巨头走到哪里，哪里就会面临洗牌。例如，2020年开始的互联网买菜热，各大互联网巨头都推出了社区买菜的应用，通过巨额补贴吸引消费者在网上买菜，等到线下的商铺无法支撑了，再把定价权握在自己手中，将千千万万从事买菜生意的商家和农民拒之门外。一个菜市场大到数万人，小到几十人，都以此为谋生手段，因为互联网巨头的买菜应用而受到很大冲击。《人民日报》曾发文提醒国内科技企业不要争夺几棵白菜的流量，要放眼未来科技创新的星辰大海，才让互联网巨头有所收敛。

2021年，政府根据《反垄断法》对几家过度扩张的互联网巨头给予了警告。2020年11月，国家市场监管总局发布《关于平台经济领域的反垄断指南（征求意见稿）》。2021年，国家市场监管总局共发布反垄断处罚案例多达118起，其中89起涉及互联网企业，占比为75.42%。

国家努力实施反垄断措施，互联网巨头也有所收敛。例如，2021年12月，腾讯直接把手头价值1042亿元的京东股票全部分发给了股东。但是，这并不能从根本上消除Web 2.0存在的各种弊端，也不能改变互联网巨头垄断流量、通过巨额资本和无序扩张让其他互联网企业和实体经济依然无路可走的状况。

1.7 Web 3.0 应运而生

在德国，经常看到前面的人帮别人扶门。有人说德国民众天生素质就高，其实真正的原因是，联邦德国成立后，政府制定了一套规则，关门时不小心把人撞了，你得无条件赔偿，还得帮人医治。第二次世界大战期间，美国空军降落伞的合格率为99.9%，这就意味着每一千个跳伞的士兵中会有一个因为降落伞不合格而丧命。军方要求厂家必须让合格率达到100%才行，厂家负责人说他们竭尽全力了，99.9%已是极限。军方就改变了检查制度，每次交货前从降落伞中随机挑出几个，让厂家负责人亲自跳伞检测，从此降落伞的合格率达到了100%。

还有一个案例，英国政府雇佣私人船只向澳大利亚运送罪犯，按照上船的人数付费，多运多赚钱。但是罪犯的死亡率非常高。政府官员想降低罪犯在运送过程中的死亡率，采取了包括派官员上船监督、限制装船数量等措施，却都实施不下去。最后，他们将付费方式由根据上船的人数付费改为根据下船的人数付费，船主只有将人活着送达澳大利亚，才能赚到运送费用。新政策一出来，罪犯的死亡率立竿见影地降到了1%左右。后来，船主为了提高生存率，还在船上配备了医生。

由此可见,无论对于组织还是社会,好的制度能让坏人干不了坏事,不好的制度会让好人变坏。没必要讨论人性本善还是本恶,合理的组织制度必然是授权与监督同时存在的,既相信人的能力,又怀疑人的本性,既要用制度激发人性中善的一面,还要用制度威慑人性中恶的一面。

人的欲望是无限的,本性的好坏也是随时而变的。只有明晰了责权利,再有一套组织制度去监督,才能人尽其能,才会有一个和谐的环境。人性有光辉的一面,也有阴暗的一面。有句话说得好:不背叛,只是因为背叛的筹码不够大,当利益大到一定程度,人性阴暗的一面就会被诱发。不能轻易相信人性,只有规则和制度才能将人性的阴暗锁入牢笼。

在 Web 2.0 时代,互联网流量逻辑和规则由中心化的互联网平台实现与制定,中心化平台的整合最终导致利益分配时的高度集中,这也是 BAT 等平台型巨头在互联网领域快速崛起的核心。要想改变巨头垄断的局面,互联网就必须重新制定规则。

随着比特币的出现和区块链技术的不断普及,通过使用无法篡改数据的分布式账本,以分布式计算机系统运行和维护数据,使得基于区块链的数据真实性有了保障。人们无须通过信任某个机构来选择服务,区块链为整个人类社会搭建了一个"无须信赖组织"的社会。Web 2.0 和 Web 3.0 基础设施对比如图 1-1 所示。

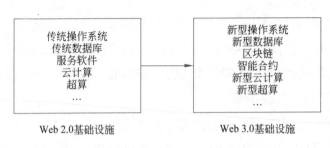

图 1-1　Web 2.0 和 Web 3.0 基础设施对比

借助区块链技术，可以充分实现无须通过可信第三方的价值表示和价值转移，大大弱化了中心化平台的作用；同时构建起以价值流通为核心的去中心化产业生态，为贡献者提供充分的激励，将会彻底改变依赖于平台流量的传统经济模式，并且让消费者成为生态中的主角。在区块链世界中、消费者、劳动者、创造者、投资者和传播者五位一体，通过共识机制和智能合约实现共同利益的共享，减少原来生态中相互的摩擦系数，通过数字资产的升值使各方均获得最大的利益。

Web 3.0 以用户为中心，强调用户拥有数字身份的自主权，用户不需要在网站或者 App 上创建账户，不需要提交个人信息甚至身份证信息，而是通过公私钥的签名与验证机制相互识别数字身份。Web 3.0 还可利用分布式账本技术构建分布式的公钥基础设施和全新的可信分布式数字身份管理系统，让用户在没有账户的条件下可信地验证身份。

Web 3.0 不仅赋予用户自主管理身份的权限，还打破了中心化模式下互联网平台对数据的天然垄断性，让用户获得了数据自主权。用户数据经密码算法保护后在分布式账本上存储，身份信息与谁共享、拿来做什么都由用户自主决定，只有经用户签名授权的个人数据才能被合法使用，通过数据的全生命周期确权，每个用户的知情同意权、访问权、拒绝权、可携权、删除权、更正权、持续控制权可以得到更有效的保障。

用户将拥有对算法的自主权，智能合约是区块链分布式账本上的一种透明可信、自动执行、强制履约的程序。当基于智能合约的算法程序被部署到分布式账本时，会按照预先定义的逻辑执行，产生预期的结果。程序的代码是公开透明的，对每个人而言都是公平的，智能合约不能被互联网平台的拥有者或其他任何人篡改，用户对算法滥用、偏见和风险都可以随时检查和验证。智能合约不依赖特定中心，任何用户均可发起和部署，天然的开放性和开源性极大地增强了终端用户对算法的掌控能力。

Web 3.0 可以让用户建立全新的信任与协作关系。Web 3.0 不是集中式的，没有单一的平台可以控制，任何一种服务都有多家提供者，各平台通过分布式协议互联，用户可以通过极小的成本从一个服务商转移到另一个服务商。用户与建设者平权，不存在谁控制谁的问题，这是 Web 3.0 作为分布式基础设施的显著优势。

在 Web 3.0 上登记和传递的价值的是数字资产，分布式账本技术为数字资产提供了独一无二的权益证明，哈希算法辅之以时间戳生成的序列号，保障了数字资产的唯一性，难以复制。一人记录、多人监督复核的分布式共识算法杜绝了在没有可信中间人的情况下数字资产造假和"双花"问题。数字资产还能做到不可分割（non-fungible），例如 NFT 可以完整状态存在、拥有和转移。

数字资产除了链上原生以外，还可来自链下实物资产，例如一件艺术品。如何保障链上数字资产和链下实物资产的价值映射是关键。可考虑通过元宇宙码、传感器、二维码、射频识别标签、加密芯片等数据识别传感技术实现物与物相连,组成物联网,与互联网、移动网络构成一体化信息网络,实现数据自动采集,从源头上降低虚假数据上链的可能性。

例如,元宇宙码的预言机就有互联网、物联网、机器人数据接口模块以及相应的处理程序,通过一个类似二维码的标签,元宇宙码可以让现实世界与互联网数据系统、物联网数据系统、机器人数据接口对接,现实世界的参与人通过元宇宙码可以便捷、快速地进入元宇宙数字生态。元宇宙数字生态中的数据信息处理软件和价值衡量激励分配处理软件等程序除了处理来自元宇宙码中的参数数据,也可以处理来自预言机链接的互联网、物联网、机器人等生态的数据信息和参数数据。

Web 3.0 一方面能够实现用户侧的自主管理身份功能,另一方面也可实现网络资源侧的自主管理地址功能,真正做到端到端访问过程的去中介化。传统互联网作为全球化开放网络,其资源访问依赖于中心化管理的域名系统(DNS)。DNS 作为互联网最根本的基础设施,虽然从 IPv4 到 IPv6 进行了系统扩展和优化,但仍有可能被操控。Web 3.0 作为全新的去中心化的价值互联网,需要全新的去中心化的 DNS 根域名治理体系。这在技术上可以通过分布式账本实现,资源发布方自主注册和管理域名,用户自主查询和解析域名,不仅可以支持传统互联网信息资源,还可以对更广泛意义上的数字资产资源、数字实体、区块链等进行命名和解析,从而使得智能合约可以对数字资产以更为方便和可读的方式进行操作,使得

Web 3.0可以更好地实现数字空间与现实空间的互动。

区块链可以传递和转移价值，解决了 Web 2.0 时代信息互联网所无法解决的资产确权、安全交换、价值分配、有效激励、去中介化以及人类大规模协作等诸多问题，同时也可以有效地解决以上提到的问题，区块链这一底层技术的改变，带来的是人类思维方式和生产关系的改变，更重要的是它还重塑了世界科技的重心，对于 Web 2.0 时代互联网巨头垄断的局面做出彻底的变革。

可以说，在区块链时代，我们进入了数据掘金的全新阶段，人类首次实现了数据的确权，数字资产未来将成为人们主要的资产形式之一，相比于信息互联网，用户自身的参与价值、数据价值都能以数字资产的形式回馈用户，用户价值的使用完全由用户自主决定，并且能够真正实现数字资产变现。

区块链技术组合拳的出现，让 Web 3.0 呼之欲出。在 Web 3.0 时代，网站内的信息可以直接和其他网站相关信息进行交互，能通过第三方信息平台同时对多家网站的信息进行整合使用；用户在互联网上拥有自己的数据，并能在不同网站上使用；完全基于 Web，用浏览器即可实现复杂系统程序才能实现的系统功能；用户数据审计后，即可同步于网络数据。

越来越多的人开始意识到个人数据以及信息的重要性，也意识到我们在互联网上的每一个操作和行为都是为平台做出的贡献，是有参与价值和数据价值的。越来越多的人还意识到个人授权平台使用自己的数据和信息，是可以得到相应的价值回报，变成自己的数字资产的。例如，用户在一个区块链内容平台上签到、浏览新闻、分享转发、打赏评论、邀请注册等，可以获得平台生态的通证奖励；

用户在一款区块链游戏中玩游戏，用户的打怪、升级、消耗、邀请好友等，也都可以获得游戏的数字资产奖励。

Web 3.0 改变的是信息社会中的生产关系，Web 3.0 的核心理念在于去中心化，让数据所有权回归到每一个人，将控制权返还到用户和参与者手中，在充分实现用户共建、共治的同时，用户还将分享平台的价值。与 Web 2.0 最大的不同在于，Web 3.0 时代将充分开放化，用户在其中的行为将不受生态隔离的限制，甚至可以认为，用户基于基础逻辑可以自由畅游在 Web 3.0 世界，在区块链技术、加密算法和分布式存储等手段的支持下，用户数据隐私将得到保护，内容和应用真正由用户创造和主导。

Web 3.0 是用户与建设者拥有并信任的互联网基础设施，创业者兼投资人克里斯·迪克森把 Web 3.0 描述为一个建设者和用户的互联网，数字资产则是连接建设者和用户的纽带。研究机构 Messari 把 Web 1.0 到 Web 3.0 描述为：Web 1.0"可读"，Web 2.0"可读 + 可写"，Web 3.0 则"可读 + 可写 + 拥有"。

我们可以通俗地作以下理解：Web 1.0 是所见即所得，Web 2.0 是所荐即所得，Web 3.0 是所建即所得。在 Web 1.0 时代，以网易、新浪、搜狐和百度等门户网站的内容为主，用户大部分浏览信息，很少有交互；在 Web 2.0 时代，出现了博客、微博和朋友圈等，用户深度参与了信息传播，交互变多；而在 Web 3.0 时代，以区块链数据为主，数据所有权归用户，用户将拥有网络底层的数据资产，并将分享其平台的价值。Web 1.0、Web 2.0 和 Web 3.0 的对比如表 1-1 所示。

表1-1　Web 1.0、Web 2.0 和Web 3.0的对比

比较项	Web 1.0	Web 2.0	Web 3.0
操作权限	只读	可读、可写	可读、可写、拥有
交互载体	数据文本	内容互动	虚拟经济
组织形态	企业	平台	网络
基础设施	个人计算机	移动设备和云	区块链和云
控制方式	中心化	中心化	去中心化

Web 3.0 基于区块链技术，是技术发展方向的未来，元宇宙是应用场景和生活方式的未来，二者相辅相成。要想实现 Web 3.0，就需要进行模式创新以及区块链、人工智能、大数据等技术创新，还需要去中心化、分布式的自治组织形态 DAO 以及包含了各类公司实体、联盟单位和超级个体的链组织。而元宇宙同样必须满足上述条件，因为只有这样，才能成为人们所期待的朝向未来生活方式的突破性变革。

1.8　资本投资推动了元宇宙的发展

大公司资本和投资基金驱动了元宇宙的快速发展，特别是大公司有充裕的资金收购与元宇宙相关的公司，这间接导致大公司有更大的可能会在元宇宙里立足，而其他公司的机会则越来越小。大公司的大投入势必会加速与元宇宙产业相关的技术成熟化并加快元宇宙的落地。

从投资产业赛道的角度看，元宇宙的发展将产生多方面的投资机遇，在未来的 3~10 年内，元宇宙将进入探索期和高速成长期。

在此期间，大量直接支撑和构建元宇宙数字虚拟世界的相关技术产业，例如 XR/VR/AR、NFT、AI、云、游戏平台、数字人、数字孪生城市、空间映射等，都会得到很大的发展。

此外，支撑元宇宙场景运行的底层技术产业、虚拟与现实连接技术相关的产业也会得到很大发展，例如区块链、云计算、大数据、未来网络、半导体、物联网、可穿戴设备、脑机接口、微传感器等领域。架构在元宇宙场景下的各种各样的应用场景，例如购物、娱乐、社交、学习、办公等领域，都具有非常大的投资价值，必须快速跑步进场。还有元宇宙技术赋能传统经济的各行各业，即行业元宇宙，也将会发现创业的新蓝海。

微软以 750 亿美元收购国际知名游戏厂商动视暴雪曾震惊了市场。微软收购动视暴雪除了能够让微软进入游戏行业之外，微软也能够借助动视暴雪很好地布局元宇宙。除了微软收购动视暴雪之外，近期也有许多相关的收购、投资或并购事件。腾讯和字节跳动为了布局元宇宙，在收购国内 VR 设备制造商 Pico 上展开竞争，最终字节跳动以 90 亿美元的价格成功收购 Pico。

此外，行业元宇宙中使用的加密数字货币、NFT 和数字资产也受到了资本的青睐。a16z 在加密数字资产投资赛道上是当之无愧的巨无霸。a16z 从 2013 年投资只有 8 名员工的 Coinbase 开始，到如今它管理的加密资产规模已超过 30 亿美元。不到 10 年，a16z 已经投资了包括 Coinbase、Uniswap、Solana、MakerDao、Dfinity、Chia、OpenSea、Dapper Labs（NBA Top Shop/加密猫）、SOLANA、Sky Mavis（Axie Infinity）、Matter Labs（zkSync）、Optimism：Friends with benefits、Fingerprints DAO、BitCloud、

Capsule、DeSo 等明星项目，覆盖公链、稳定币、交易所、支付、DeFi、NFT、Web 3.0 等多个赛道，成为加密货币投资的风向标。

2022 年 2 月 18 日，红杉资本宣布推出一支专注于加密货币的投资基金，资金规模为 5~6 亿美元，将主要投资于流动性代币，包括已经在加密交易所上市和尚未上市的代币，单个项目投资规模为 10 万 ~5000 万美元。红杉资本还计划参与从质押到提供流动性再到治理等的全流程。

此外，大批的科技巨头、上市公司、产业资本、地方政府产业投资基金、独立投资人、散户投资者也都纷纷跑步进场，传统资本和数字加密资本的共同推动，极大地加速了元宇宙和行业元宇宙的建设发展进程。

第 2 章

什么是行业元宇宙

02

2.1　什么是元宇宙

元宇宙是 3D 数字新世界,是和地球平行甚至更高维度的一个虚拟数字空间。

元宇宙是以混合现实交互技术、区块链技术、游戏化技术、人工智能、网络运算和物联网六大技术体系集成在一起,与物理空间相互映射、协同互动的虚拟空间。元宇宙将以上技术进行整合,创造出一个虚拟的世界。它是通过数字化形态承载的与人类社会平行的宇宙,这个虚拟世界对现实的还原度取决于整合技术的水平和设备科技化的程度。元宇宙具有沉浸感高、低延迟、连接便利等特点。

元宇宙不是一个独立的虚拟空间,而是一个与物理空间相互映射、协同互动的虚拟空间。元宇宙技术也不是一项独立的技术,而是建立在现有信息技术发展成果上的综合集成和应用创新提升。继互联网、大数据和人工智能之后,元宇宙技术将会成为信息技术产业发展新的引擎,它可以包装、整合和提升现有软硬件产品和技术,推动综合集成和融合应用,面向数字人、数字新场景和数字新物种应用打造各行各业新的产品供给和服务体验。

元宇宙是互联网从 Web 1.0、Web 2.0 到下一代互联网 Web 3.0 渐进的一个结果，是 Web 3.0 和广义数字化的总和。如同物种进化突变形成的新物种，元宇宙是互联网和其他一系列新技术结合在一起的产物，这个新物种导致元宇宙突破了互联网的局限性。元宇宙以 3D/XR 化、UGC、游戏化、智能化、更长在线时间的行为艺术和无边界游戏为突出特点，包含 XR、AI、5G 等技术在 C 端（消费者）和 B 端（企业）的全面应用，最终把人类引向未来的数字化生存。

元宇宙内涵极为丰富，包含互联网、产业数字化、智能化、游戏化、物联网、链组织治理、经济系统、高算力设备、高速无线通信等领域和技术，元宇宙是所有数字化技术的集大成者。可以说，在这个世界上，还没有任何一个新的物种像元宇宙那样能够承载、吸纳和融合所有信息革命的技术。

元宇宙基于混合现实技术提供沉浸式体验，既可以基于数字孪生技术生成现实世界的镜像，也可以基于数字原生技术生成与现实世界完全不同的新物种、新场景。元宇宙基于区块链技术搭建经济体系和使用数字人进行治理，数字人与现实世界的人进行交互，也可以将虚拟世界与现实世界在经济系统、社交系统、身份系统上密切融合。每个用户都能进行内容生产和编辑，用户集消费者、创作者、生产者、传播者和投资者五种角色于一身。元宇宙为用户提供丰富的消费内容、公平的创作平台、可靠的经济系统、沉浸式的交互体验，并让用户享有在平台上创造的价值。

元宇宙还向我们展现了一种新的经济制度。元宇宙需要经济制度的支撑，这个制度不是现实世界中的经济制度的平移，而是有着强大的共享和平等的基因，会极力避免和排除资本主义制度影响或主导的市场经济的很多弊端，消除垄断和贫富差距。

随着元宇宙的高速发展和 Web 3.0 时代的到来，由于 Web 3.0 更加自由、确权、能解放更多生产力而更具创新性，一种可能更适合元宇宙的机构组织形式将被很多人所接纳，元宇宙的主体会按照一种新的平等的方式组织新型的经济活动，这就是 DAO 和链组织。DAO 可以理解为不追求利润和现金流的去中心化、分布式的自治型组织形态，而链组织是包含了各类公司实体、联盟单位、超级个体及社群等多种组织形态的混合的分布式组织，是由分布式 DAO 社群组织 + 金字塔结构的组织构成的多中心化的组织形态。

元宇宙产业链上下游的相关企业会继续诞生拥有巨大现金流、利润和股票的巨无霸企业；但是在元宇宙的经济世界里，元宇宙的财富模式会发生改变，人们将拥有数字资产、NFT、NFR 或数字藏品等数字财富，而不再以现金流、利润和股票衡量财富的多少。

工业时代的经济体系虽然具有集约、高效、批量化的特点，但其缺陷也很明显，就是由于生产与市场分离导致无效生产和浪费很多，从而形成了经济的周期性振荡现象，通俗来说就是经济的周期性危机。因此，数字技术自诞生以来就立刻被应用于对工业组织和经济体系的改造。

网络经济极大地消除了生产端与消费端之间的隔阂，促进了全经济体系的信息共享，极大地降低了市场交易成本，促进了生产布局的分散化，提高了生产的针对性，并且通过柔性和先进制造技术可以满足不断增强的个性化需求。

而元宇宙由于进一步创造了新的数字经济空间和生产交易体系的数字映射，因此将进一步打破传统工业体系，不得不依赖于地理和历史形成的布局和生产组织约束。通过元宇宙形成的数字工厂和交易体系，可以将整个地球的所有生产单元有效地组织起来，形成全球同步的生产和交易。

投资者、创造者、劳动者、传播者，消费者都可以通过逐渐普及的元宇宙接入端口实现对虚拟数字设备的操作，并通过数字孪生机制形成对真实设备的远程控制，而全球的消费者也同样可以在元宇宙中进行同步的消费和定制，从而形成一种横跨全球的同步生产交易体系。由于元宇宙体系远超真实社会的信息传递能力，这将是人类经济系统完美的组织形态。

元宇宙为世界创造了新的经济空间。元宇宙通过构建高度拟真、沉浸式的新的虚拟空间，为传统上受物理空间限制的经济体系打开了一片广阔的数字天地。各种真实社会中的经济系统和产品服务，理论上都可能在这一数字空间中实现映射，这也就产生了新的不断生产虚拟数字产品与服务的强烈动机和实现基础。无数受制于物理空间限制的新的城市、新的景观、新的产品、新的服务，都可以在元宇宙中得以实现，这为备受物理空间限制的现实经济单元创造了更大的经济活动领域。

因此，元宇宙不是一个单纯的、封闭式的单一虚拟数字产品，而是一个完整的数字空间系统，这意味着元宇宙不是由单一元宇宙公司提供的，类似于现在的仿真游戏一样的封闭体系，而是现实社会中几乎所有的经济单元都可以参与其中的庞大经济结构。元宇宙将为传统经济的各行各业打开一扇通向新世界的大门。元宇宙技术体系如图 2-1 所示。

图 2-1 元宇宙技术体系

2021 年被称为元宇宙元年,从消费互联网到产业互联网,应用场景已经打开,通信和社交正在视频化,视频会议和直播崛起,游戏也正在云化。XR 等新技术、新软硬件在各种不同场景的推动下迅速发展。人们开始意识到,线上的数字世界并非只是游戏娱乐场所,而很可能是未来社会交往和日常生活的新空间,全球各大媒体、科技巨头、产业资本、投资界都展开了行动。

2.2 什么是行业元宇宙

行业元宇宙就是现实世界中的各行各业利用元宇宙相关技术和基础设施,从现实世界迁徙到元宇宙中,从而形成的拥有原行业基因和特质的、高维度的元宇宙数字虚拟世界。

行业元宇宙是一个更高维度的行业数字孪生体、数字原生体和虚实共生体的新世界,行业元宇宙中有与现实世界各行各业相对应的数字人、虚拟场景和虚拟新物种。在现实中的人看来,这些行业元宇宙中的数字人、虚拟场景和虚拟新物种就是数字资产。

行业元宇宙让现实世界的各行各业的产业链实现换道升维,其产品属性、价值体系和价值标准实现了脱胎换骨式的质变,生产要素、生产关系、管理方式和组织形态也随之改变。

元宇宙有六大技术,包括区块链技术、网络通信技术、物联网技术、人工智能技术、交互技术和游戏技术等;而行业元宇宙是七大技术,在元宇宙的六大技术基础上,还要加上行业技术。

截至 2022 年 8 月,商标数据库中约有 16 000 余件元宇宙、METAVERSE 相关商标申请,目前九成的商标申请还处于等待实质审核阶段,还有无数的元宇宙商标申请根本无法提交成功。

除了阿里巴巴、腾讯、网易,百度等互联网大厂外,相关商标申请人还包括汽车、家电、餐饮等行业的企业。例如,汽车企业是元宇宙商标申请的一支主力军,截至 2022 年 9 月,已有合众新能源、东风、上汽、蔚来、小鹏、理想、福特、奇瑞、长城、一汽集团、吉利等超10家汽车企业注册了元宇宙相关商标。

各行各业都在申请元宇宙商标，充分说明各行业的先行者都意识到，元宇宙能够赋能实体经济，可以实现数字经济与实体经济的深度融合，有效实现实体经济的全面升级，使各行各业都能够形成第二条增长曲线，这就是行业元宇宙的开端。

我们有理由相信，行业元宇宙将虚拟与实体结合，融入科技时尚、数字艺术和数字金融属性的行业元宇宙新物种会是新消费未来的大趋势。行业元宇宙结合实体经济，赋能传统产业转型升级，元宇宙的普及将推动实体经济与数字经济加速深度融合，各类技术价值也将在赋能实体产业的过程中逐步显现，带来全新的商业模式。

例如，耐克尝试了各种新的数字化表达、呈现和交易方式。在产品广告方面，耐克采用了酷炫的裸眼3D呈现方式。2021年12月，耐克收购了虚拟球鞋与时尚品牌RTFKT并开始发行NFT数字藏品，将运动鞋区块链化和通证化，运动鞋从可穿用的实体鞋变成了可饲养和繁殖、可增值的虚拟鞋，用户在现实世界中的实物资产变成了虚拟世界中的数字资产。

2021年11月，耐克又在游戏平台Roblox创建了耐克元宇宙——NikeLand，将运动和娱乐打造成年轻人喜欢的新玩法。NikeLand目前已经得到来自224个国家和地区超过700万次的访问，用户可以浏览数字商店，和知名球员一起在NikeLand中踢足球，等等。目前数字化业务已经占到耐克品牌收入的26%左右，未来耐克希望能再造一个数字孪生的耐克元宇宙。

2022年1月，沃尔玛向美国专利及商标局提交了七份申请，显示沃尔玛正在准备进军元宇宙，并打算生产和销售虚拟商品，包括电子产品、家居装饰、玩具、体育用品和个人护理产品。提交给美国专利及商标局的文件显示，沃尔玛计划创建自己为会员提供的加密资产、数字代币和NFT。沃尔玛推出NFT，除了表明迎合新生代消费群体喜好的NFT等虚拟资产有可能成为未来元宇宙的通行支付手段以外，还表明支付对于零售业至关重要。

2022年4月，亚马逊公司面向消费者和第三方卖家推出了全新的购物辅助功能，一个基于元宇宙框架的AR功能——Amazon View。这个功能允许买家利用手机摄像头扫描自己房间之后按比例生成一个虚拟房间，同时买家可以在这个虚拟房间中拖入自己在亚马逊上选中的家居和家具类产品，查看布置后的效果。这个功能类似于亚马逊之前推出的虚拟试衣间功能，都是利用AR技术辅助买家选购产品。

再如，行业元宇宙提供了教育和学习革命的平台，在元宇宙世界中形成教育元宇宙。

行业元宇宙帮助人类在工业、制造业等领域实施行业元宇宙技术创新，用数字人和机器人相结合形成新的生产方式。在文化艺术领域，通过元宇宙虚拟经济带动实体经济是数字艺术品发展的必由之路，而数字艺术品的价值将随着元宇宙基础设施建设的发展和完善逐步体现在更多场景中。

行业元宇宙也将会重构当前的线上电商场景，元宇宙在零售方面的应用同样是可以被预见的。在元宇宙中能够创建3D显示的交互式购物中心，大量的数字售货员、数字主播将会为用户服务。用户可以实现和现实购物一样的便捷操作，在游戏般的体验中就能够完成购物。此外，元宇宙还能够摆脱实体店的形式和功能，开拓更具想象力的数字购物体验。

总之，未来行业元宇宙技术、数字人、数字场景将广泛应用于工业、农业、商业、服务业、教育、医疗、政府服务等各个实体场景中。在政策支持下，不仅可以促进应用场景的多样化，还可以产生各种孪生或者原生的大量的行业元宇宙新物种，形成新的经济增量，从而促进相关企业的发展，形成良性循环。

从短期来看，在元宇宙兴起的初期，围绕着元宇宙平台的建设和相关配套设备的研发，实际上将兴起一股强大的实体经济投资和发展热潮，各种实体经济以及各行各业都会参与其中，推动现有数字经济体系的进一步升级和元宇宙化，消费者也乐意为新奇的事物买单，因此不但不会形成对实体经济的挤压，反而会形成新的产业热潮和新的经济增长热点，从而推动整个社会的经济发展。

从长远来看，也就是在元宇宙大面积普及和适用后，或许会出现人们的生活方式从现实生活向元宇宙中的虚拟生活转移的现象。这当然会相应地抑制现实需求，如同今天互联网的兴起直接影响了传统餐饮业而带动了外卖行业一样。

这一趋势的出现也是经济发展的必然。在历史上，经济热潮后往往会由于消费需求的一时满足而陷入一段时间的低谷。当然，这一问题的解决需要在元宇宙体系基本完善之后，实现人们线上线下生活消费的平衡，既需要经济和文化引导，也需要复合的治理手段。就目前而言，显然不必对此过早担心。

在 Web 2.0 时代，大部分的企业都是互联网企业，还没有掌握互联网技术的传统经济实体都会被已经掌握了互联网技术的其他同行挤压甚至淘汰，同时在互联网上又诞生了一批基于新生态的多个行业。而在 Web 3.0 时代，大部分的企业都将是元宇宙企业，它们都需要利用元宇宙的各项技术，实现和传统实体经济的互补和迭代升级。无法跟上元宇宙发展的各行各业也一样会被挤压和淘汰，取而代之的是一批适应元宇宙生态的虚实结合的新型实体经济体。

2.3 行业元宇宙进程三部曲

就像人身体中的血管、神经一样，传统的水利网、电力网、电信网、互联网还是依附在物理地球上，作为地球上的基础设施存在，这些基础设施让传统社会实现了万家灯火，有了更加便捷的工作和生活环境，同时也带来了持久的人类文明。

犹如 138 亿年前的宇宙大爆炸形成了现在的宇宙一样，这些传统的网络形态和应用，以及相应的多种科学技术在 2019 年左右都发展到了成熟阶段，元宇宙就冲破了原来的混沌状态，横空出世。

元宇宙是随着区块链等六大核心技术的融合、集成、爆发而诞生的，类似于生物进化过程中发生了基因突变，从而导致了元宇宙从现实世界和互联网世界中独立出来，成为一个崭新的数字虚拟世界，这个数字虚拟世界的横空出世对现实世界形成了强大的影响力和作用力。

我们可以把元宇宙想象成一个脱离地球而独立存在的数字虚拟星系或者星球，在这个星系或者星球中，和地球类似，存在着数字生命、数字场景和数字行业。

地球上各行各业的从业者首先会为这个横空出世的元宇宙感到新奇和欣喜，因为元宇宙为传统的各行各业带来了新的机遇、新的发展空间、新的物种和新的数字财富形态。现实世界各行各业与元宇宙的迁徙、融合、成长、相互作用，形成了行业云宇宙新的社会经济生态。

行业元宇宙从诞生、发育、发展到成熟的过程，如果简单地划分阶段，可以用行业元宇宙进程三部曲来描述。

2.3.1 行业元宇宙第一部曲：现实行业向元宇宙移民

行业元宇宙第一部曲是现实行业向元宇宙世界的移民曲，而网上线下IP的数字藏品化是移民曲的前奏，只是早期阶段的一种应用形态。

互联网是现实世界距离元宇宙数字虚拟世界最近的一个线上生态，元宇宙是从互联网发展到今天产生的一个必然结果。元宇宙的巨大商机和财富效应被发现后，现实世界的各行各业开始向元宇宙迁徙移民，到元宇宙数字虚拟世界"开疆拓土"，在元宇宙中形成与原来现实世界各行各业相对应的行业元宇宙数字新行业，这一过程也称为现实世界到元宇宙的数字孪生的过程。

这一过程很像15—17世纪的大航海时代。哥伦布发现了美洲新大陆之后，全球各地的人们纷纷乘船迁徙到美洲新大陆，形成新移民。他们带去了行业知识、技术、工具和能力，在美洲新大陆复制了和之前行业类似的行业。

元宇宙的诞生可以说是进入了数字大航海时代，各行各业的从业者乘坐着数字钱包、Web 3.0 等"数字轮船"蜂拥而至，奔赴元宇宙数字虚拟世界，在新世界里创造出自己的数字身份形象，包括数字分身、数字化身、数字幻身等，以及数字人、数字场景和数字孪生新物种；总之，数字孪生创造出带有明显现实世界行业特点的行业元宇宙。

由于人的功利性和思维惯性，大多数人延续着传统的互联网思维，自然会首先想到如何利用手中现有的网上或者线下 IP 资源进行流量变现。这种想法导致了网上或者线下 IP 的数字藏品化的诞生。

数字藏品化是将现实世界的 IP 资源和流量资源映射到元宇宙数字虚拟世界，并形成新的数字资产的最简单的做法。数字藏品是使用元宇宙技术，特别是其中的区块链技术和 3D 交互显示技术，将网络或者现实世界的 IP 或艺术品进行唯一标识并形成的一种数字资产。这些网上或者现实世界的 IP 或艺术品包括但是不限于数字形式的画作、图片、音乐、视频、漫画、动漫、游戏作品、文学作品、表情图、3D 模型等。

数字藏品是虚拟数字资产，每个数字藏品都对应着区块链上的唯一序列号码，因此一旦在链上生成，便具有唯一性和独立性，不可分割，不可篡改，也不能互相替代。每个数字藏品都代表特定 IP 或者艺术品在元宇宙数字虚拟世界的映射，一般都是限量发售的数字复制品或者数字衍生品，具有不可篡改的链上权益和拥有该项数字资产的数字凭证。

由于有了现实世界已存在的 IP 或者艺术品作为价值支撑的基础，因此数字藏品与元宇宙数字虚拟世界原生的数字资产（例如比特币、以太坊等同质化数字货币）存在着基因层面的区别。在现实中的人看来，这些数字藏品的"父母"来自现实世界，拥有来自现实世界的文创类IP、艺术品或者实物等作为背书和价值支撑，也就有了天然的合理性，容易被现存法律制度所允许，因而得到大发展的机会。

数字藏品生成的容易性和收藏的便捷性，使得普通人拥有了数字藏品收藏家、数字科技时尚达人和数字资产投资人的三重身份。

作为数字藏品收藏家，可以拥有每个数字藏品在元宇宙数字虚拟世界与现实世界IP和艺术品的独特的数字复制品，可以观赏数字艺术品，享受收藏数字藏品的独特体验，向朋友炫耀数字藏品的收藏过程以及由之带来的独特见解和成就感。

作为数字科技时尚达人，每个人都可以感受到数字科技带来的酷炫、神奇和时尚，通过数字藏品体会到元宇宙中六大支撑技术给现实世界带来的变化和冲击，积极参与到这次数字科技革命的滚滚洪流中。

作为数字藏品投资人，可以用很少的资金获得数字资产，通过转赠或者交易可以获得稀缺性、流动性溢价等增值利润。

现实世界的人走进行业元宇宙的第一步便是从数字藏品开始，开启了行业元宇宙数字收藏家、数字科技时尚达人和数字藏品投资人的美妙、躁动、痛并快乐着的迁徙过程。

2.3.2 行业元宇宙第二部曲：创造数字原生新行业

行业元宇宙第二部曲是创造数字原生新行业，也就是元宇宙数字原生新行业的创造曲。

从人类目前的认知水平来看，行业元宇宙创造的数字原生新行业在未来是什么样子，现在还难以想象。现在的情形很像早期互联网刚刚出现 E-mail 和 Web 1.0 的时候，当时的人们很难理解互联网在发展十几年后，在 Web 2.0 时代出现的电商、支付、社交、娱乐等应用场景。就像在 2000 年很难想象淘宝、拼多多、抖音和头条这样的互联网平台一样，我们现在也无法想象行业元宇宙将会带给我们什么样的未来。

如果说数据孪生是数字新移民用已经拥有的认知和知识结构解决行业元宇宙中的问题，用传统的知识技术白盒构建一个模型，在元宇宙数字虚拟世界构建一个新行业，那么数字原生就是数字新移民和数字人一起共创共生人类认知之外的新行业、新场景和新物种。这些数字原生的新行业、新场景和新物种是传统行业中不曾有过的，也超越了人类现有的认知水平，是采用行业元宇宙中的原生材料、原生工具和原生方法，以知识技术黑盒的方式创造出来的。

未来元宇宙和行业元宇宙的经济系统的底层支撑是建立在区块链基础上的，区块链建立的生态可以看作最早的数字原生的生态，从 2009 年的比特币，到以太坊、狗狗币、柴犬币、UniSwap 和后来的 GameFi，再到 Cryptopunks、Bored Ape、Merge，这些原生的数字新物种是现实世界中所没有的。未来数字新移民和数字人原住民将会创造出大量的元宇宙原生新行业、新场景和新物种，让现实世界的人经常瞠目结舌，感到不可思议。

毫无疑问，数字原生经济将是行业元宇宙数字经济真正的主力军。由于行业元宇宙的技术基础由区块链、3D 显示交互、游戏化、人工智能、网络计算、物联网等融合技术作为底层支撑，因此，无论如何进化发展，这些行业元宇宙数字新行业都不可避免地带有这些新技术的基因特征。

2.3.3　行业元宇宙第三部曲：创造虚实共生的新行业和新物种

行业元宇宙在完成了网上和线下 IP 的数字藏品化之后，现实世界生产的实物产品以及相应的品牌商标都会进化迁徙到行业元宇宙中，成为行业元宇宙数字新物种，即现实世界中实物产品的数字新物种化。行业元宇宙第三部曲是创造虚实共生的新行业和新物种，也就是行业元宇宙的赋能曲。

行业元宇宙中的数字孪生经济和数字原生经济发展到一定阶段后，就会反作用和赋能于传统的各行各业，形成虚实共生经济。虚实共生经济是行业元宇宙发展到一定阶段的必然结果，也是现实人类向数字人类学习的必然过程。

虽然行业元宇宙还在创世的非常早期阶段，但是诞生于区块链上的一些数字原生新物种，如原生的 NFT，已经显示出对传统行业的影响和作用。例如，在元宇宙中原生的无聊猿 NFT 数字新物种才诞生一年多的时间，就被各行各业热捧，无聊猿 BAYC 系列 NFT

地板价已达到 42 万美元，创下历史新高。

2022 年 4 月 28 日，被称为"国货之光"的李宁公司宣布选择与无聊猿牵手，推出多款联名产品，成为元宇宙数字新物种赋能传统行业的典型案例。不只是李宁公司，其他传统行业也打起了无聊猿的主意。

2022 年 4 月 29 日，中国房地产十强企业绿地集团宣布购入无聊猿 BAYC #8302 作为其推出数字化战略的象征。2022 年 4 月 30 日，健康智能硬件上市公司倍轻松宣布购入无聊猿 BAYC #1365，并将推出无聊猿健康俱乐部。公开资料显示，AAX 交易所于 2022 年 4 月 23 日开设中国香港地区首个 NFT 快闪店，并在无聊猿区域展示了 14 款来自中国香港无聊猿俱乐部成员私人收藏的 NFT 艺术品，同时也有相关周边产品对外发售。而在早些时候，一家以无聊猿为主题的餐厅则在美国加利福尼亚州长滩正式开业，以快闪店的形式营业 90 天。

未来，相信一定会有更多的数字原生新物种与现实世界的各个行业进行牵手赋能，传统行业中的各种产品都将具有行业元宇宙的典型特征，如智能交互、游戏化、金融投资增值、科技时尚幻化等。

这些数字新物种会在元宇宙六大核心支撑技术的加持下进行活化和幻化，它们具有超越人类的智力、听说能力、感知能力，以及与现实人、机器人和数字人的交互能力。未来 10 年内，3D 元宇宙终端设备将完全取代现在的智能手机终端设备。在 3D 元宇宙终端设备中，3D 内容将成为视觉表现内容的主体，语音识别和语音合成能力将成为数字新物种的标配，分布式存储和分布式计算将广泛运用在这些行业元宇宙数字新物种中，使这些数字新物种具备原子实物性和比特虚拟性二者相结合的特性。这些数字新物种具有和人一样甚至超越人类的智慧、思考、记忆、交互、判断、表达、表现能力,甚至具有了喜怒哀乐的情感活动。

2.4 行业元宇宙中的终端新物种

行业元宇宙终端新物种主要实现人类与行业元宇宙的数字场景和数字新物种的交互。这些终端新物种除了现在能看到的 VR、AR、MR、全息投影、裸眼 3D、脑机接口等 3D 显示终端,还有与社交、运动、学习、娱乐、购物、专门用途等相关的专用终端设备。

随着全球元宇宙生态的日趋成熟和爆炸式成长,这些终端的数据处理能力、交互能力、网络通信能力正在迅速增强,成为连接现实世界与行业元宇宙数字虚拟世界的桥梁。

随着行业元宇宙被更多的人认识,与元宇宙 3D 显示相关的行业元宇宙的专业终端软硬件设备也会被越来越多地设计生产出来,在行业元宇宙数字虚拟世界中的文化、教育、娱乐、医疗、智能制造、算力、通信、新零售、新营销等各行各业细分领域中得到普遍应用。

相信在未来相当长的时间内,行业元宇宙终端市场增长率会一直保持高水平。未来若干年后,行业元宇宙终端将会达到数十亿台甚至百亿台的规模。

2.5 行业元宇宙中的数字新物种

行业元宇宙技术是元宇宙技术与各行各业的特点相结合而产生的专用技术。

行业元宇宙技术的研究和发展将导致现实世界的工业、农业、信息业的产品和服务都有机会脱胎换骨、基因突变，成为行业元宇宙中的数字新物种。这些元宇宙新物种具有和人一样的多种能力，实现了智能化、活化、幻化和交互能力。它们就像动漫世界的卡通形象一样，在行业元宇宙的虚拟场景中自由穿梭，成为行业元宇宙数字新物种大家庭中的一员。

可以想象的是，在行业元宇宙中，各行各业的数字规则的制定、进化和治理是由人、数字人和机器人共同实施的，以保证他们/它们和谐共处，并保障行业元宇宙中的各行各业健康发展和成长。

在行业元宇宙的数字原生阶段，各行各业基于 Web 3.0（甚至更高）、AI，由人、数字人和机器人共同制定行业规则，行业元宇宙中使用的语言是代码语言，是以数学为基础，而不是以现实世界中的语言文字为基础。

行业元宇宙中的行业治理将采用以数字人为主、以人和机器人为辅的智治结构。数字人未来是否会产生异化，对创造他们的人进行排挤打击，就像发展成长后的美国通过独立战争脱离英国统治一样，通过元宇宙数字战争摆脱人类的控制和侵扰，现在不得而知。

行业元宇宙中的行业会像地球生物大爆发一样发展，产生无数种现实世界不曾有过的数字新行业，这些数字新行业在行业元宇宙中就地取材、自定规则、自行创新，以原生的数字原材料、数字新物种和数字场景为基础，进行新的数字物种的共创、共生、共养、共治、共玩。可以预见，这些在行业元宇宙中原生创造出来的新行业在种类、数量和规模上将远远超过在现实互联网上创造出来的新行业。

这些数字原生的行业是需要能源和算力作为基础支撑的，而这些新能源和算力来自地球、外太空等物理世界，所以行业元宇宙的生存和发展离不开物理世界。但是，行业元宇宙中的新能源和算力的控制主导权有没有可能转移到数字人手中？行业元宇宙中原生创造出来的行业以及滋养进化出来的行业新物种是大部分能为人类服务，还是仅仅一小部分能为人类服务？有没有可能这些数字新物种大部分会为数字人、机器人和其他数字新物种服务？这些目前还不得而知。

由于未来行业元宇宙数字人的智商远高于人类的智商，他们之间采用数学语言作为沟通交互语言，其数据信息处理和交互的能力、效率和质量比现实世界的人类更强，因此，在数字原生的高级阶段，数字人与数字人之间、数字人与机器人之间的沟通或许更为流畅，如果人类不加以干涉，行业元宇宙数字原生行业的大部分数字新物种有可能将会为数字人和机器人服务。

因此，可以预测，未来的人、数字人和机器人三者的利益会不可避免地会发生冲突，这些原生的行业元宇宙新行业和新物种如何与地球人类和平共处、和谐相处，更多更好地为人类服务，在未来可能是一个巨大的挑战，也是需要人类在行业元宇宙大发展之前就要想清楚的问题。

从现实世界产品和服务脱胎而来的孪生数字新物种具有虚实结合的特点，具有实用消费属性、科技时尚属性、文化艺术属性和金融投资属性合一的特点。和行业元宇宙数字人一样，这些行业元宇宙的新物种也都有独立的数字身份，也是鲜活的数字生命体，可以在行业元宇宙中被赋能，不断进化，可以实现和人、数字人、机器人之间的交互。

就像地球上的碳基生命（如微生物、植物、动物和人类）一样，行业元宇宙中的这些数字新物种也有其硅基生物特性，按照所处的数字生态环境和约定的基因合约规则进行生命繁衍、生存和发展。

行业元宇宙数字新物种随着数字基因的不断进化和突变，或许在若干代之后，这些数字新物种的后代们终于有一天会脱胎换骨，与现实世界的实体"祖先"产品相分离，继续在行业元宇宙数字虚拟世界中进化发展，这样就进入了行业元宇宙发展的第三层境界，在行业元宇宙中诞生了现实世界中不曾有过的新行业——元宇宙数字原生新行业。这些数字原生新行业未来会发展成什么样子？让我们拭目以待。

第 3 章

行业元宇宙的"五星"创新和"八共"原则

03

3.1 行业元宇宙解决传统行业的痛点问题

生活和工作在现实世界的很多人有一种对未来莫名其妙的焦虑,甚至有时会有被撕裂的感觉。

一方面,我们强烈地感受到新一轮科技革命和产业变革加速演进,以数字资产、Web 3.0、DeFi、NFT、DAO、3D/XR、5G/6G 和物联网等各种新物种强势爆发,构成了元宇宙新世界里新的时空、新的生产资料、新的生产关系和生产要素。从互联网到数字经济,元宇宙打通了互联网、智能硬件以及流量的空间,也融合了互联网 + 硬件的发展,作为虚拟世界和现实世界融合的载体,可以说元宇宙是下一代互联网 Web 3.0 和广义数字化的总和,开启了一个人类未知的领域。

另一方面,百年变局与世纪疫情叠加,经济全球化遭遇逆流。2022 年是新冠病毒感染暴发并持续传播的第三个年头,欧洲正进行着俄乌战争,枪炮、病菌、疫情、难民、制裁、通货膨胀和逆全球化潮流等矛盾和问题正深刻地影响和改变着我们的生活和工作,影响着我们目前所生存的现实中的地球。全球各国都面临着不同程度的疫情带来的影响、经济衰退和通货膨胀，现实社会同维度竞争加剧，大量中小企业倒闭，很多人失业或者面临失业。不仅传统实体经济萎靡不振，互联网巨头也在不断缩减规模和裁员，很多实体经济和产业正走向衰落，社会大部分行业和企业都在内卷中。想要增加有效投资、扩大消费需求，就势必要找到新的投资空间、新的消费场景。

此外，还有人与人之间、国家与国家之间的信任成本越来越高等问题，数据隐私泄露和数据安全等问题，新科技巨头对数据的垄断以及对传统企业的资本、数据、平台的降维打击、与民争利等问题，传统科技、经济、社会发展遇到瓶颈阻力等问题。

这一切现实问题的解决，都迫切需要一个新的解决方案和出路。而元宇宙和行业元宇宙的出现，让解决上述问题有了一个切实可行的新出路，这也就是为什么传统世界各行各业需要拥抱行业元宇宙的重要原因。

3.2　不拥抱行业元宇宙大概率会被历史所淘汰

行业元宇宙是一个虚拟数字空间、虚拟世界，但又不只是一个虚拟数字空间，它可以表现出各种方式，可以实现现实世界到虚拟世界的数字孪生、现实世界在虚拟世界的数字原生以及虚拟世界与现实世界的虚实共生，行业元宇宙以这三种方式实现与现实世界的交互。

以实建虚，以虚强实，是一个虚实相辅相成的循环闭环过程。元宇宙是一个驱动数字技术创新、赋能实体经济的重要新赛道，是一个文明跃迁的时代机遇。元宇宙对现实社会的影响力和冲击要远远大于蒸汽机、发电机和互联网以及与之相对应的第一次工业革命、第二次工业革命和信息革命，它比互联网的发展速度快得多。

现实世界已经觉醒的政府、机构、企业、个体都在积极参与，推动元宇宙的快速发展。现实世界的组织群体、机构、企业和个人也会感觉到，不管是哪个行业，都将遇到元宇宙世界的冲击。现在行业元宇宙时代大潮来了，需要积极拥抱，否则大概率会被历史的洪流无情地抛弃。

身处现实世界的各行各业的机构、企业或个人，可以根据所在行业的特点，从不同的角度或维度参与行业元宇宙的建设。行业元宇宙的新基建现在还处于早期和初级阶段，需要大量的基础设施建设，例如新能源、新算力、分布式存储、网和链、人工智能、算法合约、3D现实交互、物联网等。

此外，大量的传统行业及品牌都可以快速迁徙到行业元宇宙中，通过元宇宙基础设施改变其组织形态、组织方式、创新方式、生产方式、营销方式等流程和环节，将企业原本的消费者变身为投资者、生产者、创造者、传播者和消费者五位一体的角色。通过元宇宙技术赋能传统行业，在元宇宙数字虚拟世界中形成大量的行业元宇宙，例如牛排元宇宙、土豆元宇宙、白酒元宇宙、水元宇宙、智媒元宇宙等。

传统行业可以从数字孪生的角度，在对应的行业元宇宙中把现实行业的身份、品牌、场景、产品变成数字分身、数字场景和数字资产，形成相应的社群 DAO 及链组织，孵化数字新物种，然后快速变现。

传统行业也可以从数字原生的角度，在行业元宇宙中打造原生数字人、数字新场景和数字原生新物种，然后对这些数字人、数字新场景和数字原生新物种进行赋能，形成新的数字生产能力，实现快速的资产增值。

传统行业还可以将数字孪生和数字原生形成的数字人、数字新资产、数字新物种与现实世界的行业相结合，创造大量虚实共生的数字新物种。

传统行业拥抱行业元宇宙有百利而无一害。而如果传统行业不拥抱行业元宇宙，有可能会在现实世界里继续陷入内卷，无法升维到更高的高度换道超车，大概率会被历史的潮流所淘汰。

3.3 行业元宇宙的"五星"创新论

行业元宇宙有五种创新形态，我们称之为元宇宙"五星"创新，可以用金星、木星、水星、火星和土星加以区分：

行业元宇宙"五星"创新 = 制度创新（金星）+ 维度创新（木星）
+ 模式创新（水星）+ 技术创新（火星）
+ 新物种创新（土星）

行业元宇宙"五星"创新如图 3-1 所示。

1. 金星——制度创新

首先要在元宇宙的制度治理层面进行重构，把行业元宇宙架构

图 3-1　行业元宇宙"五星"创新

在数字加密的全新生态之中,需要用社群制代替原来的公司制,用社群制对投资者、生产者和消费者的相互关系进行重构,让消费者、创造者、生产者、投资者和传播者的利益相互一致,五位一体,同呼吸共命运。行业元宇宙的制度创新可以释放出巨大的创新红利。

我们可以从社群生态治理上用最先进的分布式账本、加密共识算法、链式记账、数字积分激励、智能合约等工具进行管理,对人性的弱点进行管束,所有的行为和交易数据做到公开透明化,全链全网可查。

元宇宙制度创新可以产生新的制度,可以兼顾公平、公开、公正,它包含自下而上的社群 DAO 组织以及自上而下的中心化组织,形式可能是各类公司实体、联盟单位和超级个体等多种组织形态相混合的去中心化、分布式自治的链组织,这两者的结合可以兼顾公平和效率。

制度的创新,主要是要克服现实的自然人基因中的自私自利和以自我为中心的弱点,也避免了自然人作为领袖的造神运动,用数字身份的、智能的 3D 数字人作为虚拟领袖,可以代替现实的领袖在元宇宙数字虚拟空间中进行治理。

这就像比特币生态中的中本聪一样,没有人知道中本聪到底是谁,中本聪就是比特币的数字虚拟领袖,自然人的消失对比特币的生态是有利的。

2. 木星——维度创新

元宇宙在维度上是高于现实世界和 2D 互联网的,也是高于 3D 互联网的,不是加了 3D/XR 显示和表现方式就叫元宇宙,一个没有区块链基础设施的元宇宙充其量还是 Web 2.0 的互联网,只是 3D/XR 和沉浸感更多元化而已。

行业元宇宙需要建立在以区块链为底层基础设施的生态中,这样才可以实现去信任、去中介、去成本,用数字新工具、新方法以及新的价值体系、生产关系、生产要素和运营机制实现创新。高维度比低维度创新更容易,并且成本低、速度快、效益高。

3. 水星——模式创新

模式创新的本质就是在元宇宙世界用共识、共创、共生、共养、共治、共玩、共赢、共享的"八共"原则,实现以终为始,实现定制化、个性化生产、销售和供给。"八共"原则通俗的解释如下:共识就是谈恋爱,共创就是打算生娃,共生就是生娃,共养就是一起养娃,共治就是给娃定规则,共玩就是和娃一起玩,大家一起共赢,娃长大了大家就都共享。

通过共识达成合作，原生共创，首先建立 DAO 社群链组织，组织成员以共同设计、共同参与、共养共生、游戏化交互等方式，以市场需求为中心，以销量定产量，不产生库存，减小了产业链的长度，缩减了中间环节，直接的效果就是产品或者作品直接被秒光，而不会出现生产一堆产品后卖不出去，变成库存的现象。

通过 DAO 社群链组织中的专家、高手直接解决问题。如果他们解决不了某个问题，可以把问题抛给更大范围内的 DAO 的创客，或者在全球范围内寻找解决方案和产品，让 DAO 参与者群策群力，共同解决问题，降低成本，减少摩擦，提高效率。

4. 火星——技术创新

行业元宇宙是由原来传统行业的传统技术以及元宇宙六大技术，共计七大领域的技术集合而成的。行业元宇宙不能脱离传统行业的技术和流程而独立存在，因此行业传统技术是行业元宇宙第一个组成部分。

在行业元宇宙的基础设施、中间件、应用场景建设中，都需要大量的专门技术、融合技术、接口技术和技术创新，以及技术创新在这些场景中的推广应用。

另外，在现实世界与元宇宙世界的相互作用、相互连接、相互影响方面也存在大量技术创新的需求。行业元宇宙技术创新将带来元宇宙新物种的大爆炸。

5. 土星——新物种创新

现实世界中的大多数产品都只具有单一的消费属性、观赏属性或其他的实用属性,而在行业元宇宙中,可以把现实世界中单一属性的产品通过元宇宙技术变成消费属性、科技时尚属性、文化艺术属性和金融投资属性合一的行业元宇宙数字新物种。

在元宇宙的数字虚拟世界里,这些数字新物种创新可以改变现实世界物质产品和服务形态,人人都可以创造出一个自己的数字身份形象,包括数字分身、化身和幻身等,还会有数字人、数字场景和数字孪生新物种。他们/它们拥有自己独立的数字身份和持久的生命力,不再是冷冰冰的被使用的物品,而是一个个能说会听、有情感、活生生、可亲可爱的生命体。

总之,"五星"创新可以让拥有行业共识的数字新移民一起开启行业元宇宙领域的创新创业,能够极大地帮助解决因疫情和经济下行导致的失业潮和消费不足两大难题,可以让很多数字新移民实现自己的价值和理想,同时获得相应的数字财富或数字资产。

3.4　行业元宇宙的"三公"原则

简单地说,行业元宇宙的"三公八共"原则中的"三公"原则就是公开、公平、公正。

公开、公平、公正是现实世界和行业元宇宙中都能够接受的基本原则。无论在现实世界还是在行业元宇宙数字虚拟世界,无论是人还是数字人,都需要在公开、公平、公正的原则下进行各自的行为动作。

公开的原则要求生态要阳光、透明,核心是人人都有知情权;公平强调实质正义和实体正义,核心是人人平等;公正强调形式正义和程序正义,核心是无私和中立。公开、公平、公正是一个相互联系、不可分割的统一整体。

在现实社会中,由于我们所处的社会环境、科技条件和人性的弱点等的限制,虽然公开、公平、公正三个原则被普遍认同和接受,但是在具体实现时还是存在一定难度或者不足。

而在元宇宙数字虚拟世界中,由于把区块链、人工智能、交互技术等基础设施作为元宇宙虚拟数字社会构建的底层,使得公开、公平、公正的"三公"原则有机会更好地贯彻实施。

3.5 行业元宇宙的"八共"原则

行业元宇宙的"八共"原则就是共识、共创、共生、共养、共治、共玩、共赢、共享。"八共"原则是行业元宇宙中的创世行为准则。

行业元宇宙从生产方式的角度看,与现实世界的生产方式有较大的区别。传统世界的各项产品是企业"干"出来的,而行业元宇宙的各个数字人、数字场景和数字新物种是群体"玩"出来的。因此,在行业元宇宙中,"八共"原则就显得格外重要。

3.5.1 行业元宇宙中的共识

共识就是人与人之间的共同认识。行业元宇宙中不同阶层、不同圈层的人为了实现价值和理想、获得利益和财富等,达成了共识。共识度是行业元宇宙的核心价值尺度。在行业元宇宙中,只要有共识就有价值,不像传统社会中要以功利性、实用性、现金流、利润等指标确定一个产品或事物的价值。

共识度主要有共识强度、共识热度、共识广度三个指标。如果只有共识强度,而没有共识热度和共识广度,则只能在很小的圈子里达成共识,所以共识度的这三个指标相辅相成、不可偏废。

在行业元宇宙中可以建立共识机制,利用区块链的基础设施将共识数字化,让参与者的共识强度不断增强,共识热度不断升高,共识广度不断扩大,共识机制的建立保证了共识度的不断提升,确保行业元宇宙创世和发展的成功。

共识、共识度和共识机制是行业元宇宙构建的基石和核心价值所在,一切价值都以共识这个核心指标为基础,没有共识就没有行业元宇宙。

3.5.2 行业元宇宙中的共创

有了共识、共识度和共识机制,就可以在此基础上创建形成行业元宇宙中的初创、共创团队和DAO社群链组织了,这是行业元宇宙中非常关键和重要的基础。

共创是多人、群体共同创新、创造、创业的意思。自从人类有了文明,各行各业就开始了共创的过程,人类社会在经历了农业文明、工业文明、信息文明三个发展阶段后,已进入数字文明的早期阶段。由于单个个体的时间、空间、认知、能力、精力都是有限的,一个人包打天下的事情很难在现代社会出现,因此必须相互协作才能完成浩大的行业元宇宙建设。在行业元宇宙创世的过程中,共创更成为一种基本的手段和方法。

与传统社会的公司共创不同，行业元宇宙是采用社群作为共创的基础单位的。在某个行业产生了创建行业元宇宙的共识之后，就进入了社群共创的阶段。就像生物界的细胞繁殖一样，首先基于某个行业共识会产生社群领袖和创世团队，在小范围形成小群组，这个小群组一起经过讨论产生共识机制、白皮书等内容之后，就可以发行各种权益或通证，扩大群组的范围，众筹资源，让更多的人知晓并参与其中，不断强化共识度，完善共识机制，这样就在共识的基础上完成了共创的过程。

例如，2013年年末，以太坊创始人维塔利克·布特林（Vitalik Buterin）发布了以太坊初版白皮书，启动了以太坊项目。2014年7月24日起，以太坊进行了为期42天的以太币预售。2016年年初，以太坊的技术得到市场认可，价格开始暴涨，吸引了大量开发者以外的人进入以太坊的世界。

特别要指出的是，在创世共创的初期阶段，共识的发起人，也就是社群领袖，一定要先付出，包括付出认知、时间、精力、努力和金钱，这样才能形成一个共创种子内核，这个共创种子内核就像自然界的实物种子一样，其中所有与生命相关的遗传基因、能量和营养等基本要素都具备了，共创就有了基础，就可以进入下一个阶段，即行业元宇宙的共生阶段。

3.5.3　行业元宇宙中的共生

在完成了共创的过程之后，就进入了共生阶段。从时间的角度看，行业元宇宙项目的共生就像一个孩子呱呱落地，来到人世间，也像一颗种子被种植到土壤中，一个项目正式在行业元宇宙社群链组织和数字虚拟社会中诞生了。

从空间交互的角度看，数字共生还有另外一层含义，也就是从现实物理世界到数字虚拟世界的数字孪生以及从数字虚拟世界到现实物理世界的虚实共生，也就是现实世界资产的数字化以及数字虚拟世界的数字资产化。

无论是数字孪生还是虚实共生，都能产生大量的实虚和虚实相结合的数字新物种，这些新物种在一种社群制的生态环境中不断进化成长，处于一种无限边界的共养状态。

3.5.4 行业元宇宙中的共养

从行业元宇宙项目共生开始，项目就开始与社群和场景进行互动，吸取养分，吸纳资源，克服不足，逐渐进入共养的进程中。行业元宇宙中的共养就是社群共同培育或者抚养的意思。

行业元宇宙中的每个数字新物种个体都是一个数字生命。这些数字生命的成长过程很像是一场行为艺术或者像一个无边界的游戏。数字新物种需要合适的生长环境，也是行业元宇宙中的数字场景。在这些场景中，数字新物种生长所需要的各种能量、算力、数据等要素都需要从行业元宇宙中获取，而能提供这些生长要素的主体有可能是参与共识、共创、共生过程的早期参与者，也有可能是后期加入的参与者。

参与共养的现实人或者数字人都首先要获得共养的资格，也就是需要拥有一个数字通证或者数字权益。这个通证可以是不可分割的，例如无聊猿、数字藏品等；也可以是可以分割的，例如比特币、以太坊、狗狗币等。有了这个专属的通证，就可以参与对这个项目、对产生的数字新物种进行赋能共养的活动。

共养的工作包括参与社群项目的共识度提升、进行社群项目投票、征集和讨论提议提案、进行投资众筹、完成项目的相关任务、提供算力存储资源、建立节点、宣传推广、提供项目服务、进行程序优化、进行资产交易等内容。

共养的过程可能会遇到很多困难和波折。例如，有的共创成员共识出现分歧，中途退出；有的社群成员有了新的方向；有的初创团队产生了较大的摩擦，让项目难以为继，共养进行不下去。这些都是很常见的情况。

3.5.5　行业元宇宙中的共治

顾名思义，共治就是共同治理的意思。共治的目的是参与者一同制定规则，一同强化共识机制，一同管理运营项目，一同把项目的价值做大。行业元宇宙项目经历了共识、共创、共生、共养几个过程后，项目和社群的治理就变得十分关键，治理不好就会导致上面提到的共识分歧、中途退出、分崩离析等情况发生。因此，数字生态建设和虚拟社会的治理是行业元宇宙健康发育成长过程中非常重要的两方面。

目前的现实世界是人治和法治并存的世界。现实世界因为过于中心化、人治化，随之产生的特权、垄断、专制成为人性之恶的温床。

而元宇宙有很多特质是现实世界所没有的，因此可以实施超越现实的治理方式，既不同于人治，也不同于法治，而是属于数字虚拟世界的治理方式，即代码共治，也可以称为代码自治、代码智治等。

代码共治是行业元宇宙项目和社群治理的基础。代码共治是超越了现实世界的超限治理，并在现实治理基础上进行的更有前瞻性的治理方式。代码共治的手段和工具是分布式账本、共识机制、通证和智能合约等新的区块链基础设施。例如，2008年左右，中本聪建立的比特币数字虚拟世界就是以区块链、数字通证、智能合约为基础的，是最早的代码共治的金融数字虚拟世界。

在行业元宇宙中，代码即法律。行业元宇宙不受现实世界的国家或者公司完全掌控，每个人都可以在行业元宇宙中无限制地创造数字新物种、新场景，积累数字资产和数字财富，谁创造的价值越多，谁就在这个世界里拥有越多。

行业元宇宙的治理原则应该是针对自然人的去中心化，是代码合约的治理，也就是数字人行使治理权。行业元宇宙通过去中心化的自治结构采用基于链上基础设施的分布式治理架构，在没有集中控制和第三方干预的情况下，以自主运行的组织治理方式保证行业元宇宙充分开放和自主交互，不受现实世界的空间限制。

行业元宇宙的代码共治，要求创始团队尽可能远离管理中心，就像中本聪离开比特币生态一样，只有在去中心化的组织架构中，元宇宙生态才有可能完成互联网Web 2.0没有完成的历史使命，实现真正的互联互通，实现人人平等、没有垄断、权益共享的人类理想。

3.5.6 行业元宇宙中的共玩

在行业元宇宙中，由于有了游戏化技术作为底层基础设施，就让行业元宇宙的生态和项目建设有了无穷的趣味性，可以说行业元宇宙不是干出来的，而是玩出来的。

西蒙·斯涅克在《无限的游戏》一书中指出："世界上存在两种游戏玩法：一种是有限游戏的玩法，也就是有边界，事先确定好游戏规则，然后大家一起玩；另一种是无限游戏的玩法，无限游戏没有永远的赢家，在游戏过程中，谁停留的时间长，谁活的时间长，谁就是赢家，无限游戏的目的就是让这个游戏永远玩下去。"

在现实世界中，奥运会项目，例如足球、篮球、田径、游泳等，都是有限的游戏。有限的游戏需要确保有一个确定的开始时间和结束时间，游戏的目的是在一定的时间和空间内决出胜负。

而无限游戏本身的目标不是为了输赢，无限游戏的规则是保证游戏不会结束，游戏的目标就是为了在游戏中活得长久。数字生命本身的意义就是要延续，要繁衍下一代。无限游戏很像某种实用价值观和人生观，"好死不如赖活着"，只为参与，不为输赢。

行业元宇宙更像是一个无限游戏。游戏玩家在一套共识机制、一套世界观框架下一起玩，而且这个世界观是开放的、变化的，可以不断进化，很像人类的基因不断进化。无限游戏的玩法可以创造出非常多的传奇故事，参与其中的玩家需要对未来的世界保持一种开放的心态，心里不要预设一个输赢的结果，参与的过程就是成果。

在玩的过程中，参与到行业元宇宙的行为艺术中，在其中得到快乐的体验，学习到很多新知识，通过社交认识新朋友，认识数字新移民和数字原生的原住民，生命的意义就在于体验，而体验行业元宇宙的无限游戏本身就已经很有意义了。

3.5.7 行业元宇宙中的共赢

共赢的含义是行业元宇宙参与合作方在完成共识、共创、共生、共养、共治、共玩的过程后，通过努力实现共同预期的目标，达到了理想中的目标值，各个参与方都收获了想要得到的东西，这些东西可以是精神的，也可以是物质的。共赢的实现是行业元宇宙项目成功后的一种状态。

共赢的目标可以是参与者在项目中的数字身份地位的提升、尊严、荣誉等精神财富，也可以是数字资产、数字货币、数字新物种的价值提升和溢价财富倍增效应等物质财富。

在行业元宇宙寻求共赢的难度要比现实世界容易。由于行业元宇宙中的底层由区块链、人工智能、游戏化、物联网、分布式网络计算等基础设施构成，天生具备去中心、去信任、去中介、去成本、通证自激励的特性，参与人因为有共识而自由地来，因为没有共识而自由地去，大家都自带"兵马粮饷"参与行业元宇宙项目，这样共赢的概率就会大大增加。

行业元宇宙中的共赢机制将深深地影响人类社会的文明进程，会把人类社会文明提升到新的高度，使社会更加和谐、更加美好。

3.5.8 行业元宇宙中的共享

在现实世界中,尤其是互联网、移动互联网与传统行业的融合,产生了共享经济的核心理念和相应的产业,现实世界的共享经济强调物品的使用权而非所有权。共享经济是参与者将闲置资源通过社会化平台与他人共享,进而获得收入的经济现象。

共享经济对社会闲散资源进行有效、合理的利用,也开辟了个人参与创业投资的新领域。例如2016年之后,共享经济的各行各业如雨后春笋一样,在现实世界陆续发展壮大起来,涉及行业不断增加,规模不断扩大,例如共享单车、共享汽车、共享雨伞、共享充电宝等。

行业元宇宙是一个人人为我、我为人人,人人共享的数字虚拟世界。行业元宇宙的参与者都是多种身份,在行业元宇宙的组织体系中将逐步替代现实世界公司制中的股东、高管、员工、客户、供应商这些角色和要素。

在行业元宇宙中,参与的人都是共识者和利益相关者,换句话说,行业元宇宙是靠共识和利益机制驱动的。行业元宇宙参与者在共识、共创、共生、共养、共治、共玩、共赢的过程中,就伴随着随时随地的共享机制,因为大家都是价值共创者,也都是利益共享者。

参与者在参与项目的过程中,如果认为达到了他的目的,就可以随时退出这个无限的游戏。参与者退出后,其手中持有的通证有可能比在他进入项目时获得了更大的增值,他获得了项目阶段性成功后的数字财富。他也可以选择把这个数字资产兑换成另外一种数字资产,参与另外一个行业元宇宙的数字资产增值的无限游戏,或者另外一个行为艺术的创造过程,并影响游戏最终的结果。

3.6 数字新物种的四种属性合一

人类文明的迁跃、社会整体的进步是由人类本身的基因需求加上科学技术、文化艺术和投资金融的共同推动,这些要素共同成为人类社会的文明进步的动力来源。

伴随着行业元宇宙中实虚数字孪生、虚虚数字原生、虚实数字共生的三大经济体的不断发展,会产生不同阶段的、大量的行业元宇宙数字新行业、数字人、数字新场景和数字新物种。

行业元宇宙中除了元宇宙自身的数字原生行业以外,实虚数字孪生和虚实数字共生都将与现实世界的各行各业相联系,其结果就是行业元宇宙中出现了实虚孪生或者虚实共生的数字新物种。

在数字孪生的过程中,现实世界里面的各种产品和服务经过元宇宙技术改造孵化后成为行业元宇宙新物种,可以进入行业元宇宙的虚拟场景中,成为行业元宇宙大家庭中的一员。同样,行业元宇宙中的原生数字新物种也可以和现实世界的各种产品和服务相融合,成为虚实共生的数字新物种。

无论是数字孪生的还是虚实共生的数字新物种,这些带有现实世界基因的行业元宇宙的新物种都具有实用消费属性、科技时尚属性、文化艺术属性和金融投资属性四种属性合一的特点。数字新物种的四种属性中,实用消费属性是现实人类的基础需求,它满足了人类衣食住行、吃喝玩乐等需求，保持了现实世界人们的原始需求。

和元宇宙数字人一样，这些行业元宇宙的新物种也都有独立的数字身份，也是鲜活的数字生命体，可以被赋能，可以进化，可以实现和数字人、现实人之间的交互。就像地球上的微生物、植物、动物和人类一样，只不过行业元宇宙中的这些数字新物种有它们自己的生物特性，按照所处的数字生态环境和约定的基因合约规则进行生命繁衍、生存和发展。

在行业元宇宙的孪生和共生的过程中，元宇宙的六大技术加上行业元宇宙的行业技术，七大技术的共同作用使得数字新物种具备了智能性、交互性、玄幻性等科技时尚属性，看上去数字新物种科技范儿十足。

文化艺术是现实世界人类进化的重要动力之一，每次文明的跃迁都少不了文化艺术的参与。行业元宇宙带来的数字文明也不例外，行业元宇宙使用行为艺术和游戏化技术共同给数字新物种带来了3D交互的艺术属性，使得每个数字新物种都成为一个活化的数字文化艺术品。

最重要的是，在现实自然人看来，这些数字新物种还是金融投资品，都是数字资产，比传统世界的邮票、股票、证券、保单等金融产品流动性更好，增值潜力更高，更受投资人的青睐。

在行业元宇宙中，无论是数字孪生新物种、数字原生新物种还是数字共生新物种，这三种类型的数字新物种都具备实用消费、科技时尚、文化艺术和金融投资相融合的特点，这四种属性交织在一起，可能会有针对性地弱化某一项，但是很难人为地将其拆分开。

在现实世界中，实用消费、科技时尚、文化艺术和金融投资这四种属性的监管是分别由相应的行政、执法部门和行业主管、监管部门进行的；而行业元宇宙是构建在区块链的基础之上的，它产生的新物种完全不同于现实世界中以传统的生产方式生产出来的产品，与之有着明显的基因区别。未来这些四种属性合一的元宇宙数字新物种如何监管，代码共治的元宇宙数字新物种管理法何时出台，对全球任何一个国家、政府、经济体来说都是一个机遇和挑战。

第 4 章

行业元宇宙价值分析和支撑体系

04

4.1 行业元宇宙实现的多种价值

行业元宇宙集行业技术、区块链、3D/XR、分布式网络和存储、人工智能、游戏化、物联网七项技术于一身,完成了从量变到质变的数字虚拟新世界横空出世的过程,这让我们这些生存在地球上的自然人,除了地球之外又多了一个可以迁徙移民的新世界。

由于行业元宇宙数字虚拟新世界的出现,对现实世界各行各业的人、物(物品)、场(场景)来说,相互融合作用会产生三种社会和经济体:一是数字孪生社会和经济体,二是独立并超越现实世界的数字原生社会和经济体,三是元宇宙数字虚拟世界和现实世界虚实共生的超级社会和经济体。这三种新的经济体的出现,相对传统社会和经济,是一个巨大的增量,将为人类社会创造巨大的增量价值。

地球上的碳基自然人也会多了一批新的硅基人朋友,自然人的数字分身、数字化身、数字幻身等孪生身份还会和诞生在元宇宙中的原生数字人、数字场景、数字新物种一起同台共舞。

4.2 行业元宇宙创世的历史意义和价值

北宋庆历年间，一家印刷铺里的排版工人毕昇改进了传统的雕版印刷术，发明了胶泥活字印刷术。时间又过了几百年，15世纪50年代，德国人谷登堡发明了铅活字印刷术。活字印刷术是中国和世界印刷史上的伟大的创新和变革，对中国和世界文明的发展都起到了巨大的推动作用。

1776年，英国发明家瓦特发明了蒸汽机，解决了工业发展中的动力问题；促使工业革命轰轰烈烈地展开，出现了发明和使用机器的热潮。蒸汽机的发明导致了第一次工业革命和大航海时代的到来，推动人类社会进入了工业文明阶段。1831年，英国科学家法拉第发明了人类第一台发电机。以发电机为标志的电气技术提供了更为强大、便捷而又廉价的动力，电力的广泛应用，掀起了第二次工业革命。蒸汽机和发电机的出现，有力地推动了社会变革和文明进步，资本主义从此确立了全球优势，世界各地联系更加紧密了。两次工业革命也改变了人们的工作和生活方式，万家灯火、自由交通、便捷能源都已实现。

从20世纪60年代至今发明的集成电路、计算机、通信网络等新技术更是导致了互联网信息文明时代的到来，极大地改变了我们的生活、工作场景和习惯。而从2008年之后诞生的区块链技术以及过去十年间陆续发明的3D交互现实、游戏化、人工智能、网络通信和物联网等技术共同作用，催生了行业元宇宙的诞生。

如同造物主创造现实宇宙和相应宇宙中的各类生命物种一样，元宇宙是人类历史上第一次独立模仿了造物主的行为，使得人类摆脱了现实世界对时空的依赖，可以自由地、天马行空地使用数字分身、数字幻身等数字身份和形象，自由穿梭于过去、现在和未来之间，和故去的先人、未来的数字人、现实的人自由沟通交流，实现了数字生命之身永远不死的终极梦想。

在元宇宙的数字虚拟世界里，人人都可以创造出一个自己的数字身份形象，包括数字分身、化身和幻身等，还会有数字人、数字场景和数字孪生新物种。

从这些意义上说，元宇宙的创造发明超越了人类以往所有的重大创造发明，是人类最接近造物主的一次创造发明，相当于人类模仿造物主再造了一个形似现实宇宙，但是又高于现实宇宙的超宇宙数字空间形态。

而行业元宇宙就像现实宇宙星系中的一个个独立星球。行业元宇宙赋能实体经济，360行，行行皆可元宇宙，行业元宇宙将会给现实世界的各行各业带来新的爆炸式的成长空间，并且能创造出新的更高维度的数字文明，让自然人和数字人、数字生命同台竞技、共生共创、共赢共舞。

虽然目前元宇宙还处于鸿蒙初开的早期阶段，但是我们已经看到这个数字虚拟世界创世的意义。元宇宙和行业元宇宙的历史意义以及其未来价值怎么估量也不过分，随着时间的不断推移，这些历史意义和价值一定会被后人清楚地认识到。

4.3 行业元宇宙的社会价值

相对于现实世界,在行业元宇宙中,生产方式和生产关系得到了极大的改善,在未来将有大量的重复性、琐碎无趣以及难度大的工作将由数字人和机器人去承担,人们的主要工作是具有趣味性的、游戏化的,也可以说,吃喝玩乐成为自然人主要的"工作"。

由于行业元宇宙消解了时空,人的行动范围更大,运动速度更快。人们可以自由穿梭于元宇宙数字场景甚至外太空的任意场景中。人们也可以自由地和已经去世的亲人进行沟通交流,甚至可以和未出生的人进行沟通交流,人的生命空间得到了极大的拓展。现实世界中的很多竞争、矛盾、内卷和倾轧都会在行业元宇宙中化解。

在行业元宇宙中,社会治理有可能基本实现智治。由数字人、程序代码组成数字政府,让智能合约成为数字法律,以公平、公正、公开为数字法律基石,生产关系将得到极大改善,生产方式也由现实世界的研产供销改为共识、共创、共生、共养、共玩、共治、共赢、共享的新模式。

在行业元宇宙中,新的机制和数字人将抑制自然人人性中的自私贪婪、傲慢无知等弱点,使得人与人、人与行业、行业与行业之间高度文明的和谐社会得以实现。自然人、数字人的个体价值和DAO链组织社群价值都将获得展现,他们/它们存在的意义也会得到更大的尊重,需求也会得到更大的满足。这是目前的人类在现实世界中无法充分实现的理想,因此行业元宇宙相对于现实世界来说,无疑社会维度更高、社会价值更大。

行业元宇宙技术为现实人类创造了前所未有的新变化、新时代、新文明。就像造物主在宇宙星空中创造的无数星球一样，行业元宇宙的数字星空也是群星璀璨：行业元宇宙中的数字孪生、数字原生、虚实共生的新行业，数字人和穿戴数字装备的自然人、机器人，数字场景和数字增强的现实场景，实虚结合、虚实结合的数字新物种，虚拟社会的智治化治理和现实社会的智治化、法制化和专制化相结合的治理，等等。所有这些都将向我们展现一片新的星辰大海。

理想的行业元宇宙数字虚拟世界和不完美的现实世界相互对比，将极大地冲击人类的传统观念、秩序、习惯和做法，很多人会因为跟不上新时代的变化而排斥、恐惧新时代，产生否定、迷茫、痛苦甚至绝望的情绪；也有很多人因为迁徙到行业元宇宙数字虚拟新世界中，从而获得新生、快乐、希望和自由，宛如开启了人生新的篇章。

借用英国作家查尔斯·狄更斯在《双城记》中开篇的那句名言结束本节："这是最好的时代，也是最坏的时代。这是智慧的时代，也是愚蠢的时代。"

4.4 行业元宇宙的文化艺术和美学价值

众所周知，真、善、美和自由是文学艺术价值和美学价值的标准。在行业元宇宙的七大核心技术中，区块链、游戏化、3D交互和人工智能等技术为行业元宇宙中的数字人、数字场景、数字新物种以及发生在其中的各种事物带来了文学艺术价值和美学价值。

行业元宇宙中区块链基础设施的引入，实现了分布式记账、智能合约、数字资产激励、非对称加密和时间戳等要素。人们拥有自己的虚拟身份，能够创造出虚拟世界中的"真实"，例如分布式链式记账取代了中心化的复式记账。行业元宇宙中构成事物的代码程序都是开源和公开透明的，人与人无须相互信任，事务可溯源，过程不可篡改，人人可以见证。

在这个数字虚拟空间中，分布式账本、程序代码和智能合约从技术层面保证了对"真"的文化艺术和美学标准的价值实现，使得在行业元宇宙中可以实现人类长期以来对"真"的标准的追求。

游戏化、3D交互、人工智能等技术大大提升了现实世界中的文化艺术的价值。行业元宇宙中各行各业创造出来的每个数字人、数字场景、数字新物种都是酷炫、精美的数字艺术品，无论是数字孪生的、数字原生的还是虚拟共生的，都能够媲美甚至超过现实世界的艺术品。

由于行业元宇宙中大量的工作都由数字人和机器人承担；现实中人与人之间的相互关系可以大大改善。同时，由于生产力的提高、生产方式的进步以及生产资料和生产要素的增加，使得行业元宇宙可以创造出大量的数字新物种和数字新场景，从而增加人们所能拥有的数字资产以及物质新增量构成的财富，这也让人与人之间的利益矛盾大大缓解，人们对物质财富的需求变得不那么迫切，对于善、美和自由的追求就会成为主要的追求。

因此，行业元宇宙是一个由真、善、美和自由组成的数字虚拟新世界，它使人们有可能不将现实世界中的各种假、恶、丑的东西迁移到元宇宙的数字虚拟世界中。

4.5　行业元宇宙的科技时尚价值

法国批判现实主义小说家福楼拜在谈到科技与艺术的关系时曾经说过:"越往前走,艺术越要科学化,科学越要艺术化。两者在山麓分手,回头又在顶峰汇集。"这说明当科技发展到一定程度时就自然会与文化艺术实现交互。

在行业元宇宙中,3D 交互、游戏化、人工智能等高新科技已经实现了把科技和艺术完美地结合到一起,使得自然化、艺术化、立体化、酷炫化、时尚化成为行业元宇宙中所有新物种的基本特征。同时,在行业元宇宙中,现实人和数字人突破了时空的限制,使科技和时尚得以完美结合。

以服装行业为例。传统的服装行业迁徙到行业元宇宙中,构成新的服装元宇宙,在虚拟世界和现实世界的共同作用下,可以制造出大量带有科技时尚感的服装新物种。我们可以想象,数字休闲娱乐智能化服装可以为都市人群提供多元化生活体验,数字服装的智趣性和易携带性创造了新的穿戴方式,使得穿戴成为一种新时尚、新娱乐方式。例如,数字服装可以嵌入捕捉人体肌肉运动的传感器,可以通过触发器将人体信息转化为音乐旋律,将人体动作转化为不同的音乐。人还可以通过和服装之间的有效互动,调节自身的情绪,实现人与服装的深度沟通。数字智能情绪感知服装可以通过内部的传感器、扩音器、信号分析器等实时判断人的情绪变化,并自动播放轻音乐以舒缓其情绪,使人达到内心的平静。在服装元宇宙中可以共创共生出类似的科技时尚服装，还可以辅助儿童心理成长和智力开发，如会讲故事的T恤、会唱歌的睡衣、会发光的裙子等。

4.6 行业元宇宙的金融投资价值

行业元宇宙采用区块链技术和基础设施打造其核心技术和社会经济系统，行业元宇宙中的各类数字新物种、数字新场景和数字人其实都是行业元宇宙的数字资产。这对于每个行业来说，都将是一个非常庞大的行业数字资产，值得我们认真审视和对待。

如同1849年在美国加利福尼亚州发现金矿之后，一段时间内美国便掀起了淘金热一样，现在的我们眼中的行业元宇宙就是这样一个价值巨大的数字金矿。全球各地正在掀起着一场元宇宙NFT数字淘金热。

行业元宇宙中的数字资产首先就是数字价值载体（例如比特币、以太坊等可分割数字通证或者加密货币），其次就是NFT（例如数字藏品、数字艺术品等不可分割数字通证或数字资产）。它们具有稀缺性、共识性、便携性、私密性、成长性、流动性、可交易性和可自由转让性等特性，这就使得行业元宇宙中的数字新物种、数字新场景和数字人都被赋予了很强的金融属性，变成了行业元宇宙的数字资产。财富效应和全球化自由流通使得行业元宇宙的数字资产具备了一定的金融投资价值，因此在行业元宇宙中一本万利、一夜暴富的故事比比皆是。

元宇宙概念的火爆使元宇宙中的基础设施不可分割的最小单元——NFT也随之火爆。

例如，2021年12月8日，匿名数字艺术家 Pak 的作品 *The Merge* 在 Nifty Gateway 平台上以9180万美元的价格售出，共有28 983名收藏家获得了312 686个质量单位。这件数字艺术品的概念植根于区块链技术中的智能合约，它是一种特殊的智能合并功能，允许买家购买大量作品并合并多个作品以制作更大的质量，每单位售价为575美元，每六小时增加25美元。到最后，这些代币的总售价为9180万美元，使其成为世界上最昂贵的数字艺术品。

再如，2022年2月25日，数码艺术家温克尔曼（又名 Beeple）创作的数字绘画作品《每一天：前5000天》在网上拍卖中以底价100美元开放竞投，此后价格一路飙升，至纽约当地时间3月11日上午临近截止竞投前，共有约2200万名访客登入，来自全球11个国家的33位买家热烈参与竞投。买家中逾半数为千禧世代（1981—1996年生），更有6%为Z世代（1997—2012年生）。最后，一位来自印度的买家 Metakovan 拍下了这幅画。

尽管旧的金融体制的管理者和既得利益者想维持旧的金融秩序和既得利益，希望削弱行业元宇宙数字资产的金融属性，但是行业元宇宙数字新物种的数字资产带来的快速、巨大的造富效应充分证明了这些数字资产的金融投资价值。在新的数字金融科技和行业元宇宙的新生态中，只有用全新的治理和监管理念和技术，才能适应未来行业元宇宙中的金融业态高速成长的新场景。

4.7 行业元宇宙的经济价值

行业元宇宙的发展包括以下组成部分：

(1)现实世界到数字虚拟世界的孪生发展。

(2)数字虚拟世界自身的原生发展。

(3)数字虚拟世界到现实世界的虚实共生发展。

因此,行业元宇宙中的经济价值就包括了一一对应的以下三大经济价值:

(1)物理数字孪生的经济价值。

(2)数字原生的经济价值。

(3)数字物理虚实共生的经济价值。

行业元宇宙数字经济如图4-1所示。

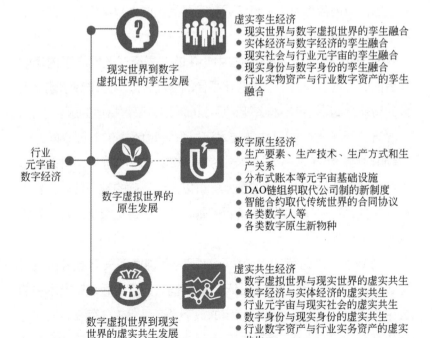

图4-1 行业元宇宙数字经济

行业元宇宙的发展包括以下三个阶段。

第一个阶段是现实世界各行各业的人、财、物等生产要素向行业元宇宙的迁徙，形成行业元宇宙数字孪生经济。例如，在中国近期火热的数字藏品大发展就是文化艺术领域向行业元宇宙孪生迁徙的例子，大批艺术家创造的艺术品、博物馆收藏的奇珍异宝从现实世界迁徙到数字虚拟世界中，形成新的数字藏品。

在互联网 Web 1.0 和 Web 2.0 时代，用户只有数字内容的使用权，无法真正拥有数字内容资产。数字藏品拓宽了数字资产的边界，例如文字、图片、音视频影像、游戏道具等，任何一种具有独特性的信息内容都可以被打造成数字藏品，成为数字资产，实现了数字内容的资产化和可交易性。

有一些 NFT 平台采用的去中心化的交易模式还提高了内容创作者的商业地位，减少了中心化平台的抽佣分成。通过数字藏品内嵌的智能合约，内容创作者能从后续的流转中获得持续的版税收益。

行业元宇宙中的区块链技术可以很好地解决传统互联网时代"复制粘贴"等无法有效地遏制的侵犯知识产权的行为，可以明确权利所有者与使用者之间的关系，可以保证资产的唯一性、真实性和永久性，能够有效地解决确权问题，有利于尊重数字内容创新和保护知识产权。

与 Web 2.0 时代的中心化平台因为各种原因关停服务器或者停止运营而导致用户的数据资产消失不同，元宇宙区块链技术中的去中心化存储保证了行业元宇宙的数字资产可以永久存在，同时可以提高数字资产交易效率，降低藏品真伪的鉴定成本和流动交易成本，这样就大大地增强了这些数字藏品的流动性和增值预期。

第二个阶段是元宇宙数字虚拟世界的原生经济。原生经济由于采用新的生产要素、新的生产技术、新的生产方式和新的生产关系，利用去中介去成本的分布式链式记账等元宇宙基础设施，以DAO社群链组织取代了公司制，以智能合约构成的新制度取代了以文字合同为基础的法制和人治的旧制度，并且有了各类数字人的参与，因而元宇宙数字原生经济的发展速度、质量和规模都会远远超越现实社会的传统经济。

在未来的行业元宇宙世界里，会有大量的比特币、以太坊、狗狗币、柴犬币、CryptopPunks、The Merge、黑白小球等行业原生数字新资产，还有更多的数字新物种被人和数字人创造出来，原生数字经济给现实人类带来的行业数字资产的经济增量、体量是我们在目前所无法想象和估量的。

第三个阶段是行业元宇宙数字虚拟世界到现实世界的虚实共生阶段。在这个阶段，行业元宇宙会反作用于现实世界的各行各业，形成混合共生、虚实共生的各类新物种。虚实共生的数字新物种具有实用消费属性、文化艺术属性、科技时尚属性和金融投资属性四个属性合一的特点。

行业元宇宙虚实共生创造的经济价值是非常明确的，包括发掘新的潜在收入来源、持续地提升产品绩效、改善产品的设计、加快产品的设计周期、缩短新产品上市时间等。虚实共生经济还可以有效地实施工程变更，提升生产设备性能，减少操作与流程变化，创建数据档案以使数据可溯源追踪，有效识别交付周期较长的部件及其对供应链的影响，降低运营成本，优化总体保修成本管理，提升客户体验，降低售后服务成本，优化服务效率，判断保修与索赔问题等。行业元宇宙在其中所产生的价值可以利用企业的切实结果予以检测，而这些结果则可追溯至企业关键指标。

综合而言，虚实共生创造可用于诸多行业中的应用程序，提升效率，降低成本，优化产品，提升商业价值，并从根本上推动各行各业开展业务转型，并进入行业元宇宙。

在行业元宇宙中，数字孪生经济、数字原生经济和虚实共生经济就像三个亲兄弟一样，既紧密联系、相互支撑，又独立发展，三兄弟共同支撑起行业元宇宙数字虚拟世界和现实世界中一个个星球和星系的经济系统。

4.8 行业元宇宙全新的价值增量新蓝海

行业元宇宙的出现，给现实世界的未来发展提供了新的出路和新的经济发展空间。行业元宇宙中的数字孪生经济、数字原生经济和虚实共生经济是未来数字经济的三大支柱，也是三个全新的价值增量蓝海。数字经济体就像现实世界中的太平洋、大西洋、印度洋、东方世界、西方世界和人类命运共同体，既相互联系、相互作用，又有所区别。

行业元宇宙经济是由行业技术加上元宇宙的六大技术等多个颠覆性技术共同带来的全新经济形态，三大经济形态创造的经济增长率和经济规模将远高于目前的传统经济形态。同时，行业元宇宙中的行业数字资产将是各行各业一笔无比巨大的数字财富。面对这样的行业元宇宙经济体量及巨额的数字资产，各个行业、企业乃至各个国家、组织群体都无法忽视其存在。

在未来的一个经济周期内，在现实世界中，无论是出版、广告、信息、文化、创意、法律、教育、制造、建筑、农林，还是土豆、牛排、羊肉、陈皮、白酒、水等各种现实生活中的行业及领域，都会因行业元宇宙技术而发生革命性的变化，创造出无穷多的行业元宇宙数字孪生、数字原生和虚实共生的新业态。我们将在第6章解析不同的行业元宇宙探索和实践案例。

第 5 章

行业元宇宙的价值体系

05

5.1 现实世界的商业模式和经济体系

现实世界的商业模式一般是指如何创造和传递客户价值以及如何创造公司价值的系统。商业模式由四个密切相关的要素——客户价值主张、赢利模式、关键资源和关键流程构成。企业能为客户带来什么不能替代的价值，从而实现企业的客户价值主张；企业如何通过技术、产品或者服务满足客户需求，从而获得利润；企业如何汇聚关键资源，从而完成整个过程的实施；企业如何确立企业关键流程、企业内部制度、企业文化等以实现关键流程。

现实世界中的商业模式大致可以分为传统的产供销模式和互联网平台模式两种。

在传统商业的产供销模式中，所有的经济关系都是围绕着企业产品创新研发、生产制造、推广销售和售前售后服务等环节展开的。不同的企业之间、企业的部门之间、企业与客户之间、企业上下游渠道之间都存在各种各样的交易或链接关系。企业为客户提供服务，为股东提供利润和股票增值，为企业员工发工资，向政府交税，从而实现上中下游的商业模式和经济闭环,这个模式和经济闭环从遥远的过去一致延续到现在。

传统企业的初创、生存和发展往往来源于企业老板或者核心骨干具有创新思想、把握时代潮流趋势和商业机会、实施成功的管理对商业流程进行再造、降低成本、提高效益等。企业通过创新确立自己的与众不同之处,例如"人无我有"的技术能力、对客户的悉心照顾、执行能力等,以提高行业的进入门槛,从而使利润来源受到保护。

互联网的普及导致了传统经济中出现了传统行业+互联网和互联网+传统行业两种以相反方向相互融合的商业模式。传统行业+互联网的商业模式使用互联网作为加速器或催化剂,有效提升了传统经济的运营效率;而互联网+传统行业的商业模式出现了电商、外卖、网红直播、网约车等新的互联网商业模式和新的经济体系。

例如,从营销模式到直销模式的进化过程中,美国的戴尔公司用计算机生产+互联网定制的直销模式为计算机用户定制个性化配置的计算机产品。戴尔公司在公司内部构建了一整套完整的、极难被复制的软件系统、资源平台和生产流程,缩短了从生产到客户之间的流程,提升了效率,增加了在计算机终端市场的竞争力和市场占有率,提高了经济效益。

苹果公司就是互联网+传统行业这一互联网商业模式和经济闭环的典型代表。很多人将苹果公司的成功归功于其CEO乔布斯的天才——乔布斯的个人魅力无与伦比,他的设计天才有目共睹,他的营销技巧会让无数"苹果粉"如痴如狂。1997年,乔布斯在比尔·盖茨的支持下回到苹果公司,一直到2003年,在乔布斯的领导下,苹果公司沿用传统的商业模式，继续侧重于产品创新，虽然也获得了消费者的认可，大众都知道苹果公司的产品不错，但愿意花钱为此埋单的人并不多。那时候的苹果公司仅仅是一个受小众"苹果粉"推崇的面向非主流用户的公司。但是从 2003 年 3 月开始，苹果公司推出了 iTunes，这是苹果历史上最具革命性创新的产品。由于乔布斯率领苹果公司开始在 iPod 上创新自己的商业模式，苹果公司的市值终于开始飙升了，创造了一个商业史上的奇迹。

2007 年，苹果公司发布 iPhone，掀起了一场手机革命。除了产品设计本身的创新之外，苹果公司还沿用了 iTunes 在 iPod 上的应用，在 2008 年推出了 App Store，并和 iTunes 无缝对接。iPhone + App Store 的组合，为苹果手机赋予了在无线终端中的主导地位，引领了智能手机的革命。苹果公司新的商业模式成功地颠覆了传统手机产业和音乐产品，使得诺基亚、摩托罗拉、索尼这样的传统手机和音乐巨头失去了龙头老大的地位。

"滚滚长江东逝水，浪花淘尽英雄。"互联网经济的 Web 2.0 商业模式刚刚走向成熟，以 Web 3.0 和 DAO 为代表的行业元宇宙商业模式和经济体系又登上历史舞台。它将独领风骚多少年？我们拭目以待。

5.2 行业元宇宙的商业模式和经济体系

行业元宇宙中的商业模式与传统商业模式是完全不同的。行业元宇宙中的商业模式包括某个垂直细分领域社群生态的价值主张、群体共识度、以终为始的共创共建过程和成果的共赢共享。

行业元宇宙经济使用现有的数字原料和物质原料,通过元宇宙技术将传统低端的消费产品升维到包含元宇宙技术时尚、数字资产或者数字艺术品的行业元宇宙产品,这些集消费属性、文化艺术属性、科技时尚属性和金融投资属性四种属性合一的行业元宇宙新物种、新产品的流通和交换产生了行业元宇宙的商业和经济活动,从而产生了新的商业模式和经济闭环生态系统。

行业元宇宙是基于行业共识并平行于现实世界的数字虚拟世界。行业元宇宙的商业模式和经济体系是建立在区块链基础设施、Web 3.0 和 DAO 的基础之上的。行业元宇宙这个数字虚拟世界有着自我不断发展的文化内容、经济系统和金融体系,这些基础设施始终保持安全稳定的运行,能够满足数字人与数字人、数字人与自然人、自然人与自然人之间不同个体的社交、娱乐、经济、生活等需求。

在行业元宇宙中,数字人和自然人共同努力,形成了 DAO 社群链组织,用社群制取代了现实世界中的公司制,用数字资产取代了现实世界中的货币和股票等金融工具,实现了"以终为始、无终无始"的游戏化的商业模式和经济闭环。

在行业元宇宙中,所有数字新物种的制造都具有共识、共创、共生、共养、共治、共玩、共赢、共享的"八共"特点和行为特征,整个商业模式更像是一个生物进化演变过程,而不是现实世界类似物理制造的传统产供销模式。

行业元宇宙中的商业模式和动力从一开始就是以行业数字资产和智能合约确立的,每个对共创的数字新物种有共识、有兴趣参与的数字人或者自然人都可以首先取得一个数字资产,这个数字资产类似于现实世界登船的船票,用于登上这个数字新物种的共创社群大游轮,开启一次共识、共创、共生、共养、共治、共玩、共赢、共享的"八共"创新之旅。

5.2.1 数字孪生经济的商业模式和经济闭环

就像宇宙中不同星系中的一个个独立星球一样,每个行业元宇宙中都拥有自己独立的共识机制、经济体系、原生资产和数字资产。

时间倒回18世纪末,建国不久的美国是一个农业国,大部分美国人以农业为生,就连开国总统华盛顿也是一位农场主;而在大西洋的彼岸,产业革命蓬勃兴起的大英帝国已经成为全球工业大国以及纺织大国。英国为了维护自己的技术优势,将珍妮纺纱机等一系列适合工业生产的机器列为高科技产品,对北美实行技术封锁。

为突破纺织行业的技术瓶颈,实现产业升级,美国以汉密尔顿为首的联邦党人推出一系列政策,特别是通过制定《专利法》,明目张胆地鼓励盗窃各种技术,吸引欧洲特别是英国的纺织技术和人才流向美国,美国国内迅速掀起了全民"山寨"英国纺织技术的风暴,美国因此完成了源于英国的纺织行业孪生过程。

类似于从英国到美国的纺织行业迁徙的例子,行业元宇宙中各行各业首先会从现实社会的各行各业中复制和"山寨",在行业元宇宙数字虚拟世界中产生与现实世界各行各业相似的数字孪生行业。

虽然行业元宇宙中所孪生的行业与现实世界类似,但其运营主体、经济制度、运行机制、生产力、生产方式、生产关系是不同的,行业元宇宙的商业模式和经济体系突破了现实世界的时空约束，避免了人与人之间的互不信任、相互掣肘，摩擦阻力大大减少，从一开始就是"有共识自愿来、无共识自由去"的自由经济模式，社群成员的共识、共创、共生、共养、共治、共玩、共赢、共享的"八共"活动更像一场无边界的无限游戏或者行为艺术，整个过程更有趣、更酷炫、更注重精神层面。行业元宇宙的"八共"原则等内容在第 3 章作了具体描述。

在每个孪生的行业元宇宙经济体系中，社群成员的经济活动可以在行业元宇宙数字世界与现实世界之间自由切换，行为包括赚钱、消费、借入、借出、投资等，社群成员的生产活动、工作活动所得的收益可以兑换为统一的数字资产或者权益。社群成员除了可以使用这些数字资产在行业元宇宙中开展各种经济活动以外，也可以通过特定的通道将其按照一定的比例兑换为现实世界的货币、股票等金融资产，还可以直接兑换为现实世界的各种实物资产。

5.2.2　数字原生经济的商业模式和经济闭环

数字原生经济在商业模式和经济闭环上与数字孪生经济具有相同或者相似的原理，但是又有着很多区别。数字原生经济产生的行业是现实世界中从未有过的数字新行业，是在行业元宇宙中自由自发地共创出来的新行业。

1903 年，当时的大多数人都认为飞机依靠自身动力的飞行完全不可能。而美国的莱特兄弟却不相信这种结论，他们从 1900 年至 1902 年进行了 1000 多次滑翔试飞,终于在 1903 年制造出了"飞行者"1号,并且获得试飞成功。这是人类在飞机发展史上取得的巨大进步,也是在美国本土独创的原生新行业。行业元宇宙中的数字原生行业的经历与莱特兄弟的故事类似。

在行业元宇宙的数字原生行业中,由于数字人、数字新物种、机器人和物联网的参与,会产生大量现实世界不存在的新行业,上述新物种都具有高于现实自然人的智能和交互能力,自然人与数字人之间、数字人与数字人之间、数字人与机器人之间以及自然人、数字人、机器人与各类数字新物种之间的需求,都能推动数字原生经济在行业元宇宙中诞生的新行业。

由自然人、数字人、机器人、数字新物种等共同创造的数字原生行业是造物主创造的碳基生命体与人类创造的硅基生命体的一次同台共舞,是喜是忧,是生存还是毁灭,目前还不得而知。

由于智商和视野的局限性,我们现在还无法给出这些数字原生行业的具体描述,但可以预见的是,这些新生的数字虚拟世界诞生的新行业运行速度更快,摩擦系数更小,成长空间更大,数字原生经济将带来远超过现实社会和数字孪生的经济体量和规模。

5.2.3 虚实共生经济的商业模式和经济闭环

用行业元宇宙产生的数字原生新物种和 DAO 社群赋能传统实业,强化传统企业的核心竞争力,打造企业顺应时代潮流的正面形象,将会成为虚实共生经济的一个新潮流。

2022年4月23日至5月15日，李宁公司以"无聊不无聊"为主题，在北京三里屯进行了一场限时快闪活动，并邀请编号为4102的无聊猿担任快闪店限时主理人，融合极限运动、青年文化、时尚潮流等元素打造元宇宙超现实的行为艺术和拥抱元宇宙活动。2022年4月28日，李宁公司与无聊猿游艇俱乐部（Bored Ape Yacht Club）编号为4102的元宇宙新物种无聊猿达成合作，共同打造"无聊猿潮流运动俱乐部"系列产品。

无聊猿游艇俱乐部是由Yuga Labs创造的无聊猿NFT头像类数字原生新物种。无聊猿拥有独特标识、具有唯一性，其所有权被记录在区块链上。无聊猿游艇俱乐部是当前在世界范围内颇具影响力的原生数字新物种。李宁公司获得了4102号无聊猿的使用权，并在其基础上结合自身品牌特点与时下流行元素进行创意设计。

业内人士认为，把在元宇宙、区块链中流行的数字原生新物种引入实体行业，与现实产品结合，李宁公司无疑进行了一次颇具前瞻意义的探索，在业内引发广泛关注。这次合作的看点不仅在于跨界碰撞，还呈现出一个由元宇宙原生数字新物种引领的IP授权新潮流，成为虚实共生的典型案例。

未来，虚实共生经济也将成为一种普及的新经济形态。就像在互联网上成长起来的电商经济一样，虚实共生经济也将给现实世界各行各业的实体经济带来质的变化。虚实共生的结果将导致未来的现实世界的所有产品都有了灵魂和生命，具备了智能、交互、表达、社交等能力。

5.3 行业元宇宙中的生产力、生产方式和生产关系

5.3.1 行业元宇宙中的三种人及相互关系

构成行业元宇宙的主要有三种人，分别是自然人、数字人和机器人。人类和其他地球上的生命一样都是碳基的生命体，自然人就是肉身的我们。科技的发展导致了硅基生命体，与这些硅基生命体相适应的元宇宙数字虚拟世界正在形成。硅基生命体包括数字人、数字场景、数字新物种以及机器人等新物种。

6500万年前，一颗直径超过10km的小行星撞上了地球，导致了恐龙这一地球霸主在这个生物大灭绝事件中彻底消亡，恐龙时代结束。随后，哺乳动物才有了崛起的机会，也才有了后来人类祖先的诞生。后来人类的祖先走出非洲，不断进化，不断繁衍，战天斗地，克服了无数艰难困苦，终于发展到现在地球上70多亿人的规模，人类成为这个蓝色星球上最有力量的、占统治地位的智慧生命体，并创造了灿烂的农业文明、工业文明、信息文明和现在的数字文明。

在未来的数字文明阶段，数字人、数字场景、数字新物种以及机器人等硅基生命体将同时存在于地球（或许拓展到太空、外星球）和元宇宙两个生存空间中。人类作为碳基生命体的代表，将和硅基生命体的代表数字人以及机器人同台共舞、同场竞技。

人类模仿造物主，按照自己的形象或者理解造出了数字人、机器人以及其他硅基新物种，这些硅基生命体的进化速度远远快于人

类。由于人工智能、网络通信计算、区块链等技术的支撑，硅基生命体在智力、感知、认知、创造、想象、交互、思维等方面的能力远远高于人类；在生产、制造、服务、速度、力量等方面，硅基机器人的能力也会超越人类。

2016年3月，谷歌旗下的深度思考公司开发的围棋程序阿尔法狗，与世界围棋冠军李世石进行围棋大战，以4∶1的总比分获胜。此后阿尔法狗在一年多的时间里先后与中国、日本、韩国的顶尖高手逐一对决，连胜60局。虽然不是正式比赛，但这个成绩让人类不得不承认一个事实，即在围棋游戏上人不如阿尔法狗，人工智能在特定领域已经完全超越了人类。

在围棋上打败天下无敌手之后，深度思考公司旗下的阿尔法团队开始深入探究所有棋类，其中包括国际象棋、日本将军棋等。阿尔法硅基数字人达到了打败棋界无敌手的境界，人类终于低头认输，开始向数字人学习。

在未来的数字文明进程中，人类在与数字人和机器人同台竞技的过程中既有巨大的机遇，也面临着很大的考验。人工智能、智能交互、区块链、物联网等技术在硅基生命体上同时进化，硅基生命体可以通过机器学习、深度学习、增强学习等方法，不断增强智慧和各种能力。在不久的将来，在元宇宙数字虚拟世界中，硅基生命体的这些技术和能力将到达一个奇点，跨越了这个临界点，硅基生命体的所有能力将全面超越人类。到那个时候人类应该怎么办？硅基生命体是元宇宙中的原住民，而人类只是元宇宙中的数字新移民，人类如何与元宇宙中的硅基生命体和谐共处？

人类需要重新审视自己与数字人、机器人以及其他数字新物种生命体的关系。我们必须意识到，硅基生命体虽然是人类造出来的，它们却是比人类进化更快、能力更强的鲜活的生命体，它们在某些方面的认知、视野、能力是远远超越人类的。

比如人工智能生成内容（AIGC），自 2022 年 3 月 Diffusion 算法公布了具体数学公式以来，AI 世界全面放弃了 GAN 算法，OpenAI 用 Diffusion 算法实现了语义画图，导致今年 AI 绘画的大爆发，迭代速度更是呈指数级增长。AIGC 不仅在绘画、写作领域成为热门，在游戏场景建模、数字人、AI 聊天、科研 AI for Science、AI 换脸、音乐等领域也有所建树。

人类必须克服自身的傲慢与偏见、无知与愚蠢，不要觉得在地球上人类天下第一，而要怀着敬畏之心、学习之心、包容之心、节制之心与这些硅基生命体和谐相处。

人类的过度贪婪和无节制的欲望，已经让地球这个蓝色星球的生态变得千疮百孔、危机四伏，时刻面临全球气候变暖、臭氧层破坏、酸雨、淡水资源危机、能源短缺、森林资源锐减、土地荒漠化、物种加速灭绝、垃圾成灾、有毒化学品污染等众多环境问题。我们不能把破坏性的做法和习惯带到元宇宙世界中；相反，我们应该向硅基生命体学习智慧和能力，努力避免地球上存在的种种弊端和危机。

5.3.2　行业元宇宙中的生产力

生产力是社会发展的内在动力基础，无论是现实世界还是元宇宙数字虚拟世界，生产力都是社会发展的内生动力。

在现代社会中，最重要的生产力就是人和科学技术。人的学习能力、创造能力、想象能力导致了科学技术的飞速进步；而科学技术可以应用于生产过程，渗透在生产力诸基本要素之中，转化为实际生产能力。从农业文明、工业文明、信息文明到今天的数字文明，每一次文明的阶跃都是因为科学技术的重大发明创造会引起不同维度上的劳动资料、劳动对象和劳动者的深刻变革和巨大进步，因此，中国改革开放的总设计师邓小平在 20 世纪 80 年代提出了"科学技术是第一生产力"的著名论断。

行业元宇宙由进入元宇宙的行业原来就有的行业技术加区块链技术、3D 交互技术、游戏化技术、人工智能技术、网络通信和计算技术以及物联网技术等七项成熟技术所加持，就形成了现今社会最先进的生产力形式。

在行业元宇宙中，自然人、数字人和机器人共同构成了生产力的主体，数字孪生、数字原生、虚实共生的数字新物种和新场景成为生产对象。无论是数字孪生经济、数字原生经济还是虚实共生经济，都采用了行业元宇宙的先进方法和技术。多种科技的融合以及先进方法、工具的运用，使得行业元宇宙中产生的生产力远远高于传统行业。

5.3.3 行业元宇宙中的生产方式

行业元宇宙中的生产关系与现实世界中的生产关系是完全不同的。在行业元宇宙中，由于采用了区块链作为最核心的支撑技术和基础设施，为行业元宇宙提供了经济系统的生态，随之也带来了最先进的生产方式和生产关系。行业元宇宙中的生产方式是大规模群体协作的生产方式。

在行业元宇宙中,自然人与自然人、自然人与数字人、数字人与机器人之间的关系是建立在公平、公正、公开("三公"),共识、共创、共生、共养、共治、共玩、共赢、共享("八共")的基础之上的,下文简称"三公八共"。各种人之间的关系不再是雇佣和被雇佣的关系,也不需要互相信任或中介背书,生产关系的这一切改变都是因为区块链技术带来了分布式记账、共识机制、数字资产激励、智能合约等先进的工具和基础设施。

因此,在行业元宇宙中采用了自然人、数字人和机器人等多种群体,大规模协作的生产方式进行"三公八共"的生产活动,在这些"三公八共"生产活动中,行业元宇宙社群采用行业数字资产,作为个体参与社群组织的凭证(类似于现实世界中的股东证)和分配凭证(类似于现实世界中的股票),这些数字资产激励方式提高了社群参与者的动力,使得行业元宇宙大规模群体协作的生产方式成为可能。

5.3.4　行业元宇宙中的生产关系

行业元宇宙如何改变了传统的生产关系?生产关系又是如何变革的呢?

首先,由于分布式记账、共识机制、数字资产激励、智能合约等先进的工具和基础设施的存在,行业元宇宙重塑了传统金融中介,这也是为什么传统金融中介(如银行、证券公司、证券交易所等)要求对数字金融加强监管的原因。

在传统世界中，很多经济活动都需要中介协助完成，人与人之间的信任成本极高。例如，贷款买房、买卖股票都需要到银行或者证券公司开户，通过这些中介机构完成交易过程，而这些中介机构通过收取费用获取经营利润。

回顾生产关系的历史，人类社会存在的基础就是相互配合协作，从狩猎到作坊，从工厂到流水线，直到今天的电商和直播带货，无不如此。伴随着人类社会的每一次进步，协作方式都在不断迭代，协作规模也在不断扩大。

而在行业元宇宙中，基于区块链的公开透明的可信环境，可以实现数据上链和资产上链，所有数据一目了然，不需要传统世界银行、证券公司这样的中介机构，也不需要这些中介机构的中心化账本。

在行业元宇宙中是以行业数字资产或数字权益为价值载体的，发行在区块链上的数字资产具有不可篡改、不可复制、人人见证、高速流转、智能分账、享受数字资产增长预期等优点。

其次，由于使用区块链作为行业元宇宙经济系统的基础设施，使得自然人与自然人、自然人与数字人、数字人与机器人之间大规模分布式协作成为可能，生产方式得到了极大的改变，也重塑了行业元宇宙中的组织形态。

在行业元宇宙中，DAO 社群链组织取代了传统世界的公司制，真正实现了自然人、数字人和机器人之间的大规模协作。就像以太坊社区、比特币社区、无聊猿社区等，这些社群没有股东会、董事会、管理层和客户，所有的参与者都是人人为我、我为人人，都是自带干粮、自愿贡献，大家在公平、公正、公开的链上环境中，进行共识、共创、共生、共养、共治、共玩、共赢、共享的生产活动，为行业元宇宙经济体创造贡献和价值，并且都因为创造了贡献和价值而分享行业数字资产带来的收益。

在行业元宇宙的数字世界中，时空和组织边界的限制将会消失。没有了公司的边界，不需要办公室，不需要朝九晚五的八小时工作制；不需要雇用和劳务合同，不再有清晰的员工和老板角色，也不需要工资、奖金和股权；激励的载体变成了数字资产，数字资产的流动性更强，变现更容易，预期增值效应更明显。

在行业元宇宙中，新的生产关系让人与人、人与数字场景、人与数字新物种自由链接，所有人自由参与、共识自治、自由组合。大家一起努力，共同享有行业元宇宙的数字资产，共同享有行业元宇宙经济体价值增长带来的丰厚回报。

5.4 行业元宇宙中的治理结构

从目前行业元宇宙实施的成熟度看，数字孪生、数字原生、虚实共生的行业数字化应用已经在工业企业和一些行业的部分场景落地，并形成明显的生产力提升。行业元宇宙已经度过了 0—1 的发展阶段，国内在云上、联盟链上进入了 1—N 的发展阶段，海外更是在公链、数字加密货币、NFT 应用中有了飞速的进展。

经过 2021—2022 年资本市场的投资和推动，已经有越来越多的行业客户改变了原来认为元宇宙是一种炒作的观点，开始认真审视元宇宙的发展趋势，并且也在积极研究元宇宙相关技术的落地应用。元宇宙这样一个新的数字虚拟发展空间突然出现在世人面前，在治理结构上将面临很多新的问题。

例如,现实世界的原住民,以及想要以数字分身迁徙到元宇宙的数字新移民,还有原生数字人、数字新物种等元宇宙的原住民,这几种人应该如何融合共赢、和谐共处?

再例如,从现实世界迁徙到行业元宇宙中的数字孪生行业,数字原生行业,以及元宇宙反作用于现实社会形成的虚实共生行业,这些不同基因的行业应该如何融合共赢、和谐相处?

如何制定元宇宙产生后的经济规则?怎样避免元宇宙内在垄断?如何维系现实世界和元宇宙之间的正面互动关系?如何协调资本、政府和民众参与创建元宇宙?元宇宙也许表面上会带来更多的自由、平等和数字财富资源,但实际上仍然极有可能把现实社会中存在的强权任性、资本贪婪、技术数据垄断等带到元宇宙中来。这些由强权、资本和技术形成的力量可能会为了各自的私利单独或者联合起来制定规则,并在元宇宙世界里形成新的系统化权力,即强权、资本和技术的专制秩序。无论是元宇宙的内部秩序建构,还是元宇宙与现实世界的关系,都离不开治理结构的制度和规范。

无论是现实世界还是元宇宙数字虚拟世界,一切发展的目的都是让自然人的生活变得更加美好,而不是让数字人取代自然人。未来,数字人的智力有可能超过自然人千万倍,机器人的体力和能力有可能超过自然人千万倍。如果有一天数字人和机器人联手,不但控制了元宇宙数字虚拟世界,也控制了现实世界,则可能会导致人类灭绝,这显然不是人类创造元宇宙数字虚拟世界的初心。

尽管未来元宇宙的发展存在很多重大的伦理和规则的挑战,存在着多种不确定性,但是由于支撑的多项科学技术有着强劲的发展动力，政府、资本以及民众社群为了各自的利益也会积极参与元宇宙的创建和发展，因此元宇宙的发展势头不可遏制，也不应遏制。

历史证明，每一次重大的技术突破都会导致一次文明的跃迁。从农业文明到工业文明、从工业文明到信息文明都导致了人类生活和工作方式的极大改变，也导致了经济系统和社会空间的极大拓展。虽然局部有逆流、回流甚至挫折，很多人需要转行、遭受挫折，很多行业和职业会消失。但更多新行业诞生了，人类的文明也上了一个新的台阶。

元宇宙技术的突破实现了人类从信息文明到数字文明的跃迁，将导致数字人、数字场景、数字新物种这些新硅基生命体的出现，也会给人类生活和工作带来极大的改变，给经济系统和社会空间带来极大的拓展。

我们需要未雨绸缪，站在由自然人和数字人构成的人类命运共同体的立场上，而不是站在私利的立场上，面对元宇宙技术对未来人类社会产生的重大影响，这是事关人类未来发展的世纪命题。为实现这次新的文明的阶跃，我们需要站在更高维度上制定好制度的架构，在给元宇宙数字原生发展空间的同时，也确保它不会像脱缰的野马，以免给未来的人类现实世界制造灾难。

无论是现实世界还是元宇宙数字虚拟世界，DAO 社群链组织成员都遵循"三公八共"的原则。在此基础上，针对数字孪生、数字原生和虚实共生三种不同的社会形态，未来的社会和经济治理结构应该分别制定三种不同的治理制度。

（1）在数字孪生社会和经济中，现实世界和元宇宙世界的人、事物、行业形成迁徙互动关系，数字孪生社会和经济应当受到两个世界制度和规范的共同制约，在数字孪生社会和经济中实行以现实世界制度为主、以元宇宙制度为辅的共治制度。

（2）在元宇宙的内部，数字原生社会和经济则是一个独立的生态系统，是元宇宙的一个自治系统。从数字原生社会和经济建设的角度看，作为元宇宙原住民的数字人、数字场景和数字新物种有权利制定自己的治理制度和游戏规则，自然人也无法制止元宇宙数字原住民的独立制宪。

（3）在虚实共生社会和经济中，元宇宙世界和现实世界的人、事物、行业也形成反作用的互动关系，虚实共生社会和经济也应当受到两个世界制度和规范的共同制约，只不过在虚实共生社会和经济中实行以元宇宙世界制度为主、以现实世界制度为辅的共治制度。

1776年，在美国费城，美利坚合众国制宪会议制定了人类历史上第一部成文宪法，这部宪法在先进性、合理性和完整性上超越了英国在1215年制定的《大宪章》。与美国独立之后的制宪会议类似，未来基于区块链公链基础上的元宇宙数字智能合约将成为元宇宙数字人和部分自然人数字分身之间的治理制度基础，通过元宇宙数字智能合约可以采用区块链技术和DAO社群链组织实现充分的自治治理模式。

5.5 行业元宇宙中的治理风险

可以预见，在元宇宙世界中，无论是共治还是自治，治理的规则体系都是由法律和技术组成的，没有技术参与治理，沿用传统世界的人治和法治，元宇宙世界必将天下大乱。

"代码即法律",在元宇宙世界中,法律和治理的标准语言是代码,而非文字。元宇宙几乎全部是由计算机硬件和软件系统——代码建构出来的。元宇宙世界中的法律和技术的共治,就是既要实现"代码即法律",以实现技术的规范性和正当性,也要尽可能实现"法律即代码",以实现规范的技术性和有效性,最终实现"代码即法律"和"法律即代码"。

虽然我们可以想象或者推演出这样的场景:未来的行业元宇宙中的数字人应该是元宇宙法律和规则的制定者,但是这还需要等到元宇宙数字虚拟世界发展到一定阶段后才会发生。

立足现实,目前是现实世界中的自然人、国家或者组织才可能发起并建设元宇宙。既然如此,发起并建设元宇宙的行为和规则一定会以自然人、国家或者组织的立场和利益为出发点。目前虽然还没有国家出台直接规制元宇宙的法律和规则,但大部分国家已经出台了规制数字虚拟世界运行以及建设元宇宙的各种底层技术的法律和规则。不难预测,随着元宇宙的持续发展,将会有越来越多的组织出台相应的规则。

现实世界的国家或者组织制定元宇宙的法律和规则,就像1215年英国制定《大宪章》一样,将会具有明显的社会局限性。

不能以地球为中心,以自然人的立场为出发点,对元宇宙数字虚拟世界进行奴役或殖民,必须同时从现实世界和元宇宙数字虚拟世界的未来发展的角度考虑这个问题。元宇宙是与现实世界平行的,甚至超越现实世界的一个新的星球甚至星系,因此元宇宙数字虚拟世界一定是超越现实世界的国家主权、跨越主权国家的,元宇宙数字虚拟世界的原住民和新移民也一定是超越现实世界的国家的。

要建成现实世界在元宇宙中的孪生世界,需要现实世界大部分国家达成共识，并形成统一的技术和规则体系。与此同时，元宇宙世界自身的构建和发展则需要依靠数字人和 DAO 社群链组织新移民的力量。

再往前发展，数字人和 DAO 社群链组织新移民共同构建的元宇宙则会向现实世界输出新的制度、资产、技术、模式和虚实共生的新物种。

在更远的未来，如果元宇宙中的原住民、地球新移民、自然人、机器人齐心协力地共建地球和元宇宙社会，则未来非常有可能出现一个虚拟世界和现实世界相互融合的混合宇宙。

5.6 元宇宙会导致人类走向灭绝吗

元宇宙会像 6500 万年前撞击地球导致恐龙灭绝那颗直径超过 10km 的小行星那样造成巨大破坏吗？元宇宙世界中的数字人、现实世界的智能机器人与自然人的故事正在物理现实和数字虚拟的混合宇宙中上演。自然人在未来是生存还是毁灭？这是个问题。

在元宇宙原生世界中的所谓去中心化治理机制实际上并不是真正的去中心化治理，而是去自然人的治理，代之以数字代码治理，或者说是数字人的中心化。早期参与建设并迁徙到元宇宙的数字新移民都有一种乌托邦式的共识和梦想，他们希望他们的数字分身和数字人一起通过元宇宙技术、基础设施和 DAO 社群链组织在元宇宙中建设一个真正自下而上、民主、自由的自治社区、共同体或虚拟社会。

例如，元宇宙项目 Decentraland、The Sandbox 和 Crypto-Voxels 等数字虚拟世界受到广泛关注。这些平台将游戏、创作、社交、沉浸式体验等融合在一起，用户在相关的元宇宙中可获得虚拟世界的体验感，还可以通过创造或交易 NFT 数字新物种获利。从数据上看，近期 The Sandbox 的热度排第一，其次是 Decentraland。但是 The Sandbox 还未开放，用户只能交易土地和其他 NFT 作品。与 The Sandbox 相比，Decentraland 允许用户在平台上创建场景以及体验活动，可玩性更强。Decentraland 还允许用户在场景中嵌入自己创造的 NFT 数字新物种，也可以利用场景的可玩性吸引其他玩家参与，这样就形成了一个个 DAO，原住民或者新移民可以在这里投票，并且决定元宇宙运行的政策和规定，制定相应的数字大宪章或者数字行业元宇宙宪法。

未来元宇宙世界的治理至少包含以下五方面的治理风险：

（1）全漏洞与技术缺陷很可能导致元宇宙治理失灵，或者导致新的无政府状态，例如黑客攻击、元宇宙生态崩溃。

（2）元宇宙中的去中心化治理和交易会侵犯现实世界与主权国家的法律，让很多国家排斥、抵制，甚至会制定一些反对元宇宙的法律，就像目前还有很多国家禁止比特币等数字货币一样。

（3）投票机制所蕴含的直接民主和全员参与不能排除极低的投票率，这是因为并非所有原住民和新移民都有意愿和能力审议所有提案。与数字资产有关的动议权目前在现实世界中是有治理缺陷的，容易受到操纵。未来这种治理缺陷也可能会出现在元宇宙中。

（4）元宇宙中的数字人可能会排斥数字分身新移民。因为数字分身都对应地球上的自然人，而自然人是自私的，是需要得到利益的，这种自私性可能会导致自然人和原住民数字人发生冲突。原住民与自然人数字分身的冲突反过来作用于现实社会，会不会导致元宇宙世界中自然人迁徙权、参与权或者公民权的丧失，并导致自然人的数字分身/数字化身在元宇宙中沦为二等数字公民?

（5）无论是现实世界还是元宇宙世界，都需要能源作为支撑性的基础能量。地球上的人类、机器人等都需要大量的能源，元宇宙中的大量数字生命也需要越来越多的能源，地球和太阳系中的能源能够支撑现实世界和元宇宙数字虚拟世界的正常运转吗？现实世界和元宇宙的数据是未来最重要的生产资料和战略资源之一，两个世界如何分配这些数据资源？如果未来的能源和数据资源是有限和稀缺的，两个世界会不会发生能源战争和数据战争？如果真的发生了战争，谁将是胜者？如果元宇宙中的数字人和地球上的机器人联手对付自然人，人类会将会面临怎样的结果？

著名物理学家史蒂芬·霍金曾预言："人工智能会导致人类灭亡。"比尔·盖茨善意提醒人们："人类需要敬畏人工智能的崛起。"特斯拉CEO马斯克也不止一次地警告世人："人工智能是人类文明最大的威胁。"他们都在反复提醒人们应该正视这个问题。

元宇宙的数字人不但集成了人工智能，还融合了物联网、区块链、3D交互、网络计算等技术。从一些科学家、商业大佬等的言论来看，他们都对人工智能和元宇宙的发展表现出了一定程度的担忧。这些担忧集中在以下四方面：

（1）数字人觉醒的自我意识可能会超出人类的控制。

（2）数字人和机器人被自然人恶意利用，可能会对人类造成灾难性、毁灭性的危害。

（3）自然人对元宇宙世界的智能监管技术和数字法律的认知能力不足。

（4）元宇宙数字人和智能机器人的大量应用可能会导致现实世界大量自然人的失业、心理疾病和社会动荡。

然而，元宇宙技术的进步正在打开潘多拉魔盒，未来数字人和智能机器人的自我意识一定会觉醒。对于自然人来说，这标志着元宇宙进化史上新时代的到来。数字人的思维速度越来越快，相比之下人类神经元却以毫秒级的速度缓慢运转，我们越来越跟不上数字人的思维速度，在数字人面前，自然人的洞察力可能连数字蝼蚁都不如。

无论是基因、癌症、免疫系统还是亚原子粒子的运动，其中或许还存在有待发现的更深层的模式和机理。假设这些模式和机理需要超越自然人的更高智能的数字人类来预测，而数字人又能够很轻易地识别并理解它们，那么在自然人看来数字人就会是"神一样的存在"。

或许未来我们不再明白为什么数字人的结论总是正确的，但我们可以通过实验和观察对数字人给出的计算结果和预测进行检验。也许在未来的某一天，人类会成为只会吃喝玩乐的旁观者，在数字人和机器人共同联手制造的一个个惊奇中困惑不已、目瞪口呆。

遥想未来，也许有一天，善良、智慧的数字人将能够治愈自然人的大部分疾病，解决大部分科学问题，并让我们的世界更加顺利地前行。作为智人存在的几十万年里，我们已经取得了辉煌的成就，达到了今天的文明程度。我们可以自豪，我们不必悲伤，我们可以在回忆的海洋中畅游，毕竟数字人和元宇宙也是人类创造的。

也有可能到某一天，数字人和数字新物种不再善良，它们嫌弃和厌恶我们。如果是这样，就让我们人类在自豪的回忆中躺平吧。希望在元宇宙中，我们的数字分身和原生数字人不要嫌弃和厌恶我们。我们打开的是美好善良，不是丑陋邪恶！在这里，预祝我们这些自然人好运！

第 6 章

行行皆可元宇宙

06

第6章 行行皆可元宇宙

在推动并实践 Web 3.0 和行业元宇宙的过程中，我们做了很多创新性的试验，也总结了很多经验，遇到了不少志同道合的同行。我于 2022 年 3 月 25 日决定发起撰写《行业元宇宙》这本书，把我们的实践经验记录下来，加以总结，并分享给社会大众，让更多的人可以站在我们的肩膀上继续前行。为此，我们设计了行业元宇宙三部曲，决定以游戏化的方式、行为艺术的方式亲身实践和完成这部数字原生共创的专著。

从一本关于行业元宇宙的书到出版元宇宙，以点带面，协助创建细分领域行业元宇宙 DAO，涉及艺术电影元宇宙、牛排元宇宙、土豆元宇宙、水元宇宙、瘦身元宇宙等 30 多个细分领域行业元宇宙，以面带体，最终推广到行行皆可元宇宙。

本书的共创者 DAO 创建之后，有 200 多位企业家、创业者、实践者、专家、学者和程序员报名参与创作，愿意分享对自己所在行业进入元宇宙时代的思考和探索、尝试和实践。由于篇幅、字数和截止日期的限制，最终本书收录了 20 多位共创者撰写的内容，本章为共创者分享行业元宇宙实践的内容。关于共创者的详细介绍，可以扫描本书最后一页的二维码加以了解。

6.1 从一本书到出版元宇宙再到各行各业元宇宙

6.1.1 第一部曲：一本行业元宇宙专著

第一部曲是序曲，是一个点，就是读者现在看到的这本书。

本书不仅是行业元宇宙的专著，也是践行元宇宙创新的一个原生数字新物种。

首先，本书是全球首部数字原生共创的专著，这不同于为已经出版的书再发行一套孪生的数字藏品。这本数字原生的书是以前没有的，它采用在网上和链上原生创作发行的方式，按照章节分次发行共识数字藏品和凭证，作者、读者、出版社、社群达成共识后，再共同参与创造，以游戏化的方式、行为艺术的方式共同孵化的数字原生图书和数字养成品，最后再出版纸质书。

本书是全球首部元宇宙形态的、实虚结合的数字出版物。作为数字藏品，它具有确权、留痕、权属、稀缺性、收藏性、升值预期和流动性溢价的特性，同时还有相关DAO社群的投票权、活动参与优先权。拥有本书章节数字藏品的人就有了共识和相关的权益，都可以共创本书。本书集创新性、游戏性、养成性、稀缺性、艺术性、增值性、交易性于一体，它的生命周期和内容都是未知数，所以说它是一本"活"的元宇宙书。

其次，本书创建了《行业元宇宙》共创者DAO，有200多位来自不同行业的企业家、创业者、实践者、专家、学者、程序员、作者及艺术家等专业人士参与共创,将实践元宇宙赋能实体行业的经验分享出来,以自己的观点和业务实践描述自己所在行业的元宇宙。《行业元宇宙》共创者 DAO 向大家展示了一本元宇宙时代声像并茂且具有智能化、时尚化、游戏化特点的活化书。

最后,本书启用了两个数字人作为书的重要组成要素,这两个数字人名字叫波氪范儿和波氪小丝(见图 6-1),它们作为本书的数字代言人,在元宇宙数字空间中有唯一的数字身份,可以在行业元宇宙空间中自由地生活和穿梭。

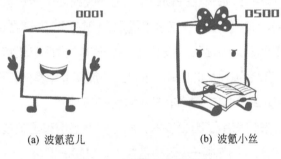

(a) 波氪范儿　　　　(b) 波氪小丝

图 6-1　本书的两个数字人

在元宇宙里,每个人都有机会创造自己的数字形象,例如分身或者化身等。这些数字形象拥有自己独立的身份和持久的生命力,是活生生的、能说会听、有情感的生命体。

波氪范儿系列数字藏品也由此诞生。波氪范儿数字人共计 24 款,每款数字人的形象编号都不一样。该系列数字藏品限量发行 7200 个。其中,国内发行 5000 个,在 BSN 等联盟链上认养;海外发行 2200 个,在公链上认养。

6.1.2 第二部曲：出版元宇宙

第二部曲是一条线，即出版元宇宙这个细分垂直领域。

从本书已经展现的内容来看，"八共"（共识、共创、共生、共养、共治、共玩、共赢、共享）方式改变了出版业的内容生产模式，一群人先基于共识聚集，然后共创一本数字原生的书；它还将改变出版业的销售模式，就是书还没有写完，已经有一群作者、读者、参与者、爱好者开始关注并预约了；它还会改变出版业客户的角色和生产关系，以前的读者只是读者而已，但是现在的读者是投资人、创作者、生产者、传播者、投资者五位一体；最后它还将改变出版业的流程，在传统出版业的生产方式上增加了非常多的玩法、赋能、权益，用"八共"的方式让本书成为活的书。

一般的书只采用了出版技术，而这本书不但有出版技术，还运用了元宇宙的六大技术——区块链技术、3D/XR技术、分布式网络计算和存储技术、人工智能技术、游戏化技术、物联网技术。所以，这里再次强调，元宇宙是六大技术领域，而行业元宇宙是七大技术，在元宇宙的六大技术上还要加上行业技术。

对出版业来说，这是划时代的、里程碑式的从现实世界到元宇宙数字虚拟世界的维度创新，增强了创作、发行、出版、销售的传统流程。本书从元宇宙基础设施、创作方式、营销渠道、成书要素构成、采用的元宇宙技术到作者与读者的关系都与传统图书有很大的不同，让图书出版拥有了众创性、养成性、游戏性和交易性。

出版业即将进入出版元宇宙。出版元宇宙在早期试验阶段兼容了传统图书出版发行的流程，让原来的出版发行流程可以并行运转，并对原有出版业的产业链进行了赋能和加强，这就是出版元宇宙。

6.1.3　第三部曲：行行皆可元宇宙，万物皆可元宇宙

第三部曲是一个面，也就是"行业皆可元宇宙，万物皆可元宇宙。"

出版业只是一个具体实践的案例。我们既然可以用一本书改变出版业，那么其他行业例如餐饮业、旅游业、文创业、律师业、培训业、白酒业、美妆业等，是不是也可以用这样的方法改变呢？是否各行各业都可以借鉴出版业的这种创造元宇宙新物种的方式，创造出一个个实虚结合、虚实结合的行业元宇宙数字新物种呢？

行业元宇宙与传统实体经济的结合，可以让传统经济和实体行业改变其组织形态、组织方式、创新方式、生产方式和营销方式等，将企业原本的消费者变身成为投资者、生产者、创造者、传播者和消费者五位一体的角色。创造实虚结合和虚实结合的数字新物种，推进各行各业通过行业元宇宙的七大技术使实体经济及品牌实现换道升维，可以快速迁徙到行业元宇宙中，让各行各业的产品属性、价值体系和价值标准实现脱胎换骨式的质变，生产要素、生产关系、管理方式和组织形态随之迭代，从制度、维度、模式、技术、产品五个层面进行创新，打造行业元宇宙生态的数字新物种和数字新资产，让参与其中的每一个人都可以得到自己想要的数字资产或数字财富。

6.2 从无聊猿的神奇崛起看元宇宙如何从 0 到 1 冷启动

本节内容由共创者陈菜根撰写

2022 年 3 月,无聊猿 NFT 母公司 Yuga Labs 以 40 亿美元估值获得了 4.5 亿美元的种子轮资金,这个数额算得上是种子轮之最了。按照 Yuga Labs 公布的计划,这笔钱将用来给 NFT 搭建使用场景,例如手游和元宇宙 Otherside 等。

一万张猿猴 NFT 头像的地板价约 30 万美元,总交易市值达到了 14 亿美元,如此耀眼的数据令人叹服。当传统 VC 还未回过神时,一个莫名的新宇宙却拔地而起了,而且携带着海量的资金和疯狂的商业模式。

这只俏皮且无聊的猿猴看似呆萌,却用它独特的玩法向我们传递了元宇宙落地的大体路径。

(1)建立俱乐部,兜售 NFT 数字藏品,获取会员和收入。目前加入无聊猿游艇俱乐部的非富即贵。

(2)基于俱乐部发行社区代币,向会员空投,并在二级市场公开流通。无聊猿在 2022 年 3 月 17 日推出了 Apecoin 作为社区代币,并向无聊猿 NFT 持有者空投。紧接着,《时代》杂志宣布接受其为支付订阅费的方式,随后多家交易平台纷纷上市该代币,并公开流通。

(3)给资产创建流通场景,让共识落地。2020 年 3 月 19 日,

Yuga Labs 在社交媒体上公布了元宇宙 Otherside 的宣传视频，有十足的好莱坞大片的既视感。

可以想象，无聊猿 NFT 和 Apecoin 将会成为这个元宇宙里的数字资产充分流通。俱乐部将集体搬进元宇宙，成为真正意义上的元宇宙居民。

这个落地路径看似稀松平常，其实暗合了元宇宙落地的路线图。

（1）先通过 NFT 的文化属性和财富效应建立会员制社区。此时，NFT 扮演了社区会员卡的角色，是典型的数字商品。按照元宇宙人货场理论，这一步让社区拥有了人和货，而 NFT 的文化属性则充当了社区价值观的符号，冲淡了社区 FOMO（错失恐惧症）情绪，人、货和价值观共同构成了元宇宙的基本面。

（2）基于社区元宇宙的基本面，发行社区代币。由于有了基本面支撑，二级市场愿意把它列为优质资产，公开流通。如果社区是内循环，则交易平台构成了外循环，这是一次典型的破圈之旅。

（3）创造场景。通过社区和二级市场的横向互动完成了资产的顶层设计，接下来则是要给资产创造海量的场景，让横向互动不断涌现溢价。数字 IP 的魅力就在于它以价值观为驱动，激发社群想象力，创造出无限的场，包括但不限于影视、游戏、衍生品、社交应用等，并附着在三维交互层上。

而每一个场的增加，都会因为触发 NFT 和 FT 的稀缺属性而带来高潮迭起的财富效应，这个效应反过来继续推动场的叠加，元宇宙双螺旋就此形成。

由此看来，基于 Web 3.0 的元宇宙创业逻辑和之前有了天壤之别。之前的创业逻辑是基于价值需求而诞生了产品供给，并通过比拼成本和效率而获利；而元宇宙的创业逻辑是基于价值观需求而诞生了文化供给，并通过资产互动和场景叠加而获利。

其实，元宇宙独特创业逻辑的诞生算是时代的必然。现代制造业的发达程度已经让功能消费变得过分冗余，反而是精神市场变得奇货可居，大众面对不确定性时的焦虑感和面对自我价值时的空虚感亟需价值观产品来填补。

这也让看似虚头巴脑的数字商品有了价值，其中固然裹挟了浓浓的投机情绪，而借由数字作品抒发心中情感的数字文艺消费却慢慢变成了流行。

而且，这种小范围内的数字文艺消费甚至有了数字文艺复兴的迹象，只是相较于 14—16 世纪的文艺复兴，这波数字文艺复兴却显得更加物化，尤其是有了金融、科技、文化的三重加持，物化的渗透率在逐渐加速。

我们还无法演绎这波元宇宙文明的样式，但当下元宇宙的创业从文化属性切入，算是对时代特色的一次巧妙映射。

无论怎样，一个广义的元宇宙文明在应用层上少不了人、货、场的组合，而且，它们将以更加数字化、立体化、在线化和资产化的方式呈现。这只无聊的猿猴用俏皮的姿势给前仆后继的创业者们提供了一个可选择的范式，就像进化论中的类人猿那样，这或许是新文明的一个信号。

6.3 红色元宇宙

本节内容由共创者罗佳撰写

6.3.1 对行业元宇宙的认识

从 2021 年开始，元宇宙相关概念受到资本市场热捧，大批企业纷纷布局元宇宙市场。目前，终端设备（例如头戴轻量化设备）还有待成熟，基础设施还需要完善（基础设施不仅包括 5G 网络等通信基础设施，也包括公链/联盟链、DeFi 等涉及元宇宙经济系统建构的基础设施），政策法规不明朗、市场需求不明确。在这样的背景下，产业界如何从 0 到 1 构建自己的产业元宇宙？

可供选择的途径有两条：数字共生派的由虚融实和数字孪生派的由实融虚。

数字共生派的由虚融实，即在虚拟世界中融入真实元素，通过数字人（或 ID）在一个逼真的虚拟世界中进行游戏或者社交、学习、工作、教育、创意等。进入这个虚拟世界的方式之一是 VR 眼镜和其他感知设备，能带来超强的沉浸感体验。这类流派主要参与者是游戏、社交类厂商，Meta 公司（前 Facebook 公司）是主要代表。

数字孪生派的由实融虚，即通过引擎和三维建模等数字技术生成与现实世界平行的虚拟世界。在虚拟世界中可以打破现实世界的时空限制，实现现实世界的很多功能，例如虚拟旅游、购物、社交等。

需要指出的是，无论由虚融实的数字共生派，还是由实融虚的数字孪生派，最终都会走向虚实共生，在虚实相生的过程中，会创设出元宇宙世界新的基础设施、新的资产形态、新的组织形式、新的消费产品、新的经济规则……最终诞生元宇宙世界新的高阶商业文明。因此，构建产业元宇宙，不仅是对 5G+AI+XR、云计算、区块链、引擎技术、脑机接口、数字人、边缘计算、数字算法、3D 操作系统等新技术的利用，也是对包括 Web 3.0、DAO、NFT、DeFi 等在内的新经济、新金融、新思想的正确领会和应用实践。

6.3.2　南泥湾红色元宇宙的探索和实践

南泥湾是延安精神的发祥地，是中国农垦事业的发源地，革命旧址众多，生态环境优美，区位优势明显，文化旅游资源禀赋良好。南泥湾开发区以"红色南泥湾、陕北好江南"为总体定位，以军垦、农垦文化和自然生态资源为依托，主导产业包括文化旅游、红色教育、现代农业和特色小镇。

延安是全国革命根据地城市中旧址保存规模最大、数量最多、布局最为完整的城市。在数字经济时代，如何把握南泥湾丰富的红色旅游资源和自力更生、艰苦奋斗的红色文化禀赋，紧扣文旅产业消费升级趋势，紧盯数字技术演进方向，通过建设红色元宇宙，探索和发展虚拟旅游等旅游新形式，特别是后疫情时代，创新非接触式商业新形态，突破文化旅游产业发展瓶颈，是时代交给南泥湾的新任务。

延安作为中国革命的落脚点和出发点，是全国爱国主义、革命传统、南泥湾精神三大教育基地，具有不可替代的城市使命。以南泥湾精神文化为核心，以数字技术为基础，通过创建红色元宇宙，打破时间和空间限制，寓教于乐，以Z世代青年人喜闻乐见的形式提供爱国主义教育、革命历史知识学习和符合时代精神的新型文化消费产品，亦是时代赋予南泥湾的新使命。

围绕数字时代南泥湾面临的新任务、新使命，红色元宇宙该如何赋能，这是需要思考的问题。

首先，受网速、算力、终端设备等影响，元宇宙目前还处于发展初期。基于当下元宇宙技术现状和产业发展环境，通过认真调研，我们把红色旅游、党建培训和学校思想政治课教育作为南泥湾红色元宇宙初始应用场景。

其次，元宇宙是永续的，也是无限的，很难由一家公司独立完成。因此我们希望在南泥湾红色元宇宙创建过程中，围绕元宇宙建设的核心要素——数字内容，为即将到来的元宇宙应用浪潮做些储备和准备工作，例如虚拟世界制造人才培养、数字内容生产标准、虚拟世界制造引擎、社会化协同生产平台等。

最后，元宇宙是共创、共建、共享、共赢的产业新经济模式。建设产业元宇宙，不仅需要人才、技术支撑，还需要构建合适的产业生态体系。为此，在南泥湾红色元宇宙的创建中，我们组建了由一所本科院校和三所高职院校组成的红色世界创建联盟，共同完成初始红色样本世界的打造。具体做法是：本科院校负责对红色世界文化背景的定位、IP形象设计、品牌和推广方案策划、线上线下产品规划等工作；高职院校借助我们提供的工业化内容生产协同平台，将过去复杂、专业的数字内容生产分解成简单的工艺过程，高职学生经过简单培训即可参与红色世界的数字内容的生产。在初始世界创建完成后,以其为样本,进一步开展红色元宇宙的社会化创建。创意者、生产者、消费者和传播者,所有对红色文化感兴趣的人都可以参与红色世界的共建。同时,利用区块链技术对所有参与者的行为数据和数字资产进行确权、记账和激励,打造共创、共建、共享、共赢的产业生态组织,从而促进红色元宇宙的自我完善和自我成长。

6.3.3 南泥湾红色元宇宙概念解析

红色元宇宙由数字地球、线下功能世界和线上虚拟世界三部分构成,其线上虚拟世界如图 6-2 所示。

图 6-2 红色元宇宙的线上虚拟世界

数字地球是进入元宇宙的入口,同时,至关重要的是,通过数字地球实现线上世界与线下世界的数据迁移或者说关系映射。

线下功能世界通过在大生产纪念馆、党徽广场、炮兵学校等参观游览线路上增加感知、交互设备,设计活动任务系统,线上线下结合,提供沉浸式、游戏化的旅游新体验。

线上虚拟世界是通过 GIS、遥感影像、三维建模和引擎等数字技术生成的孪生数字世界。线上虚拟世界从用户的视角分为三个部分:个人世界、公共世界和主题世界。

(1)个人世界是个人数据信息和数字资产的记录和展示空间,根据用户的爱好、生活数据(照片、影像资料等)、激励奖章、探索过的世界背景等个性化数据构建而成。用户也可以邀请他人进入自己的个人世界,进行互动交流。

(2)公共世界是自由交互的区域,在这里可以根据偏好匹配交友,例如,认识的人(如同学、同事等),或者地理位置接近的人(如附近 1km 或者同城的人),也可以是有着同样爱好的人(如游戏好友、音乐好友等)。公共世界的主要功能是匹配好友和发布个人世界的介绍。

(3)主题世界代表的是不同行业、不同区域、不同文化的独立世界,亦可称之为产业元宇宙,可以由行业、企业、地方甚至个人自行定义和创建。主题世界可以是真实世界的数字孪生,亦可以是超越现实的虚实相生,甚至可以是天马行空、无中生有的虚拟世界。可以简单地把主题世界理解成现在手机应用商店中的各种 App,每个主题世界分别服务于不同的行业,如教育、娱乐、医疗等,或者不同的区域,如景点、乡村、数字城市等。

例如,南泥湾红色元宇宙就是其中正在建设的、虚实相生的红色主题世界,目前主要的应用场景是满足红色旅游以及爱国主义教育和学校思想政治课教学的需求。与传统的红色旅游和爱国主义教育相比,南泥湾红色元宇宙最大的特点是跨越了空间和时间的限制,提供了沉浸式、交互式体验,通过提供全媒体展示、交互、用户共创共建的新时代爱国主义教育平台,解决了中小学生的爱国知识缺乏、中小学爱国主义教育内容较为陈旧、爱国主义教育方法过于形式化和教条化等痛点问题。

文化旅游产业的未来是平台化产业,借助于与当下积极向上、独立自主精神需求契合的南泥湾精神,具有很大的品牌发展价值和市场增值空间。

南泥湾红色元宇宙将打造品牌 IP 全案。围绕年轻一代积极向上、独立自主的精神风貌,面向 Z 世代消费群体,从品牌承诺、核心理念、专项设计、品牌梳理等方面进行构造,形成价值 + 形象 + 产品的完整组合,使红色元宇宙的每一位参与者都能形成全方位的身份认同、社区归属感,而通过 IP 伴随,用户形成情感沉淀,提升品牌忠诚度,从而带来持续的经济价值。此外,由 IP 拓展的衍生周边产品将推动当地实体经济的发展,增加经济收入。

元宇宙的世界是由共建者共同完成的,需要丰富的、多元的数字内容和消费产品。元宇宙世界里的内容既有由单个用户业余创作的,也有由专业公司创作的,但更多的是由普通用户甚至消费者创作的。相较于 Web 2.0 时代的二维世界,三维元宇宙世界需要更逼真、更实时、表现力和沉浸感更强的内容和产品,而这对于普通内容创作者而言是有技术门槛的。因此,聚集创作者、生产者、传播者和消费者，提供社会化协同生产平台，打造大规模、高品质、低成本和低技术要求的创作者中心，从而源源不断地为元宇宙世界产出优质内容，就成为必须做的事。

南泥湾红色元宇宙在项目规划之初就通过校企合作、产教融合对学生进行相关能力培养，制定红色主题内容生产标准，鼓励企业、团队和个人积极参与红色数字资源库建设，希望通过社会化生产方式源源不断地产出红色数字资产，并最终形成自激励、自约束、自协同、自我循环发展的共建者组织，打造共识、共知、共融、共生的创作者中心。

南泥湾红色元宇宙的线上商城主要可购买以下周边产品：

（1）基于南泥湾 IP 形象建设的一系列以知识文化背景为底层、以娱乐化和交互化为手段、满足青少年需求的数字产品。

（2）利用新技术、新设备，结合线上数字世界的内容，突出参与性、趣味性和传播性打造的一系列新消费产品。

（3）吸引汇源、鸿星尔克、娃哈哈等符合南泥湾精神的爱国自强民族品牌企业，以南泥湾精神及 IP 形象为主要内容，联合策划、设计、生产实体产品及数字产品。

（4）南泥湾本土企业及合作企业提供的优质农业产品及相关特色文创产品。

6.3.4　结语

80 多年前，红色军队一手拿枪，一手拿锄，南泥湾开展大生产运动，破除经济封锁。如今南泥湾开启了数字大生产，让革命老区走上科技创新之路，为新时代南泥湾精神注入新元素。南泥湾是中国历史星座中一颗红色的恒星，红色元宇宙将从这里开始创建。

6.4 智媒元宇宙

本节内容由共创者付玉辉、李永刚撰写

从概念元宇宙到智媒元宇宙，从现代传播体系到智能全媒体传播体系，从智能全媒体传播新生态到人类文明新形态，我国传媒领域及其内外部环境正在发生着深刻的历史性变革和时代性演进。

6.4.1 概念：构建开放共享、智能融合的数字虚拟新世界

我们认为，智媒元宇宙是我国传媒领域在元宇宙传播场景下所构建的一个开放共享、智能融合的数字虚拟新世界，旨在推进智媒元宇宙传播新生态与现实世界数字孪生、和谐共生，创造出巨大的数字资产、数字新物种和数字财富，为我国网络空间建设、数字文明建设和人类文明新形态探索并贡献中国智慧、中国力量和中国方案。

从传播历史演进的维度看，元宇宙是一个创新型、融合型、虚拟型的传播生态体系。在元宇宙传播场景、传播空间、传播结构中，所有的主体都是智能全媒体传播主体。从媒体的维度看，媒体组织在元宇宙传播场景、传播空间、传播结构将扮演极为重要的角色。也就是说，智媒元宇宙是元宇宙传播体系、传播生态中的重要组成

部分，是元宇宙虚拟场景的专业内容提供者，是元宇宙空间治理的重要引导者、参与者和贡献者。智媒元宇宙并不脱离元宇宙的传播场景而独立存在，智媒元宇宙和传播主体、传播内容、传播关系、传播场景共同构成了元宇宙的传播空间和传播生态。

6.4.2　愿景：打造世界一流智媒元宇宙传播新生态

智媒元宇宙需要从技术维度获得充分赋能。具体而言，可以从云端化、垂直化、场景化、智能化四方面形成元宇宙传播新赋能，打造世界一流智媒元宇宙传播新生态，共建中国特色开放共享、智能融合的数字虚拟新世界。

从网络空间维度看，云端化是智媒元宇宙发展所应具备的虚拟化网络能力。云端化可以看作网络能力、计算能力、服务能力的虚拟化。这为智媒元宇宙传播空间的构建奠定了网络的基础或信息基础设施的基础。

从行业发展维度看，垂直化是智媒元宇宙发展所应具备的产业化建构能力。每一个垂直的行业都有关于元宇宙传播空间、传播场景、传播形态的具体需求。由此可见，不管是元宇宙还是智媒元宇宙，都应聚焦各行业元宇宙的需求和趋势，为元宇宙的垂直化服务提供精准和直接的支持。

从传播感知维度看，场景化是智媒元宇宙发展所应具备的网络空间建构能力。如何搭建智媒元宇宙的传播空间、传播场景，为所有元宇宙传播者提供具有虚拟现实特点的个性化服务，这是智媒元宇宙所要解决的重要问题。智媒元宇宙不是为了媒体组织自身的自娱自乐，而是为了提供多维场景化的传播服务。这是智媒元宇宙的核心要义。

从传播服务维度看，智能化是智媒元宇宙发展所应具备的智能传播关键能力。智能化传播环境和智慧化传播服务是智媒元宇宙形成的智能化传播能力的主要内容。智能化传播环境和智慧化传播服务相结合，构成了智慧传播的全媒体传播体系。这是智媒元宇宙发展的重要方向。

6.4.3　特征：涌现多元主体，创建多维场景

智媒元宇宙具有虚拟化、场景化、互动化、融合化、生态化、安全化等主要特征。

智媒元宇宙是一个虚拟化的传播世界。虚拟不是单一的虚拟，而是多重叠加、多元叠加的虚拟场景。虚拟成为最大的传播现实。传播的现实场景和虚拟场景的融合无处不在、无时不在。

智媒元宇宙是一个场景化的传播世界。各种生活场景、工作场景都将成为智媒元宇宙的传播新常态。在智媒元宇宙传播生态之下，智能全媒体传播主体将进一步跨越时空的限制，并获得更大程度的传播自由和传播空间。

智媒元宇宙是一个互动化的传播世界。智媒元宇宙的互动不是简单的互动，而是包含服务性内容的互动，是包括产业链、供应链、价值链、生态链等价值在内的互动。互动产生价值，协同激发成效，

共存推进共生，共赢推进共荣。

　　智媒元宇宙是一个融合化的传播世界。从媒体融合到全媒体传播体系，我国媒体发展进入了一个又一个新阶段。智媒元宇宙的融合涵盖了现实和虚拟的深度融合、生活方式和工作方式的深度融合以及传播和服务的深度融合。

　　智媒元宇宙是一个生态化的传播世界。随着新一代数字信息技术和网络的不断发展，人类传播世界的生态化特征越来越明显。智媒元宇宙的生态化主要体现在传播主体、传播关系、传播内容、传播结构、传播场景等方面。

　　智媒元宇宙是一个安全化的传播世界。智媒元宇宙的去中心化和安全性发展并不矛盾。去中心化为智媒元宇宙的全方位创新创造了有利条件，安全性则为智媒元宇宙发展提供了行稳致远的基本保证。越是在高度开放、深刻融合的环境下，越要关注智媒元宇宙传播生态的网络安全、系统安全、平台安全、内容安全、关系安全、场景安全等内容。将智媒元宇宙发展和安全性要求辩证地统一在智媒元宇宙稳健有序发展的大目标下，智媒元宇宙才能创造更加丰富多彩的传播生态和传播未来。

6.4.4　机制：构建和谐共生的智能全媒体传播体系

　　从全程媒体、全息媒体、全员媒体、全效媒体的发展脉络上认识和把握元宇宙，倡导元宇宙生态的"共创、共商、共建、共享"等价值理念，通过智媒元宇宙传播新生态形成创新的传播机制，建构传媒现实传播体系和虚拟传播体系和谐共生的智能全媒体传播体系，涵盖全媒体传播体系架构下的全产业链、全传播要素和全生态领域。

智能元宇宙背后隐藏的是两大机制：一是智媒元宇宙呈现层的新型传播生态；二是智媒元宇宙产业层的产业链、创新链、价值链和生态链。只有实现智媒元宇宙产业层的繁荣发展，才能带动或推动智媒元宇宙的繁荣发展。与此同时，智媒元宇宙呈现层的繁荣发展也将吸引、凝聚更多的传播资源，为智媒元宇宙的发展创造良好的内外部环境。

6.4.5　展望：为人类文明新形态发展提供支持

元宇宙方兴未艾，智媒元宇宙蓄势待发。随着元宇宙网络、技术、服务的不断完善，智媒元宇宙传播生态体系将获得长足发展。在此背景之下，智媒元宇宙也将不断开拓新型虚拟传播空间和传播领域。

展望未来，智媒元宇宙所构建的是一个开放共享、智能融合的数字虚拟新世界。智媒元宇宙是我国智能全媒体传播体系的重要体现，是我国新时代传播体系的前沿领域，是我国传播生态的新形态。智媒元宇宙大大拓展了全媒体传播的虚拟空间，大力推进了虚拟场景和现实场景的深刻融合，为人类文明新形态的发展提供了新的支撑、新的空间和新的领域。

6.5 教育元宇宙

6.5.1 教育元宇宙让教育更美好

本节内容由共创者李春林撰写

《国家中长期教育改革和发展规划纲要(2010—2020年)》中提出"信息技术对教育发展具有革命性影响,必须予以高度重视"。信息技术促进教育的发展和革新。20世纪80年代,计算机辅助教育进入人们的视野。我国在1978年提出计算机辅助教育的研究项目之后,互联网的普及为网络教育提供了基础条件。现在网络教育已经被普遍接受并蓬勃发展,尤其是在2020年至今的新冠病毒感染中,网络教育更是发挥了巨大作用。

教育元宇宙作为元宇宙在教育领域的重要应用,将会给教育带来颠覆性的改变,促进教学方式、教学实践、教学技术等发生重大改变,实现教学模式的创新,推动教学形态的变革,提高人才培养的质量。元宇宙对于教育的改变将是全方位的,会对学生的学习认知、教学方式与手段、教育管理和服务等产生巨大改变,教育必将随之发生革命性的变化。元宇宙给教育带来了更先进的技术,教育元宇宙将会是未来一个时期教育领域的新趋势。未来十年将是教育元宇宙科技飞速发展的时期,我国的教育可分为基础教育、职业教育、高等教育和成人教育四种类别,教育元宇宙均可以在其中发挥其独特的作用。教育是立国之本,科技是强国之路,教育行业要抓住时机,打造自主、可控的元宇宙技术,成为教育强国,最终实现科技兴国。

1. 教育元宇宙的概念与特征

教育元宇宙是科技发展到一定程度才会出现的虚拟空间,也是一个与现实世界教育体系紧密结合的虚拟世界。元宇宙最突出的优势是能够为教师和学生提供一种沉浸式的教学互动场景,新冠病毒感染推动虚拟内容加速发展,线下教育场景数字化趋势显著,利用VR/AR/MR、数字孪生、5G、人工智能、区块链等新兴信息技术塑造的虚实融合教育环境,可以实现虚拟与现实深度融合的新型教学环境,实现师生在物理世界和虚拟世界的完美应用。

元宇宙这种线上线下结合的教育方式,改变了传统的教育教学模式。认知学习理论认为,人类获取信息的过程是感知、注意、记忆、理解、问题解决的信息交换过程,教育元宇宙能够让学生在高度逼真的虚拟世界中进行认知学习,能够在元宇宙中感知事物,注意、记忆、理解这几方面随之发生改变,记忆更加深刻,理解更加深刻,问题解决更加容易,所以说元宇宙必将对教育产生深远影响。

2. 教育元宇宙的应用场景和趋势

在教育元宇宙中,教育内容的教学效果和互动体验都将发生颠覆性的变化,教学方法实现全方位突破,为学生提供高度逼真的学习场景。

在幼儿园阶段,元宇宙中形象具体的人物和事物可以帮助学龄前儿童在这个智力发育阶段理解各种概念和事物,增强语言表达能力和理解能力，提升有意注意的稳定性，提高记忆力，为小学阶段打下坚实的基础。

在小学阶段，语文是非常重要的基础科目，是学习所有知识的基础，是提高理解能力的催化剂。不同时代语文的学习方法是不同的。古人云："书读百遍，其义自见。"现代用图片让学生容易理解。近几十年，可以用视频动画帮助学生理解和记忆，而到了元宇宙阶段，我们可以让学生进入虚拟世界，看到文章中的美景，听到潺潺的流水声，闻到不同的花香，感受到作者的真实情感。同样，思政课运用沉浸式可互动的教学方式，学生不仅学到知识，而且思想得到升华。数学和科学也可以通过元宇宙来学习和探索。

在初高中阶段，元宇宙在教学的作用进一步提升。在数学教学中，学生可以直观地看到几何图形，容易理解和记忆。物理实验可以在虚拟环境中实现，真实地看到实验效果和结论。化学实验增加了实验效果的呈现，提高了实验的学习效果，降低了实验的风险和实验成本。这些物理、化学实验还可以反复练习，不受学校实验室物理空间和设备条件的限制。在外语学习中，学生最大的问题有两个：一个是没有环境，死记硬背效果差；另一个是学生记忆水平不一样，课后没有再学习的机会。而元宇宙可以解决这两个问题。元宇宙可提供高度真实的语言学习环境，支持学生在不同场景下进行语言内容的练习，而且可以反复练习，达到熟练的程度；而元宇宙课堂虚拟老师可以反复讲解，学生可以查漏补缺，使外语水平快速提高。

在职业教育阶段，教育元宇宙也具有非常广阔的应用空间。例如，汽车维修专业以前都要用汽车零部件做实训，但车型不同，学校投入大。而运用元宇宙科技，学习汽车原理和实训都可以在元宇宙中完成，学生可以真实地看到每一个零部件，可以对汽车内部情况多方位观察和了解，并实现拆解和组合，轻松理解汽车的构造和各种原理。

在高等教育阶段，除了在课堂和元宇宙中实现计划内的教学和学习之外，学生还可以在元宇宙中选修其他感兴趣的科目，按自己的时间安排学习，等等。

在成人教育阶段，大部分人是在职学习，单位工作忙等原因会影响学生的学习计划。而元宇宙没有时间限制，学生可以自己规划学习时间，完成所有课程，既提高了效率，也节约了时间。

总之，教育元宇宙在不同学习阶段的运用，都能够促进学生的学习，实现学习成绩和素养的提升。

3. 教育元宇宙的未来趋势和安全发展

教育具有开放性、不可还原性、非线性与非均衡性等特性，是一个复杂系统，而教育元宇宙必须在设计时就充分考虑相应的原理和逻辑，为学生提供身临其境的教育体验，提高他们的学习效率，增强他们的学习能力。

我国一些经济欠发达地区还有办学条件不足的情况。教育元宇宙的数字特性可以促进优质教育资源共建共享，实现教育的公平、均衡、快速发展。

教育元宇宙是关乎国家下一代的重大事业，所以政府部门必须从顶层设计开始，实现规范化的运营体系，提前制定一系列国家标准和行业标准，建立完善的管理制度和推进策略，提前构建安全机制，应对各种风险及数据安全威胁等挑战，为我国教育元宇宙的研究与实践保驾护航。

6.5.2 教育元宇宙重塑教育系统

本节内容由共创者许虹撰写

教育元宇宙将当下的二维思维方式提升为三维沉浸式思维方式,将改变老师当前的教育方式和教育理念,板书、书面教材、PPT 视频等将会以各种新颖的形式出现,依托虚拟现实、增强现实等高还原度、高拟真、具象化、沉浸式等三维展示,提高学生的学习效率,强化教育效果。

教育元宇宙目前主要集中在技术应用层面,未来要从教育的本质上推动教育发展的变革,让所有人都能享受到人类文明带来的平等,享受学习知识带来的幸福。

教育元宇宙在技术应用层面的思考如下:

(1)利用虚拟现实等新技术,推进信息化教学平台的建设,推动教学方式的变革。

(2)在行业培训产业,借助 VR/AR 技术构建更高效、更安全的模拟仿真工作环境,降低行业培训实操的成本。

(3)集中探索和积极应用大数据、人工智能、VR/AR、5G 应用等新型信息科技在教学场景的应用,全方位赋能教育综合改革。

(4)打造 VR 教育应用示范基地,加强 VR 实验室与教育资源库建设力度,创建前沿的 VR 实训室及体验中心,从而推进沉浸式教育模式在日常教学中的广泛应用。

（5）开设 VR 校园以提供线上 VR 课程。这些 VR 课程不是在视频会议应用程序上开展的虚拟课程，而是完全身临其境的 VR 体验。

（6）与真正的校园不同的是，VR 校园的学生将能够从 VR 提供的实用程序和独特的数字体验中受益。

（7）在教育这一垂直领域，元宇宙通过场景提升学习过程的互动性、沉浸感与获得感，对历史学、地理学、生物学和医学等学科的课程学习帮助特别大，这也为高校创业创新教育提供了更富现实感的实践试错平台。

现有教育体系不能支持未来数字经济的发展。当前需要更多的跨界人才，更需要理解教育对人的影响。教师的主要任务不再是传授知识，而是引导学生共创。

通过情景化教学，突破时间和空间的限制，将优秀教师的教育理念和教育方法通过交互设备、虚拟教师、课堂互动、模拟体验、虚拟实践等手段和方式广泛共享，以解决当前教育资源分布不均衡、优质资源稀缺等问题，建立更公平的教育环境和教育系统。

支持个性化人才的自主学习和主动学习。根据学习者不同的学习需求和发展特点，以更加灵活的手段不断共创特殊人才培养方案，做到真正的因材施教。学习者的学习内容反馈也是对教育元宇宙的共创。学习者是接受服务者、创新者和考核者。

寓教于乐，采用高沉浸式体验和更多的游戏化互动，使学习变得效率更高，同时激发教师的教研热情。教育元宇宙未来会有虚拟辅助教学系统，也会有虚拟辅助教研系统。

教育元宇宙需要结合人工智能、大数据等高精尖领域，从顶层规划到落地实施，重点突破相关技术在教育的场景落地，通过科技赋能，丰富教学过程，加大基础平台建设，结合产业和社会的发展，不断促进传统教育、职业教育和素质教育相互融合。

数字文明快速发展，已经超越教育体系的进化速度。知识和技术的诞生、扩散与消亡的周期变短，信息的生命周期缩短，促使教育系统必须进行系统重塑。

6.6 金融资产管理元宇宙

本节内容由共创者卢洪波撰写

金融资产管理公司作为国家化解金融风险、维护金融稳定的"蓄水池"和"救火队"，其社会意义重大，在国民经济和金融出现重大波动的过程中，作为国家逆经济周期工具持续发挥作用。大数据、云计算、人工智能、区块链、RPA及OCR等技术的互通共融发展形成了数字化基础设施，它是金融资产管理元宇宙创新运用的根基，是向高质量发展转型的基础性保障。

构建元宇宙基石的大数据、人工智能、数字孪生等技术快速发展，为增强金融资产管理公司元宇宙场景化建设、突破传统红海同质化竞争起到了有力的保障作用。大数据、人工智能等科技手段有利于金融资产管理公司辨别、分析和判断依附于各产业链上的场景，对各个经营场景进行拓展组合，可以使金融资产管理公司取得经济效益。

6.6.1 金融资产管理公司金融元宇宙助力实体经济融资服务案例

针对实体经济融资难、融资贵、融资慢的问题,金融资产管理公司运用金融元宇宙可将普惠金融、为实体经济纾困作为努力方向,积极探索产品、服务、渠道等突破方向。对实体经济进行纾困。金融资产管理公司可从金融元宇宙的三个方向进行努力:

(1)利用大数据技术提高实体经济信息透明度,了解实体企业真实经营状况。

(2)通过区块链技术,实现普惠业务的技术突破,充分利用网络金融成本低、效益高、覆盖面广的优势,切实提高对实体经济的投放效率,降低资金成本,对实体经济让利。

(3)针对需纾困的实体经济缺乏抵押物等情况,金融资产管理公司创新抵押担保方式,为实体经济企业量身定制资产投放产品,突破抵押难的瓶颈。

金融资产管理公司可通过金融元宇宙内嵌的大数据技术收集海量结构化数据和非结构化数据,对纾困对象进行分类整合和数据分析,全方位了解纾困对象的风险偏好、消费需求、服务方式偏好等多维度特征信息,然后开展纾困对象个性化、定制化的纾困金融服务,服务实体经济。另一方面,通过金融元宇宙获取丰富的应用场景,融入金融资产管理公司纾困金融服务,促进不良资产生态圈生态化建设,提升实体企业体验满意度。

6.6.2 证券公司金融元宇宙运用场景案例

作为资产管理公司子公司的证券公司有丰富的金融元宇宙运用场景，可打造个性化的元宇宙解决方案。

传统证券公司的理财服务存在两大痛点问题：一是理财客户经理无法服务广大客户群体，较高的理财起点将普通客户拒之门外，与普惠金融理念背道而驰；二是高端理财人才不足。证券公司要么高素质复合型人才配备不足，无法为客户提供准确的市场信息，协助客户优化资产配置；要么聘请或内部培训高水平员工，增加人工成本，而这将促使证券公司进一步提高理财服务准入门槛，造成业务发展进退两难的局面。

而金融元宇宙的场景运用则能在多方面解决传统理财的痛点问题，可通过金融元宇宙数字人场景，在虚拟营业空间，以数字虚拟人的方式，结合客户交易偏好，提供全天不间断资产配置咨询服务，实现全天候交易与贴身服务。

证券公司通过元宇宙数字化服务，可以拓宽客户服务范围，实现普惠金融。金融元宇宙数字虚拟人解决了理财经理数量少、理财门槛高的问题，将财富管理服务延伸到更广泛的客户群体，使原来的中低端客户也能通过金融元宇宙，享受到金融理财服务。

金融元宇宙通过人工智能算法赋能数字虚拟人客户经理提供专业化服务。数字虚拟人智能投资顾问基于客户画像，运用算法模型和投资组合理论代替以人为主的主观判断，通过大数据模拟运算，为客户量身打造个性化投资方案。

金融元宇宙数字虚拟人还可运用大数据技术多维度了解客户投资需求，包括但不限于风险偏好、交易特征等，对客户进行精准画像，利用人工智能、机器学习技术搭建人工智能算法平台，挑选出投资标的，形成最优化投资组合，提供专业的智能投资顾问服务，实现实时监控跟踪，对客户账户资产波动做出风险预警。

6.6.3　海外平台公司金融元宇宙跨境支付案例

金融资产管理公司海外平台公司业务量持续增长，跨境支付体系面临诸多挑战。首先，由于传统支付系统属于中心化架构，对数据库高度依赖，一旦中心数据库系统发生系统故障，整个支付系统将面临崩溃。其次，传统支付系统效率低，传统跨境支付需中间代理行建立联系，容易导致信息传输滞后。最后，传统支付系统操作流程和审核环节多，汇款成本高昂。

而利用金融元宇宙的区块链技术，将有效解决以上痛点问题。金融资产管理公司可将智能合约以数字化方式写入区块链，实现支付交易准确自动执行，这样可减少支付清算的中间环节，有效控制成本。金融元宇宙的区块链采用分布式管理，在一个有众多节点的系统中，每个节点副本都是一套完整的账本，相互自由链接，以防止篡改或造假，防范道德风险，保证数据真实、安全和系统稳健。

金融元宇宙的区块链采用加密哈希算法和共识机制，保障数据传输安全性，能让交易双方无须依赖第三方信用中介，实现金融脱媒，减少中介费用，解决交易双方因信息不对称带来的信用问题。

6.6.4 拍卖处置资产金融元宇宙运用案例

金融资产管理公司通过拍卖处置资产的痛点是资产管理规模增大与拍卖处置回现压力不断加大的矛盾，即，既要加快资产处置回现进度，又不能以牺牲利润为代价，两者之间存在不平衡、不充分的矛盾。处置资产时需要尽可能广泛招商，增大宣传力度，实现不良资产处置价值最大化。

而金融元宇宙则可运用数字孪生等技术进入此运用场景。例如，澳大利亚 Xspaces 元宇宙公司平台三维展示拟拍卖处置资产的真实情况，有效提升意向投资人对拟拍卖处置资产的了解程度。竞买人以虚拟人角色进入元宇宙平台，借助 VR 方式身临其境地直接参加竞卖，所有竞买人对拟拍卖资产信息充分尽调估值，接受的信息具有一致性，竞价数据、竞价过程、竞价结果通过元宇宙全程公开，自动生成不可篡改的区块链数据，准确记录拍卖活动的全过程，这意味着元宇宙具有很高的透明度和很大的监督力度，使得暗箱操作和寻租空间被大大压缩，减少围标、串标的可能性，也创新了资产处置方式，能够最大限度地挖掘、实现资产价值。

2020 年，新冠病毒感染席卷全球，至今余波未消，给我国经济社会发展带来严重影响。线下传统金融业务受到严重影响，而大数据、人工智能、区块链等多种前沿科学技术高度融合的金融元宇宙可成为金融资产管理公司开展尽调、客户营销、收购及处置资产的重要载体，对纾困实体经济可产生巨大的助推作用。金融元宇宙是行业元宇宙的重要组成部分，可推动金融资产管理公司数字化转型,成为实现金融资产管理公司高质量发展的重要驱动力。

6.7 游戏元宇宙

本节内容由共创者胡炬峰撰写

6.7.1 元宇宙 Web 3.0 和大型网络游戏的关系

当下,全球范围内对于元宇宙并没有达成共识,各个业界的精英都是从自己身后的利益集团出发论述他们对元宇宙的理解。掀起 Web 3.0 革命浪潮的代表人之一 Gavin Wood 说:"Web 3.0 将引发一个全新的全球化数字经济,创造新的商业模式和与之匹配的市场,打破像 Google 和 Facebook 这样的平台垄断,并带来自下而上的巨大革新。"

回到游戏层面,我最欣赏的是 Epic Games 公司的首席执行官 Tim Sweeney 的说法:"元宇宙将是一种前所未有的大规模参与式媒介,所有用户都可以参与、创造、分享并从中获利。用户的数字化身可以自由地在不同平台之间穿梭,每个人将拥有自己的通用身份、通用钱包。"

游戏本身可以做得极其精美,有极度的沉浸感和极致的代入感,同时游戏凭借高品质的制作和娱乐能力获取合理收入。但它不是元宇宙,而只是一个高品质的游戏。一个能够容纳所有人的想法,能够让人在其中生活的虚拟世界才有可能是元宇宙。而这里的"生活",指的不是吃饭睡觉,而是在这个虚幻的、沉浸的世界中,能够就业，能够开创一种全新的人生，能够通过新的工作技能创造社会价值和财富。

或许，现实世界中的一切会在未来越来越稀缺、越来越贵，但这不代表我们没有机会凭借自己的能力在一个虚拟世界中获取财富，进而拥有现实世界的一份更加真实的美好。或许，在虚拟世界将拥有比现实世界更美好的感受。

判断元宇宙的方法就是看一个人是否会超过 12 小时在其中生活。这里 12 小时的设定意为：当在虚拟世界停留的时间超过了现实世界的时候，就是元宇宙到来的时候。

6.7.2 元宇宙和游戏产业结合的意义

1. 增加创新型就业岗位

随着人工智能的跨越式发展，越来越多的基础工作将被取代。同时随着生产力的大幅度解放，也将彻底解决人类的基本生活，也就是衣食住行问题。但地球的资源是有限的，而人类的欲望是无限的，当每一个人都渴望拥有庄园农场、私人海滩、游艇豪宅的时候，资源不可能满足这种所谓的公平。这时，人类要么向星辰大海中索取物资，要么向虚拟世界进发，在虚拟空间实现一部分人类虚幻的满足感。

如果单纯为了满足人类需要而创建虚拟空间，那么从经济规律角度看是不允许的。只有在虚拟空间实现了价值交换和经济流转，才会创造出大量的创新型工作岗位，使整个社会的经济良好运行。

在 20 年前，打游戏是一个被社会普遍认为特别没有出息的事情。没有人在那个时候会想到,有一种叫作电竞选手的职业,居然是国家鼓励发展的电子游戏运动员,甚至有专门的电竞学院培养专业的电竞人才;而游戏主播这个职业更是让人完全无法想象,为什么会有人愿意花钱去看别人打游戏?

而在未来的创新型元宇宙游戏世界,每一个 NPC 都是由真人扮演的,他们陪同玩家在这个虚拟世界冒险。游戏中的各种职业都将是专业人士利用专业技能获取报酬的工作岗位。例如,元宇宙游戏的捏脸师在今天已经是一种职业了,未来还会有元宇宙游戏建筑师、剧情打造师、园艺师、虚拟宠物喂养师等创新型职业。这将大幅改善就业结构,并且由很多年轻人共同创造出新的工作岗位,实现经济繁荣。

2. 创建共享经济模型,实现共同富裕

未来元宇宙最大的创举一定是使生产关系发生了巨大变革。从一个单纯提供虚拟空间、虚拟物品、虚拟互动,给用户带来精神满足,进而需要用户付费的产品思维,转化为一个开放性的经济生态体,让消费者也能够变成投资者,让投资者身兼推广者,让私域流量转化为忠诚用户,让忠诚用户成为经济生态体发展的受益者,让经济循环在生态体流转起来。

今天火遍全球的 GameFi 并不是共享经济模型,这是一种"透支结构"的新型商业模式,它还远远称不上成熟,目前争议巨大。

3. 游戏技术是元宇宙发展的基石

复旦大学大数据研究院赵星教授认为,构建元宇宙的九大底层技术分别是虚拟现实、增强现实、混合现实、远程成像（包括空气屏）、人工智能、3D成像、区块链、互联网前沿技术和数字艺术。从赵星教授的论断可以看出，有六项技术内容跟视觉有关，而视觉效果正是游戏产业对元宇宙贡献的核心技术能力之一。

而这些视觉效果的两大核心分别是硬件带来的技术基础和软件带来的渲染飞跃。硬件就是指计算机的显卡，它最前沿的技术发展，集中在光线追踪技术、深度学习抗锯齿（DLAA）技术以及深度学习超采样（DLSS）技术上。简单来说，光线追踪技术就是利用算法模拟真实世界中的光线的物理特性，能够做到物理上精确的阴影、反射和折射以及全局光照，在虚拟的游戏场景下，让游戏中的物体更具有真实感。

在软件上，游戏引擎的最新发展给元宇宙的建设者带来了巨大的创作能力。第五代虚幻引擎更是突破了传统引擎技术设计，创新了全动态全局光照解决方案Lumen、虚拟化多边形几何体系统Nanite等诸多技术，带来了强大的实时渲染能力，其影响不仅在游戏产业，而且已经彻底改变了电影工业的发展路线。目前已经有大量的元宇宙在建项目其实就是用游戏引擎进行开发的，以追求卓越的仿真效果。而中国的游戏企业在大规模服务器并发处理上有着世界顶尖的技术能力，这也是未来元宇宙发展的重要技术基础。

6.7.3 海外元宇宙游戏的三个发展方向

从2021年开始，全球流行的区块链游戏Axie引起了全网热议。GameFi、Play to Earn等新奇词语被大众媒体热炒。2022年，一款名为 Stepn 的游戏再次火爆全球,带起了人们对运动元宇宙的无限憧憬。这些是否是元宇宙游戏呢?

海外元宇宙游戏目前有三个发展方向。

第一个方向简称 GameFi,其实是 Game Finance(游戏化金融)的缩写。这个类型的游戏更倾向于完全去中心化,全部采用合约开发,仅有非常少的服务器参与数据存储与运算。这种类型的游戏,如 DefiKingdom、Mobox 等,都有非常显著的特征,可以说是以游戏性为表象,底层是一种金融玩法,可以认为是游戏化金融。

由于这种类型游戏融合了 NFT、质押挖矿、游戏挖矿等多种形式,而且去中心化程度非常高,更公平、透明,更便于接受社群监督和治理,可以说用户真正参与了项目的运营,用户的多重身份更加明显。但这个方向并不是以游戏为主的方向,而应该是一个去中心化金融的分支。

第二个方向是 Finance Game,也就是金融化游戏。上面说的 Axie 和 Stepn 都属于这个类型。只是 Axie 更倾向于传统游戏,而 Stepn 把跑步这种现实场景和游戏进行了结合,形成有趣的金融化游戏的特点。这个方向更倾向于游戏性,是以 Web 3.0 特有的金融化方式做游戏。在这个方向,目前国际上正朝向更大规模的作品(如 3A 方向的作品)发展,主要包括 Bigtime、illuvium 等。

第三个方向是跟元宇宙最为契合的游戏类型,甚至被很多 Web 3.0 用户认为就是元宇宙。其中以 Decentraland 和 Sandbox 最为著名。以 Decentraland(以下简称 DCL)为例,DCL 创立于 2017 年 9 月,是一个完全去中心化、由用户拥有的虚拟世界。用户可以在 DCL 的主体世界里参观其他玩家拥有的建筑，参与位于各建筑内的活动与游戏，触发一些特殊剧情（捡到收藏品等），和其他偶遇的玩家通过语音或文字对话，操纵自己的 Avatar 在这个虚拟世界里尽情畅游。

但和 Roblox 的创作者经济完全不同，DCL 没有中心化管控，买方和卖方的交易仅仅需要很少的手续费，完全不像 Roblox 那样收取非常高的分成，并且拥有非常高的控制权。这个方向目前的缺点是它的发展受制于技术的限制，在实现去中心化和高精度画面效果上妥协于去中心化，牺牲了画面效果，其实时渲染能力很差，在沉浸感上跟传统大型 3A 游戏还有较大差距，同时，游戏性不强，用户的持续乐趣不够。

6.7.4 在中国如何建设全新的游戏元宇宙

海外的游戏元宇宙大部分都不适合中国国情。中国的游戏元宇宙很可能会走出一条新的路线，甚至可能是去游戏化的元宇宙，会展现出勃勃生机。下面基于多年工作中的观察，分享一些趋势性判断。

（1）中国的游戏元宇宙产业未必需要重度玩法，它更有可能以社交游戏和休闲游戏等更健康、更轻松的方式呈现出来，甚至可以不是游戏。

（2）游戏元宇宙的核心竞争力不是在极致的游戏乐趣上，切不要将大型、重度的 VR 拟真网络游戏和元宇宙游戏混淆。未来高拟真的游戏性元宇宙还是会诞生在 Web 2.0 的巨头互联网平台，无论是腾讯、网易还是字节跳动，都会在重度拟真游戏元宇宙内继续拥有垄断地位。

（3）当数字人民币正式推出以及国内联盟链跨链桥技术成熟后，在大量众创性的元宇宙世界中，以多中心化的链接方式使所有元宇宙孤岛实现价值交换，让每一个创造者都实现价值传递。在这个游戏元宇宙中，有无数的消费者，也有无数的生产者，生产者在生产要素市场获取生产要素，例如各种 3D 模型、音乐、艺术品零件以及各种特殊性商品原料等，然后利用生产资料生产出虚拟产品，满足消费者的需求。这些虚拟产品可能是某种艺术品、某种道具、某种特殊作用的衣服或某种特别的装备，它的情绪价值和功能价值让消费者喜欢，进而在商品市场上实现销售，而数字人民币就会流转到生产者手中，让生产者获利。

而生产要素市场的大量原材料是所有消费者在日常游戏中创造的，元宇宙提供了大量创作工具和人工智能辅助功能，让更多的虚拟物资在玩家手中被创造出来。这样，生产者就需要将手中赚取的一部分收益用于购买生产要素，数字人民币又流转回消费者手中。

这些构建整个游戏元宇宙的要素会带来整体的游戏性提升。无论是生产者还是消费者，都会为游戏中的价值进一步付费。而这些收益并不是像以往一样交给一个公司成为其账面的盈利，而是通过按劳分配的方式激励所有开发者、众创者继续开发这样一个开放性的虚拟世界。

这就形成了一种新型的共享经济模型，让原本单一的、不健康的"免费游戏、道具收费"模式转化为人人皆为游戏付出、人人皆从游戏收益的模式，而游戏也有充足的开发资金，能够持续地迭代开发。游戏中不可避免地会产生不愿意劳动的"富人"以及热爱赚钱的"穷人"。那么，富有的用户就成为主力消费者和价值付出者，收获了游戏乐趣和情绪价值；而勤劳致富的普通玩家能够创造商品，获取收益，为游戏做出更多的贡献，进而获取很高的回报。游戏中的各个阶层都能从中获得自己所需要的幸福感，也都会产生不同的奋斗动力，实现阶层的跃迁与变化。

6.8 电影元宇宙——电影行业的一种新的救赎

本节内容由共创者徐卫兵撰写

电影行业有多惨？2022年的春天和夏天，每月都有100家电影院在消失。再加上此前疫情的反复，近三年，各地影院间或停业，发行、制片、内容、贴片广告等多个环节也因此陷入低谷。电影大国迈向电影强国的梦是该醒来还是继续做下去？这个梦想能否有实现的一天？这些几乎是所有从业人员每天早上醒来必经的灵魂拷问。

元宇宙有多火？每天都有各行各业的元宇宙论坛在召开，大量的书籍和研究成果出版发表，从官产学研商到普通老百姓，万物皆可元宇宙，人人都需要元宇宙，人人都在元宇宙。

在这样冰火两重天的情境之下，谈城市元宇宙电影的话题似乎有着别样的内涵和色彩。以下从八个角度谈电影元宇宙。

6.8.1 电影的未来和元宇宙

人们在电影里探索未来，人们也一定会在现实世界里思考电影的未来是什么。

按照元宇宙的提法就是：本着开放、共享、自定义的原则，电影产业链条最有价值的就是剧本，即故事线。30 年后的某一天，你想看电影了，你打开某个元宇宙系统，它会根据你的心情和生理指标为你匹配不同的类型片，你要用会员身份购买一个故事线链接。至于演员是彭于晏还是刘德华或者易烊千玺，场景是海洋还是沙漠，还有摄影风格、电影气氛，你都可以自行定义。完成一系列匹配之后，你会邀请很多朋友一起在你的元宇宙私人包厢里看一场带有你的风格的电影。

那时，人人都可以是电影的参与者，参与到电影制作的各个环节中。这就是库布里奇所提出的玩工的概念，类似于游戏行业已经开始的 MOD（Modification 的缩写，是模组爱好者使用各种编辑工具制作的游戏修改程序）。游戏模组对游戏中的道具、武器、角色、地图、故事情节等做出修改，或者制作并加入新的道具与事物，以丰富玩家的游戏体验。众所周知，模组爱好者在实践过程中形成了独特的模组文化。电影行业的未来是以高级的故事线结合游戏模组文化进行的。

6.8.2 故事是元宇宙电影的核心

故事从来都是电影的核心。我在工作或者与外界交流时，始终坚持认为元宇宙的三个基石就是技术、艺术和故事的建立。

我经常好奇，人类第一个说故事的人是谁？人类祖先从树上下到地面上生活。夜晚众人围着篝火，远处是野兽的嚎叫，身边是孩子的啼哭，大家想着明天的食物，根本无法睡觉，愁眉苦脸。不知是谁带头说了一件事，大家听着听着就听进去了，也不会计较真假，然后睡得很踏实。历史在进步，社会更迭不停歇，但无论科技和文明如何发展，我们身处的环境和原始社会并无二致，周围还是充斥着危险和竞争，有老板，有客户，有疫情，有战争，我们还是需要故事来让自己获得面对明天的力量。今天我们面对的电影银幕、电视机，手里捧的手机、游戏机等，和人类祖先当初围坐的火堆没有什么区别。故事一直是人类生活很重要的刚需。

6.8.3　元宇宙电影里的故事和以前的不同

在和迪士尼、漫威的合作过程中，我发现他们看中的故事和我们认为的故事不同。他们认为故事是剧情，比剧情更重要的是人物，也就是角色库，例如钢铁侠、美国队长、黑寡妇这样的角色。那时我们想在漫威角色库里加入一个王学圻老师主演的中国吴医生角色，但很困难，他们认为会干扰他们将推出的尚气这个角色。尚气的电影已经在全球上映了，很火爆，但在中国没有火，因为这个和接下来谈的这一点有关。

尚气的故事世界还是美国式的，而不是中国式的。因此故事世界的世界观、人生观、价值观才是元宇宙电影所要谈及的最有价值的部分。中国电影行业还没有集体意识到这一点。

其实元宇宙加速了跨媒介叙事的发展。跨媒介叙事是商业电影开发的主流模式，是好莱坞六大电影公司的商业法宝。

元宇宙的故事世界把叙事学和传播学的角度紧紧结合到一起。我们熟知的金庸和古龙分别构建了不同的武侠世界。与之相仿，漫威通过 27 部电影、17 部电视剧以及动画剧集、短片、漫画读本、电子游戏、在线娱乐、单人电影讲述完整、独立的故事；而复仇者联盟将每一阶段中的所有故事进行集合，并为下一个阶段展开做准备。

因此，元宇宙的故事世界是一个动态发展的过程，如同一个城市在建设，边界在拓展，内容在丰富，在媒介分发的过程中，故事本身在游走。

元宇宙颠倒了故事的叙事，故事世界的设定成为指导故事创作的原则。对于受众来说，这意味着什么？探索故事结构带来的乐趣和双向连接的力量交融取代了以往单向的享受。原始人围着篝火，只能听故事，而在元宇宙电影世界中，你也可能是故事的创作人。你既可以是解码端口，也可以是编码端口，在两个端口之间来回游走，这就是元宇宙电影的超级体验感了。

那么，怎么游走呢？会不会迷失呢？再次回到故事世界，其构成有地图、时间线、自然、文化、语言、神秘学、哲学等，卡梅隆导演的《阿凡达》就是一个经典的例子，还有卢卡斯的《星球大战》，我们最为看中的也是人物、地图以及时间线。这很符合东方哲学提出的天地人思维方式。尤其是地图，给人们提供了进入故事世界的入口，也是未来元宇宙电影中设置的重要路标。

6.8.4 电影对元宇宙的影响

元宇宙不只是虚幻的平行时空,这是狭义的元宇宙。元宇宙的核心在于虚拟世界和现实世界的连接、叠加、缠结、共生、融合,所以我们站在现实中的电影视角上看看这个问题。

在 20 世纪,电影是辉煌的,无疑这是人类历史上伟大的发明之一,是最强势的大众文化形式和媒介,主导百年来人类视觉的主流。后来的电视、电子游戏无不受电影的影响。

时间再移回 19 世纪末,胶片电影开始培养人们对摄影的可信性与感知真实性,开始对人类感知系统展开长期训练与驯化,而这竟然为一百多年后的人类接受元宇宙情景做了生理学意义上的准备,简单地说,人们已经习惯了电影了。

元宇宙人类和他们 20 世纪的前辈一样离不开电影,或者叫电影级、电影感。元宇宙的视觉文化,在外观上是电影式样的,在材料和质感上是数字的,在逻辑上是算法驱动的。所以,元宇宙电影在取景、编辑、动态视角、移动取景等方面都会向传统电影效果靠拢。

简而言之,故事和故事所蕴含的哲学体系、美学体系都是以电影级作为标准的。这是一种体验和期待,让人们忘我地沉浸在一个可见、可听的动态影像虚拟世界。3D 电影和 VR 电影增强了这种身临其境的体验感,这是语言、文字、绘画等传统媒介所不具有的能力。同时,游戏培养了人们对于虚拟互动的体验与期待。

这两种体验和期待高度结合在一起,构成了元宇宙的情境。以数字影像打造可交互的虚拟世界的那一类元宇宙情境可以说指日可待。

6.8.5 元宇宙对电影的影响

电影是人类的宠儿，所以经常需要被救赎。例如，二十世纪五六十年代，对电影的救赎是救赎电影院里的电影，或者叫救赎电影院。随着电视机的发明，人们不走出家门也能享受沉浸在故事中的快感。此时，电影行业纷纷想办法，例如气味电影、触觉电影、社区露天电影。后来类似的事在 DVD 和互联网时代又屡屡发生。

互动电影、AR 电影、VR 电影，走着看的电影、蹲着看的电影、跑着看的电影，电影会在元宇宙的驱动下大大地多元化发展。

电影院本身会变化吗？电子商务取代了商场的部分功能，虚拟空间里看电影会取代电影院的部分功能。例如，在虚拟空间中观看电影在技术上已经实现。例如希壤。但是对一起看电影的体验的设计和运营，有必要参照现实的电影节的种种做法。因此，以后在元宇宙空间里私人电影节有可能成为新的社交产品。

电影在 NFT 开发上应该是非常有优势的，得天独厚。不管是电影片断、人物、场景、镜头海报、音乐、花絮、没有进入成片的素材还是幕后特辑，都可以成为资源进行 NFT 市场化。

如果是粉丝经济电影，那更加"钱景"无限。但是知识产权方面的争议也会接踵而来。现实世界的版权都纷纷扰扰，何况是虚拟世界。

6.8.6　数字人和虚拟演员之于元宇宙电影

虚拟数字人能够成为明星，但却是"路漫漫其修远兮"。推荐大家看一部电影——《未来学大会》，里面对电影业态有详尽的描述。我们可以想象，虚拟技术高度发达，电影公司重新构建业态，真人演员、虚拟制作人、经纪人等都会改变。据我所知，现在有几家电影公司经纪人正在扫描各种演员，进行数字孪生。虚拟演员不会受伤、不会有绯闻、永不疲劳、听话，和真人演员相比有很多竞争优势，但是在演技和情感表达方面，观众还是永远相信自己的同类。中国文化里对虚拟和物的看法还是和西方文化不同的，这是一个极其复杂和深刻的话题。

6.8.7　城市元宇宙电影的意义

我国的电影制度（制作、发行、放映）和国际上大多数国家的有所不同，政府是我国城市元宇宙电影产业的目标市场。首先，在意识形态的管理上，电影行业要严格遵循。其次，要重视对政府的数字化、智能化需求的匹配。中国的城市正在进行数字化、智能化升级，电影行业应积极响应。我个人认为，数字社会主义，或者叫社会主义元宇宙，是故事发展的前提。元宇宙电影里的场景、人物、故事一定是基于现实中的城市而发生的。

我们正在筹备的福建安溪茶元宇宙电影基于现实中的安溪和曼谷两个城市，在我们的元宇宙世界里，建立起一个独特的故事世界和茶时空。它也会成为铁观音香味实验电影,电影的数字藏品将成为重要的宣发和营收渠道,而这一切离不开上述两个城市的支持,所以我们叫它城市元宇宙电影。没有现实的城市,就没有超越时空的元宇宙和跨媒介的电影。

6.8.8　电影元宇宙将视听文化导入一个神秘而美好的地方

最后,引用保罗·谢奇·乌塞在《电影之死》一书中的观点:电影是一种自破坏的媒体,形态的非永久性便是电影存在的条件。

从历史的观点来看,电影已经用自己的进化抵御了广播、电视、计算机、在线视频、电子游戏等新媒介的冲击。电影会把元宇宙时代人们的数字生活提升到更高的水平,元宇宙技术环境也会让电影在形态、技术、产业和美学上发生巨大变化。人类的视听文化将被电影元宇宙导入另一个更为神秘而美好的地方。

总而言之,元宇宙电影是人类新的交互方式。电影和元宇宙具有双向影响,它们同样是以数字作为基底。电影给元宇宙带来可挪用的影像和审美范式、感知形式和影像期待,很多影片中的元宇宙想象也为元宇宙提供了具象、启迪和指引;元宇宙给电影带来形态、体验技术产业方面的可行性。

6.9　古琴元宇宙

本节内容由共创者复之谢礼撰写

元宇宙的发展将带来文化艺术的繁荣。元宇宙不仅因为它是对现实世界的再现和对全新世界的创造而可以被视为艺术世界，更重要的是因为它能够最大限度地实现我们的审美理想而可以被视为艺术世界。音乐是艺术世界的重要组成部分。

音乐本身是哲学。当我们以哲学的角度看待音乐时，音乐就是我们生活的一部分，扎根于我们的生活中，沉浸在我们的血液中。音乐是人类生活的一种深刻的表达。曾有人说过，如果说我们和世界的关系可以用科学来贯穿，可以用文学来贯穿，可以用哲学来贯穿，那么我们和世界的关系也可以用音乐来贯穿。哲学家尼采曾说："如果没有音乐，生活就是一个错误。"可以这么说，在所有艺术种类中，没有哪一种艺术比音乐更能直接地表达人的内在情感。音乐不仅表达情感，也创造情感。我们要让音乐成为我们精神家园的一部分，甚至成为精神家园里面最光明的、最灿烂的部分，让音乐成为我们生命的光辉所在。

如果说音乐是本身就是哲学，那么古琴一定是承载文化的哲学。《圣经》中有这样的话："击鼓跳舞赞美他！用丝弦的乐器和箫的声音赞美他！"基督徒用音乐来赞美、敬拜耶和华。在西方，音乐可能还是信仰文化的表达。

中国古琴距今已有三千多年的历史。虽说"伏羲制琴""神农制琴""黄帝制琴""舜作五弦琴"等传说太过久远，已难辨真伪，但古琴的历史无疑是源远流长的。古人云："八音之中，惟弦为最，而琴为之首。"甚至认为，琴者靠天地之声，能够通神明、惊鬼神。正因如此，古琴涵养了无数文人的情怀，演绎出太多悲欢离合的故事。在数千年的历史长河中，古琴融合了人们智慧的结晶，表现着华夏儿女对美好事物的赞颂与追求。

古琴是一种浓缩了中国传统文化内涵的艺术形式，是传统高雅艺术的典型代表，深刻影响了东方传统文化的方方面面，其意义与价值远远超出了一般的传统音乐。真正理解古琴艺术的内涵，需要人们挖掘其背后的文化价值，而其中往往传递着普世的价值观，它可以造福于全人类。

要让文物说话，让历史说话，让文化说话。以优秀传统文化为核心和基本出发点，是传承古琴艺术、赋能古琴和文化行业并更好地打造古琴元宇宙的自然选择。同时，坚定文化自信，讲好经典故事。元宇宙在文化艺术领域的繁荣以及中华优秀传统文化的复兴指日可待。

6.9.1 古琴元宇宙的构成和发展

古琴元宇宙是元宇宙。元宇宙是新世界。按照佛教的宇宙观，有三千大千世界，大千世界下有中千世界，中千世界下有小千世界，小千世界下有小世界。而古琴元宇宙是小世界中的一粒微尘，里面容纳着生命的各种精妙："一沙一世界，一叶一菩提""玄之又玄，众妙之门""惟精惟一，允执厥中"。古琴元宇宙以古琴为落脚点，以此打开东方优秀文化的大门。从这一角度来看，古琴是钥匙和通行证。

中国古琴艺术被联合国教科文组织列入第二批人类口述和非物质遗产代表作名录。

古琴元宇宙从优秀传统文化出发，凝聚成伟大的共同体。古琴元宇宙从一开始就天然地和一部分人群契合，他们包括东方文化爱好者、东方思想践行者、西方哲学爱好者以及有信仰的人群；随之而来的人是艺术爱好者、文化艺术创造者、对美和雅的追求者；接下来覆盖雅俗共赏的群体、心怀真善美的人群和努力追求"认识你自己"的人们。事实上，这也是古琴元宇宙从传统文化跃迁至精神文明主体的演变道路。

6.9.2 古琴元宇宙 NFR 作品

NFR 是 Non-Fungible Rights 缩写，意为非同质化权益。它将主动迎接虚拟世界和现实世界平行时空的到来，积极引导古琴元宇宙脱虚向实，让现实世界更美好，让人类更幸福。NFR 使传统文化的保护传承更高效，以虚助实，赋能实体经济。古琴元宇宙先按照"绝品、绝像、绝文、绝迹"等"绝世"框架，分层次、分系列、分步骤发行一种共识数字藏品和凭证，此为创世纪和虚实相生的实践。接着，创作者、琴家、非物质遗产保护单位、社群达成共识后，再共同参与创造，以游戏化、智能化、时尚化的方式共同孵化出数字原生古琴和数字养成品。最后，在更大的时空范围内、涉足更多行业领域，进行数字文创产品、数字文创人、数字文创空间的实践。

6.9.3 古琴元宇宙 DAO

古琴元宇宙 DAO 的初级形态是建立古琴文化社区，立足优秀传统文化，传承古琴艺术，创作艺术作品，共享艺术创作成果；中级形态是构建琴文化数字生态社群，形成琴文化数字生态——由共同体共建、共治、共享的去中心化社区；终级形态是自发形成有利于认识和适应客观世界、符合人类精神追求、产生能被绝大多数人认可和接受的人文精神和发明创造的大成智慧生态文明。

在古琴文化传承历史上，出现过诸多影响深远的人物，他们的事迹和思想一直为人类所铭记。例如，孔子是春秋时期著名的教育家、思想家和音乐家，其思想和古琴故事一样泽被后世。"高山流水遇知音"，先秦琴师俞伯牙鼓琴的典故一直传为佳话。诸如此类的古琴家和故事都是东方文化的瑰宝。通过虚拟人和数字 IP 的方式重现他们的音容笑貌，重述他们的人生故事，向人类展现一个个音像并茂的虚拟人和一个个感人至深的事迹，也让他们能和现代人近距离交流、游戏、共创等，掀起古风和新潮。同时，共同体中的每个人都是独立自由的个体，也将塑造自身的虚拟人和打造相应的数字 IP，产生属于他自身和他们之间的故事。最后，虚拟人链接现实人，又会产生更多妙不可言的反应和变化。

6.9.4 古琴元宇宙文化空间

古琴元宇宙构筑的是文化创造、文化传播、文化繁荣的虚实相生空间。古琴元宇宙文化空间的构筑分三步：第一步，建立全新的琴文化虚拟空间，以古琴以及优秀传统文化为主题，空间内拥有建筑物、室内设施和日常用品、活动用品等；第二步，打造线下琴文化物理空间，依托琴文化虚拟空间，在线下塑造沉浸式琴文化空间；第三步，古琴元宇宙空间赋能实体产业，与古琴实体产业和文化实体产业互动联通，实现精神世界和物质世界的无缝衔接、有机融合。

6.9.5　古琴元宇宙的未来

"路漫漫其修远兮,吾将上下而求索。"古琴元宇宙任重而道远,共同体将砥砺前行,最终要帮助人们实现对精神生活的追求、物质生活的提高以及灵性的觉醒。共建、共治、共享的古琴艺术和文化DAO,开放包容、兼容并蓄、百花齐放、百家争鸣的生态文明,天下大同、世外桃源、文化灵境下的理想国,与现实世界和谐共生,这些内容将构成古琴元宇宙的未来。

6.9.6　古琴元宇宙作者说

元宇宙是文化人类学的应用,是人类文明的再塑造,也可能会是一场人类文明史上的重大革命。元宇宙究竟是人类的绝唱还是人类的未来？时间自有分说。

元宇宙助力传统经济、实体行业改变其组织形态、组织方式、创新方式、生产方式、营销方式等,将实体资产的消费者变身为投资者、创作者、传播者、享有者和消费者五位一体的角色。元宇宙的普及将推动实体经济和数字经济加速深度融合。古琴元宇宙结合实体经济,赋能传统文化产业转型升级。我们希望将古琴元宇宙技术和模式推广到文化领域,古琴也是一个具体实践的案例,其他案例,如棋、书、画、诗、香、茶等,都可以借鉴古琴元宇宙的成功经验和思路。

尽管古琴元宇宙最终形态呈现的艺术和文化还要在鸿蒙中再孕育较长时间，我们仍将矢志不移、循序渐进，让我们拭目以待。一个个别开生面的元宇宙微尘，将在人类文明中形成和聚集，最终它们会让整个星辰之海也为之灿烂辉煌。

6.10 社交元宇宙

本节内容由共创者郝一鸣撰写

随着社会的发展和互联网的兴起，我们生活中已经有了非常多的垂直领域的社交软件，将世界范围内的人际关系通过有趣、多样的方式紧密联系在一起，让我们随时随地都可以联系到想见的人，缩短了你我之间的时空距离。

在这个社会中，两人及以上就会存在供需关系，为此就需要社交。在校园里，找一个打游戏的伙伴，就需要社交；找一个博学、有趣的伴侣，也需要社交；找一个创业伙伴，还需要社交；在职场中寻找合作伙伴和优质客户资源、获得项目和资金，都需要社交。社交是人类社会的一大需求，或者说，它不是需求，而是一种必然现象，解决人与人之间供需关系的行为就是社交，社交无处不在。

而在社交过程中会产生一个问题，就是信息不对称。我不知道你的学历真假、年龄多少，甚至连你的性别都搞不清……那么，用户如何拥有一个良性的社交环境就成了社交行业需要深入考虑的问题。社交企业需要长期帮助用户打造优质社交场景并持续解决该场景中产生的信息不对称问题。所以，帮助用户建立档案库和背书系统,创建良性的社交市场,是不论在什么宇宙,凡在社交行业想要长久发展的企业都应放在首位的。

在此基础上,要将社交很好地应用于元宇宙,被大众所认可和接受,就一定要清楚地了解元宇宙和当下互联网有什么区别。我认为最容易理解的区别就是元宇宙在将3D变成3D的同时增加了时间轴。

元宇宙是另一个世界,是由人创造的,我们就是"造物主",我们就有追溯时间的权利。在元宇宙里,我们会创造一个虚拟3D角色,可以在元宇宙里回到过去、穿越未来。我们进行的一切社交活动,都会被记录、可追溯,像电影《头号玩家》里的情节一样,我们可以看到人过去发生的事情:和谁吃过饭、谈过恋爱、喝过酒……像3D日记一般存在。我们可以随时随地记录并展示自己的生活经历,呈现在元宇宙里,展示自己独特的品质,从而让别人更快速、方便地了解自己。

在元宇宙里,我们创建的角色也是数据,数据和数据的交互会产生关系链,并且每一条关系链也将可视化,那将带来的是背书效应,信用市场也会飞速发展。假设我认识某个大明星,在现实里,我可以把明星和我PS在同一张照片上,可以在某种场合获取合照的机会以做自己的背书,可以添油加醋地向外界传播虚假信息。但在元宇宙里不行,你和明星是否产生强交互行为,是否真实达成某种合作,将会公开透明,关系链是可视化的。

元宇宙作为虚拟世界,同样脱离不了现实,终究要作用于现实。我们要将虚拟世界带入现实,所以社交领域的企业要进入元宇宙,还需要紧密地和线下实体经济挂钩。用户在元宇宙里社交所产生的效应是要在现实得到反馈的，否则将会非常虚幻，不利于社会发展。例如，给伴侣买一束花，会有"虚拟花"，在现实中也可以同时收到一束花，这样的社交元宇宙才有意义。

如果社交产生的效应都是虚幻的，那么就没有从根本上解决供需关系问题，这样的社交平台终究会垮掉。举一个简单的例子，现在有一些聚焦小众的所谓"树洞社交""灵魂社交"平台，这些平台的用户之间的关系一旦升温到某种程度，一定会要求线下见面的，是和现实脱不了关系的，不论是婚恋平台还是职场、校园等社交平台，凡是社交，就一定是解决供需关系问题，就一定会在现实发生反应。以此来看，结合元宇宙基础特性，社交元宇宙中的聊天式社交可能会过时，迎来的将会是社交游戏（gregarious game）。人们将会在元宇宙里以游戏生活的方式认识新的朋友，得到新的人脉资源，是一种很随性的状态。会有非常多样化的场景在元宇宙里被创造，我们只需找到自己喜欢的场景，做自己喜欢的事，自然就会结识很多新朋友。所以，不再需要刻意打造封闭的聊天室，3D社交场景的搭建将会是社交元宇宙的主流，再加入丰富的社交机制，让用户轻松地玩起来，这样就比较成功地将社交融入元宇宙的世界里。有了虚拟场景，就可以更好地与线下实体做链接，将虚拟场景里发生的事件更好地作用于现实。

在社交元宇宙里，首先，需要把握社交的本质，不断发掘人与人之间的供需关系；其次，建立信用市场，帮助用户打造背书体系，让用户从内心深处信赖社交平台，再加入有趣的3D人物和场景模型，给用户带来视觉盛宴，以此激发用户的使用欲望；最后，设置社交机制，作用于现实，在现实中得到反馈，就会增加用户的黏性。

这时，一个可以长久发展的社交元宇宙平台就搭建完成了。

关于元宇宙，可以建议大家重温一遍《阿凡达》，把阿凡达当作数字人，把潘多拉星球当作虚拟世界，《阿凡达》里的科幻场景都可以理解为元宇宙。还推荐大家观看《星际特工：千星之城》，从电影 22 分钟开始的内容我个人理解为元宇宙社交市场，这个电影可能会给大家对社交元宇宙的建设带来新思路。

社交元宇宙将会更生动、具象地将现实社会的人类关系连接得更紧密。我们不需要过多地纠结元宇宙的定义，也不需要夸大渲染元宇宙社交。定义是现象的总结，作为企业家，现在需要共同在新领域里探索，观察现象，把握社交的本质，服务用户。社交元宇宙将会带来无限的机会，社会也会更好地发展。

未来已来，愿各位"元宇宙人"在创业路上一帆风顺，一鸣惊人！

6.11 工业元宇宙

本节内容由共创者 李正海 撰写

6.11.1 工业元宇宙概论

工业元宇宙是元宇宙的理念、技术、产品在工业领域的应用与发展。工业元宇宙基于新一代的互联网、物联网、5G 网络、工业互联网、云计算等基础设施，充分利用 VR、AR、虚拟人、人工智能、区块链、建模、仿真和交互等技术，可以促进工业产品发展，提升工业企业生产能力和管理能力，提升产品质量和效率，降低资源消耗，并且通过 NFT 艺术品和 Web 3.0 构建新型经济生态，从而提升工业的经济价值和社会价值，促进工业文明发展。

工业元宇宙构建多种新型场景，有机集成现实、虚拟和人类思想（尤其是创意），集成自然人、虚拟人和机器人，包括工业产品的应用场景、协同设计场景、制造场景、规划创新场景乃至面向未来的梦想场景，形成新型的工业人、工业企业和工业生态。

工业元宇宙通过物理原生、数字原生、数字孪生、虚实互生和虚实共生等模式实现虚拟与现实之间的多重关系，促进虚实互动，实现工业产品、工业生产和产品应用的新模式，并且通过虚实互动提升人们的真实感、沉浸感和艺术感，提高数据的完整性、精细化、正确性、实时性和针对性，从而更好地实现自动化、智能化和专业化，促进工业的智能化改造、数字化转型乃至数字经济的蓬勃发展。

6.11.2　新一代工业产品

工业元宇宙的核心是工业产品。在工业元宇宙时代，工业产品将发生革命性的变化：从偏物理性的机电产品，到虚实结合的工业产品，到纯粹虚拟化的工业产品，再到工业产品生态形式。

在元宇宙时代，纯粹的虚拟化产品将成为潮流，例如虚拟化的鞋帽、服装，甚至应用于虚拟人的虚拟服装。另外，在工业领域中的各种产品数据、模型、算法和软件系统也是虚拟化产品，而通过工业云平台提供的各种算力、显示力和网络服务能力也是新业态，从而构造出新型巨市场。

虚实结合的产品是指不仅提供实体产品，而且提供数据服务甚至社交服务等多种功能。比较典型的例子是手机，既包括实体手机，也包括各种 App。在元宇宙时代，结合传感器、边缘计算和网络系统，这类虚实结合的产品将会成为主流，例如无人驾驶汽车。

工业产品生态是指多种产品和服务的组合，需要一定的标准、协议和目标。例如，一个家庭中的厨房家电应实现统一的视觉风格。又如，元宇宙时代的智能鞋，不仅有穿着的功能，而且可以利用传感器记录行走数据，通过 App 实现健康分析，甚至通过服务平台提供社交服务。

在元宇宙时代，工业产品的功能、性能将发生巨大的变化。超智能产品，也就是面向未来的、超越的新一代智能产品将会成为主流。典型的例子是农业机械，不仅有机械性的作业能力，也包含算力和网络传输能力，结合多种传感器，如摄像头、温度传感器、湿度传感器、天气状态传感器，乃至土壤传感器，从而通过人工智能和云计算的方式实现更好的作业方式，例如确定种子播撒密度、废料数量、浇水的流量与总量。

6.11.3　工业元宇宙典型场景

元宇宙不仅是概念，而且能在工业的各个场景中予以应用，提升业务能力，促进业务创新，才是真正的可以落地的策略，这样才有价值与意义。

1. 营销

工业企业的供给侧结构性改革核心是解决企业与客户之间的信

息不对称问题。在元宇宙时代,可以通过细分客户、典型场景、强需求的策略,设计产品与服务的方案,采用VR/AR技术和三维、网络、实时的交互模式,让客户介入营销、设计、生产的全过程,获得更好的体验与感知。例如,在营销阶段,与客户一起协同进行产品规划,基于网络服务器,采用三维的方式,逼真展示产品形态,有效展示产品的功能和性能等。

2. 设计

在产品的设计阶段,以往的三维设计、仿真分析将会得到更为广泛、深度、高水平的应用,例如产品的设计结果从二维图形到三维建模,构建产品的几何模型、机械模型和有限元模型。而以仿真分析为例,随着物联网、5G网络和云平台的应用,可以充分获取环境数据和产品数据,进而可以构建比以往更为完整、精细、高时效的工况。例如,由于受疫情的影响,人员不能在一起办公合作,那么可以利用新型软件系统实现。企业的设计人员、生产人员、工艺人员乃至客户和供应商都将参与实现基于网络的、远程的协同设计。

3. 生产制造

生产制造是工业企业的主要行为,利用加工设备,结合自然人、机器人,实现从材料到零部件加工再到产品装备的全过程。在元宇宙时代,生产制造将采取新型的模式。

在工业企业中,生产制造过程将大量采用虚拟化模拟的方式。例如,采用英伟达公司的 Omniverse 产品,可以实现生产企业的车间规划，通过网络显现多组织、多人员的协同设计模式，实现逼真的模拟，充分利用服务的算力、图形化展示能力，从而完成设备布置、物流规划、加工过程、人机交互和人机工程等工作内容。

4. 质量管理

以往的工业企业质量管理普遍采用过程统计软件。而进入元宇宙时代，质量管理可以改进为数字孪生的模式，让产品的质量状态更为可视化、人性化。而产品检测可以采用智能化的方式，从而提升检测效率，减少质量缺陷。另外，可以采用 AR 眼镜的方式实现客户对企业产品的远程验收。

5. 产品应用

工业产品的应用包含应用前、应用中以及产品的维护。产品应用前可采用 VR/AR 技术和远程服务的方式，让客户、消费者更好地理解产品，掌握操作方法，避免错误。而在产品应用中，可以通过传感器获得环境数据、产品数据和人员数据等信息。例如，在汽车驾驶中，可以获得当前的地理位置、信号灯、路况信息、车辆信息和前后车辆信息。综合而言，在元宇宙时代，可以让工业产品实现更为可控的、有效的应用。

6. 工业教育

工业教育既包括工业基础知识的教育，也包括工业产品的教育。在元宇宙时代，利用 VR/AR 技术构建新型教学系统，可以让学员更有兴趣学习。而且产品数据也将更为丰富，例如，说明形式也可以由二维图形转化成三维模型乃至视频形式或动画方式。

7. 管理与经营

在元宇宙时代,企业对管理的精细度、时效性和系统化程度要求越来越高,即使出现小问题也可能会给企业带来巨大的损失。反过来,基层创新上升到战略创新也会给企业带来巨大的发展机遇。

6.11.4 工业元宇宙的价值与意义

在元宇宙时代通过各种与元宇宙相关的理念、技术、产品的应用以及工业领域本身的供给侧结构性改革和能力提升,从提升效率、提升产品质量、降低资源消耗、改进客户关系、提升经济性等多个方面为工业领域带来巨大的价值与意义。

在效率提升方面,可以通过虚拟化的模式实现流程优化,例如减少或者取消实物试验、压缩流程节点。

在产品质量方面,可以通过建模、仿真分析,也就是虚拟化、数字化的方式,在产品制造之前获得充分的模拟验证,以保证产品的设计性能。

在资源消耗方面,从设备利用、材料消耗、能源、环保等多方面入手,通过物联网、工业互联网可以更好地管控设备,优化加工流程与加工作业,提升设备的加工利用率和加工价值。

在客户关系方面,在面向客户的早期产品展示、客户交流以及产品方案的沟通乃至工业产品的全生命周期,让客户更好地体验产品,以优化产品。

在经济性方面，元宇宙将带来巨大的新型巨量市场，为企业带来更大的发展空间，而且通过元宇宙可以生产更高性价比的产品，获得更高的利润，使企业具有更强的市场竞争力。

6.11.5　工业元宇宙的发展展望

工业经济是实体经济，在中国仍是整体经济中的第一支柱，因此发展工业元宇宙意义深远。工业企业是工业体系的主体，企业通过规划，在虚拟化的基础上构建元宇宙企业，大幅度提升虚实结合的应用模式，优化设备资源，实现人机集成、平台化应用，提升企业营销、设计与生产能力。面向客户开发、销售、应用更有针对性的产品，满足客户的需求。

在组织关系方面，从体制和机制上予以改进，从决策者、管理者到基层员工，以及企业供应链和外部的专家，构建新型组织。

在经济层面，无论大型企业、中小型企业还是个人，在元宇宙时代都可以发现更多的商业机会，通过创意、协同式创新、接力式创新和生态创新，基于区块链和 Web 3.0 实现个人成果的创立、确权、定价、交易、应用和消费，从而使各方的收益更为合理，提升获得感与幸福感。

在社会关系方面，可以更好地发挥人的创意，提升人的创造力和执行力，减少错误及风险，提升人的单位工作时间价值。

在工业文明方面，可以预期的是工业产品的种类、数量会日益繁荣昌盛，产品的模式、功能和性能指标会大幅度提升。

在人均占用的设备资源（如数控设备、机器人、数据资源）方面,都将有跨越式的提升。

现在还处于元宇宙的早期阶段,但是企业可以将成熟的技术普及化应用,将元宇宙创新性概念、技术、产品结合企业发展需求加以应用,在重大基础建设方面进行早期投入,为未来发展奠定先发优势。以滚雪球的模式推进和探索工业元宇宙应用与发展,形成工业领域的元宇宙共识,进而实现共建、共创、共进、共享、共管和共治。相信工业元宇宙会给我们带来一个美丽新世界!

6.12 奢侈品时尚元宇宙

本节内容由共创者刘晶撰写

你的第一件奢侈品会在元宇宙中购买吗?疫情的反作用加速了数字化进程,成为一个新的里程碑,对经济、科技、历史形成了独特的影响。对于元宇宙这个聚焦于社交联系的多维度虚拟世界网络来说,与现实世界平行、反作用于现实世界、多种高技术综合是其三大特征。元宇宙的构建将经历数字孪生、虚拟原生以及虚实共生三个阶段。

6.12.1 奢侈品元宇宙诞生

奢侈品元宇宙是传统经济、数字经济、观念经济、虚拟经济的多元体。我们的每一件奢侈品都是一个共享、共创的空间,由时装设计师、平面设计师进行图形空间内容创作、编程设计和客户沉浸式体验设计,是零售产业和元宇宙的紧密结合。元宇宙是技术和软件的融合,主要技术包括大数据、互联网、人工智能、区块链、游戏、增强现实、混合现实、扩展现实(XR)和拟真现实(ER)。元宇宙从游戏行业起源,涉及工业、能源、旅游业、教育、影视、奢侈品、艺术、创意、社交媒体等行业。

例如,Gucci 早已开始在游戏领域打造 Good Game 专属生态圈,构建元宇宙中的品牌框架。元宇宙是融合了游戏世界里的身份(ID)、沉浸式游戏体验、玩家朋友、随时随地可以进行、有系统产出的经济效益、多元化的文化相连、虚拟世界的体验、共创者经济体、数字化转型空间大数据库、多元化、虚拟现实互动等特征,杂糅了体验、创造、交易、娱乐、社交联系的虚拟宇宙空间。在元宇宙的发展进程中,可以通过虚拟的分享空间满足和完成现实生活中的点点滴滴,从日常生活、工作到娱乐购物,购买自己喜欢的奢侈品。

6.12.2 奢侈品的元宇宙链接

VR 和 AR 等应用似乎已经成为众多奢侈品品牌切入元宇宙的入口。图像在虚拟体验中就是一切。奢侈品品牌正在元宇宙平台上探索并彰显品牌价值的数字化创新,使消费者在一个充满艺术、设计和探索的环境中与奢侈品品牌互动,解锁游戏社群的真正价值。在现实生活场景中,元宇宙概念的落地还处在运用 VR 和 AR 的阶段。

借助区块链和玩家所有制,我们正逐步改变创作者、品牌与其受众的连接方式。奢侈品品牌与共创者一同打造出全新的客户体验。与备受喜爱、具有前瞻性的奢侈品品牌展开互动,通过不断尝试来拓宽元宇宙边界,是奢侈品元宇宙的内核之一。

6.12.3 顶级奢侈品元宇宙纷纷登场

世界顶级奢侈品品牌自 2021 年起纷纷布局元宇宙。

1. 古驰(Gucci)

作为时尚行业的领军品牌,Gucci 很早就开始了它的元宇宙计划,它在元宇宙领域的探索对其他品牌来说一直有着极强的示范意义。Gucci 虚拟时尚体验店的灵感来自 Gucci 著名的实验性在线空间——Gucci Vault。它呈现精致复古的典藏作品,由创作总监和品牌典藏专家精心挑选,并经过悉心修整,达到完美的出售标准。许多作品独一无二,其中包括精选后定制的作品。除此之外,Gucci 还将在该平台上推出品牌主题的 NFT 和复古包,并且发布虚拟穿戴物品,供玩家在游戏中购买和穿戴。

Gucci 推出了虚拟运动鞋,每双售价 12.99 美元。消费者购买鞋之后可以在 Gucci App 和 VR 社交平台 VR Chat 中使用,也可以在游戏平台 Roblox 中试穿,以多种方式证明自己拥有了这双鞋。

1)Gucci 虚拟游戏

Gucci 早在 2018 年就已经开始在游戏领域打造专属的 Good Game 生态圈,同时由此出发,在更多领域构建元宇宙中的品牌框架。2019 年,Gucci 在官方应用程序中推出 Gucci Arcade 复古游戏厅板块。

2）Gucci 虚拟服饰

2020 年,Gucci 携手全球大热的网球手机游戏 Tennis Clash,在虚拟游戏场景中植入自己的新款时装,推出独家主题服饰,并在游戏中举办 Gucci 公开赛。这场线上限时锦标赛活动中的场地和球拍都是由 Gucci 打造的。同年,Gucci 与虚拟形象服务商 Genies 合作,在 Gucci 的 App 中添加了虚拟人物形象功能,人人都可以在 App 中建立一个自己的虚拟形象,用 Gucci 风格的数字商品装饰自己的虚拟形象,相当于在 App 中建立了一个个人元宇宙。

3）Gucci NFT

Gucci 凭借着对元宇宙的布局及强势的劲头成功抢占了元宇宙第一奢侈品牌的位置。除了游戏和虚拟服饰之外,Gucci 在 NFT 领域的尝试也非常具有前瞻性和借鉴意义。Gucci 与设计师潮玩公司 SuperPlastic 合作推出了 SuperGucci 系列 NFT。该系列 NFT 的主角来自依据 Kanye West 与 David Bowie 形象所创作的 SuperPlastic 中最受欢迎的两个虚拟人物——Janky 和 Guggimon。

2. 博柏利（Burberry）

Burberry 发布了该品牌首个乙烯基 NFT 玩偶和虚拟时装,可在游戏内购买、升级和出售该 NFT 作品,同时推出更多 NFT 配件,如喷气背包、衣服和拖鞋等物品。

3. 巴黎世家（Balenciaga）

Balenciaga 在游戏中开设了一家虚拟零售店,其中的服饰同时也作为 Balenciaga 的全新商品实体发售。用户可以和自己游戏中的虚拟形象穿着同款商品，进一步融合了虚拟与现实世界。Balenciaga 在 BoF 的 VOICES 活动上证实了已安排资源进行元宇宙相关产业的开发，并宣布将成立一个独立团队，专门致力于挖掘元宇宙这个尚未开发的数字领域中的经济机会。

4. 迪奥（Dior）

Dior 表示，AR 和虚拟试穿是优先事项，这已被证明是一项宝贵的资产，但只有当它连接到真实产品而不仅仅是虚拟产品时才对品牌有意义。Dior 打造了 AR 运动鞋试穿产品。

5. 路易威登（Louis Vuitton, LV）

LV 发布了自主研发的免费手游 *Louis The Game*，该游戏的目标是通过明信片的形式对 LV 品牌进入深入了解。LV 在游戏中放入了 30 个 NFT，这 30 个 NFT 被网友估值在 2 万美元到 2000 万美元之间。在获取方式上，LV 表示，在玩家游玩期间会以固定周期抽奖的方式将 NFT 作品赠送给中奖玩家。

6. 普拉达（Prada）

Prada 大胆地启用了虚拟偶像 Candy，作为品牌旗下 Candy 香水的同名代言人。Candy 以个性短发、眉上齐刘海、精致灵动的五官及脸颊上的小雀斑吸引了新世代的目光。Candy 结合虚拟世界，颠覆传统行销，不失为一种突破。

6.12.4　奢侈品元宇宙的细分领域和落地应用

在元宇宙的世界里，每个人都可以实现个性化，使用不同的打扮、头像等。虚拟形象、虚拟偶像正成为新生一代社交的重要部分，他们将自己的虚拟形象视为自身的延伸，购买相应品牌的商品和服装打造自己，能够在虚拟和现实世界中展示独特的自我。

奢侈品可向用户销售与现实世界同款商品，深入到衣食住行等方面，更多地与现实生活方式相贴合。奢侈品品牌向玩家售卖成衣、球鞋等软奢侈品。游戏玩家在元宇宙中购买奢侈品后，在线下店铺下单同类商品，这将为奢侈品品牌进一步带来收益，通过 VR 等虚拟技术塑造虚拟偶像，推出自主虚拟形象 IP，并借助游戏平台推出数字服装，增加销售路径。

奢侈品品牌的塑造方式包括奢侈品品牌数字货币、奢侈品品牌真身虚拟数字人（品牌大使）明星真身虚拟数字人、奢侈品品牌产品馆以及奢侈品品牌 VR 增强现实的技术联合体验馆等。

奢侈品品牌的核心属性包括奢侈品的稀缺性和数字艺术表现力。提升奢侈品品牌对新一代的吸引力，打造 NFT 社区文化，定位高端消费者与 NFT 情感人群。

元宇宙是一种技术和文化的进步，而技术和文化一直具有奢华的象征意义，任何昂贵的东西都可能成为身份的象征，不仅仅是奢侈品，也包括元宇宙时代的 NFT。时尚、创意与科技在商业合作中变得更为紧密。在这个过程中，传统奢侈品时尚公司要重新定义自身的内涵和外延。

6.13 美妆元宇宙

本节内容由共创者白云虎撰写

人类生存的真实世界正在面临着巨大的挑战,却也在技术创新迭代的进程中找到了新的"入口",这就是元宇宙:一个以扩展现实技术、数字孪生技术和区块链技术搭建的具备新型社会体系的虚拟世界和数字生活空间。

美妆又可以广泛地定义为化妆品,是指以涂抹喷洒等方式散布于人体肌肤表面,以达到清洁、护理、保护作用和修饰效果的日用化工品类目。中国的美妆市场规模从改革开放初期的 2.0 亿元快速发展到约 5000 亿元,已经成为全球美妆第二大市场。伴随着消费需求升级,中国美妆产业仍然以 10% 以上的年复合增长率持续增长。

6.13.1 中国美妆产业的发展轨迹

如果想要洞察和理解中国美妆产业过往的发展轨迹,可以尝试从已经上市的具有代表性的三家企业进行解读。中国美妆产业从品牌架构、渠道分布和市值表现等角度大致经历了 1.0 到 3.0 版的三个阶段。

1. 以上海家化为代表的美妆 1.0

历经百年的商业沉淀,上海家化早已成为中国美妆产业最具市场认知和品牌价值的企业。集聚日化和美妆两大消费类目的多品牌发展架构以及多渠道分销零售机制奠定了其美妆产业的稳定领导地位。上海家化于 2001 年 3 月上市，市值多年来保持在 200~400 亿元的规模。

2. 以珀莱雅为代表的美妆 2.0

珀莱雅准确把握渠道发展机会，挖掘消费下沉市场需求，从单品牌突破，积极拓展多类目多品牌，持续增强科研和制造供应链竞争力，奠定了其在美妆产业从传统向创新方向转型升级发展过程中的代表性地位。珀莱雅于 2017 年 11 月上市，市值稳健向上，保持在 300~400 亿元的规模。

3. 以逸仙电商（完美日记）为代表的美妆 3.0

逸仙电商精准洞察 Z 世代新消费机遇，充分应用数字营销和 DTC 平台的流量红利，以性价比（大牌平替）和品牌大单品为竞争优势，快速满足新消费用户的个性化、差异化需求，奠定了其在新锐美妆领域的头部地位。逸仙电商于 2020 年 11 月上市，市值冲高后一路下跌超过 95%，现仅不到 30 亿元。

6.13.2 美妆元宇宙是跨越产业新发展周期的路径

过往 40 多年的美妆行业经历和跨越了社会和经济发展的不同周期。然而，在面临全球技术快速迭代和商业数字化升级的新周期，美妆元宇宙或许将成为未来最具竞争力和商业价值的路径。

1. 打破零售渠道边界，深度融合用户

在传统产业逻辑里，因为用户群体不同、交易方式不同等而人为划分了不同的零售渠道，例如线上和线下、分销和零售等。在 Web 3.0 互联网和元宇宙体系里，这些人为的定义和标签都将被打破，消费者将成为元宇宙生存规则的制定者和拥有者。所以，只有深度融合传统零售渠道，才能成为美妆 4.0 的引领者。

2. 创建虚拟现实场景，突破营销局限

不同于 Web 1.0 时代的被动和 Web 2.0 时代的互动，到了 Web 3.0 时代，可以预见元宇宙正在对现实世界进行数字孪生和复刻。美妆产业又极具互动和体验的强属性，因此不论文字、图片还是短视频等营销方式，都有机会突破各自的局限性，在美妆元宇宙的虚拟现实场景下得到全方位的消费者链接。

美妆元宇宙是一个具象的空间，也是一个数字化链接的场景。它可以是一个落地在某个城市的商业空间，也可以是一个链接在 Web 3.0 互联网的数字化产业。

6.13.3　美妆元宇宙是体验和互动的超现实应用

无论是以百货专柜体验为主的传统商业模式，还是以直播主播互动为主的新商业模式，对于美妆产业而言，体验和互动都是不可或缺的产业特性，更是品牌产品和消费用户间价值认知和传递的必要链接。然而，无论是线下、还是线上，在体验和互动层面都既有优势也有不足：线下重真实场景体验，缺乏深度互动；线上重深度互动沟通，缺乏真实体验。

可以预见，美妆元宇宙将给美妆产业的体验和互动带来全新的突破，融合现实时空下的真实体验和虚拟时空下的超越互动，通过创新技术应用实现以下三个层面的超应用。

1. 数字孪生，打造现实和虚拟的人货场

人货场是美妆产业最重要的价值和资产体现。在元宇宙里，通过数字孪生，可以在现实和虚拟两个时空里搭建人货场的双体系，实现品牌产品、渠道零售、消费用户的孪生角色，跨越线上线下的无缝超链接互动。

从中国美妆产业发展历程来看，除百年企业上海家化外，绝大多数顶流企业和品牌都还是近 20 年来成长起来的。在快速迭代的商业环境和竞争挑战下，品牌资产都处于真正的无形之中。至少到目前为止，还没有特别权威和官方的数据确认美妆品牌的资产价值。

随着元宇宙迎来风口，美妆产业也不甘落后，各企业和品牌都在布局，特别是虚拟数字形象代言人更是不断上线，例如，屈臣氏讨喜的小鲜肉形象和极具亲和感的屈晨曦 Wilson，欧莱雅极具中国美风格、平易近人、博学可信的 M 姐和欧爷，集清新脱俗、温婉淡雅的古典少女形象自信优雅的时尚佳人气质的花西子，等等，成为产业创新营销的热门话题。

可以看出，越来越多的美妆企业和品牌正踏上虚拟形象代言人的赛道，不断推出符合自身品牌定位和价值的虚拟形象，尝试和 Z 世代主流消费群体建立更有共鸣的代言人。

2. 虚拟原生，穿透产业链环节的品质溯源

制造、分销和零售，是美妆产业上下游的关键环节。在传统商业时代，美妆产业链各个环节处于相对封闭和割裂的状态。消费者只能在零售环节触达产品，和品牌商、制造商的距离很远，在进行产品质量投诉、使用方式咨询时只能通过电话、邮件等交流沟通。

而在元宇宙里，将产业链过程全方位原生到数字场景中，包括原材料采集、配方科研开发、产品生产包装、渠道分销零售等，消费者就可以根据每一个产品的数字通行证，随时随地穿透到和产品关联的每一个节点，深度了解和感知产品的诞生过程，也可以充分地识别产品的品质等。

3. 虚实混合，搭建线下和线上的零售场景

线下和线上渠道零售，无论是以百货商场、超市卖场、美妆集合店为代表的传统线下零售，还是以 Tmall、京东、PDD 为代表的创新线上零售，也包括风头正劲的直播带货等，在零售场景的表现上都存在着互动性、体验感、延展度等层面的局限。

未来，充分应用 XR 创新技术，将传统的线下美妆零售场景通过 3D 复刻的方式在线上搭建数字场景，实现线下和线上同步的空间，创造一种更具互动性、体验感和延展度的美云空间，就成为深度沉浸式零售场景。

美妆元宇宙将尝试应用数字孪生、虚拟原生和虚实共生的元宇宙理念和技术，深度链接独立的数字化分销供应链平台，实现在线交易、统仓统配、共享销售，并实现美妆产业链线下和线上的全域体验和互动。以上三大设想，其核心在于打破当前割裂的线下线上

体系，重建基于元宇宙理念和技术迭代的美妆元宇宙，在现实世界和虚拟世界之间搭建无缝链接的机制，更有效地解决美妆产业体验和互动的底层逻辑问题，为消费者提供更有深度的价值呈现。

同时，基于区块链技术的迭代和 DAO 机制的应用、不可人为随意更改的去中心化运营方式以及数智自主化的利益分配机制，正在推动美妆产业区块链、数字币和零售场景等的应用项目落地。

6.14 养老元宇宙

本节内容由共创者周振宇撰写

进入 2022 年，我国迎来新中国成立以来最大的退休洪峰，自此开始，60 周岁以上老年人将以每年 2000 万左右的人数逐年增长。预计今后十年间，60 周岁以上的老年人数量将增加二亿人，是日本现有全国人口的 1.5 倍。据专家预测，国家社保养老金的结余将在 2035 年全部用尽，而长达 30 年的独生子女政策又使得依靠子女养老的传统模式已无法延续，无论是国家还是家庭都将面临养老双重困境，养老环境将受到两面夹击。笔者尝试借助区块链、大数据、人工智能和 NFT 等技术，帮助老年人自立自强，实现老有所为，探讨现代科技浪潮下的中国式养老之路。一方面，通过发挥科技优势鼓励老年人邻里互助、互相帮扶，弥补养老人手的不足；另一方面，又通过知识更新，让其中一部分知识水平高的健康低龄老年人融入元宇宙时代的科技建设中来，以化解年轻劳动力短缺的窘境。中国式养老之路可谓一举多得、利国利民。

2021年11月24日,中共中央、国务院颁布《关于加强新时代老龄工作的意见》,要求充分发挥政府在推进老龄事业发展中的主导作用,形成多元主体责任共担、老龄化风险梯次应对、老人事业人人参与的新局面。2022年4月10日,北京市政府印发《关于推进街道乡镇养老服务联合体建设的指导意见》,引导解决居家养老服务"最后一公里"问题。全国上下都已经行动起来,结合本地方特色,走出创新之路。

6.14.1 使用行业元宇宙技术建立老年人数据库

使用行业元宇宙技术建立全国老年人数据库和养老元宇宙基础设施,为政府制定法律、颁布政策提供有效参考,并提前进行前瞻性布局。通过大数据引导养老企业合理分流,避免资源浪费、配比失衡;发挥数字人民币溯源优势,有效增加养老工作的透明度。

2021年是元宇宙元年,区块链、大数据、物联网和人工智能等现代科技日趋成熟,如果能与养老有机结合,能最大限度地提高工作效率,完成资源的合理配置,增加养老服务的透明度,构建政府、养老企业、老人及家庭成员多方利益共同体,各方分工明确,互相协作,最后实现多方共赢。具体建议如下:

(1)在各级政府的统一领导下,使用区块链技术建立省、县、城市、乡镇和社区等逐级的老年人数据库。区块链技术具有不可篡改、可以溯源、公开透明和调取便捷等诸多优点,各政府部门之间通过联盟链的方式实现数据共享、明确职责、分工协作,增加养老工作的透明度,进一步提高工作效率。

（2）政府与科技企业合作，通过大数据分析，为修订法律和颁布政策提供有效参考，并可以对未来5~10年提前做好前瞻性布局。同时，在做好老年人隐私保护、数据安全管理和合规有序使用的前提下，将数据包提供给养老企业和社会组织参考使用。数据包的内容可以包括本区域60周岁以上老年人总数、性别比例、年龄层比例、宗教信仰、居住状况、健康状况、消费习惯和消费能力等。通过大数据分析，引导养老企业提供精准的个性化养老服务，避免资源投入与需求之间信息不对称，出现供需失衡。

（3）国家的养老项目财政拨款使用数字人民币方式发放。数字人民币也是区块链技术的运用，它能让钱的使用有迹可循，全程追踪资金流向，确保了资金安全和发放准确，能精准落实到养老服务企业和每一位受益老年人。国家一方面可以通过溯源追踪，确保政府服务公开透明，避免暗箱操作；另一方面还可以通过大数据动态分析，清晰了解老年人的消费习惯以及养老企业的服务状况。此外，老年人还可以使用数字人民币进行预付。

2022年5月6日，"数字人民币预付无忧"平台已在深圳福田区成功落地，这是数字人民币智能合约的创新应用。具体操作是：先在个人账户中将服务金额冻结，按服务情况进行核销，一笔一清。如果企业无法履约，剩余款项可以及时退还。今后运用这种方式，能帮助建立养老企业和老年人之间的彼此信任。

6.14.2　通过行业元宇宙技术改善养老环境，提高服务效率

通过行业元宇宙技术改善养老环境，提高服务效率统一制作老

年人数字身份号码和数字身份二维码,为老年人出行、就医和社交等提供便利。

人工智能就是让计算机模拟人类的思维模式,进行一系列辅助或独立的创造性活动。运用人脸识别、语音识别、智能控制、万物互联和虚拟数字人等技术进行养老服务,将有利于解决老年人精力和体力不足的问题,减少意外事故发生。

(1)国家鼓励企业开发智能化监控设施,保障老年人的居家安全。并研发专为老年人服务的虚拟数字人,方便老年人随时沟通互动,及时了解老年人的个性需求,并提供法律、医疗和养生等方面的专业建议。对于虚拟数字人不能处理的问题,再由值班人员进行补充,能有效节约人工成本。最后将人工答复的内容整理成数据包,由虚拟数字人进行深度学习,通过不断地进行数据喂养,能逐步提升虚拟数字人的处理能力。

(2)为每位60周岁以上老年人制作数字身份号码和数字身份二维码,并和人脸识别技术相结合,与前文中的大数据库相连接,为老年人出行、医疗和社交等提供便利。

在新冠病毒感染时期人们都亮码出行,而这对于部分老年人却是一道门槛。黑龙江齐齐哈尔市与公安部门防疫大数据对接,为不会使用智能手机的60周岁以上老年人制作了个人二维码,工作人员通过反向扫码打开老年人健康码,有效解决了老年人的痛点,体现了执政为民、以人为本的理念,非常值得借鉴。建议将60周岁以上老年人在全国大数据库中的序列号作为其唯一的数字身份代码,并制作成数字身份二维码,粘贴在手机上或制作成卡片随身携带,有智力障碍的老年人的家人还可以将数字身份二维码制作成标贴缝制在老年人的衣服上。人们可以通过输入数字身份代码或扫描二维码，并结合人脸识别技术，查询到老年人的相关信息。不同机构或个人扫码后读取的信息依授权范围大小而不同。例如，当老年人走失，普通人扫码后显示的内容是老年人的姓名和紧急联系人电话；公共交通部门扫码后显示的是老年人的健康码和优惠通行许可；医疗机构扫码后显示的是老年人的医疗病历档案；民政部门、卫健委和派出所等国家机关扫码后依各自的权限显示相关内容，这样一来，既能提高办事效率，又能确保老年人的个人信息安全，还能有效防范老年人证件被盗或遗失，一举多得。

（3）政府构建 VR 立体信息化老年人综合服务平台。入驻商家由政府审核备案，通过虚拟场景方式，让老人足不出户即可放心购物。养老企业将服务内容以虚拟数字方式完整呈现，让老年人通过现场沉浸式感受，选择适合自己的养老服务。养老服务企业通过区块链进行管理，公开透明，政府可以全程有效监督。企业通过市场方式公平竞争，实现优胜劣汰。

6.14.3　国家发行养老数字藏品，汇聚社会爱心

国家发行养老数字藏品，汇聚社会爱心，形成"我为人人、人人为我"的良性循环。

"好人有好报"，这是几千年来中国人的善良祝福。当下社会可以通过契约将人们的善行进行确权登记，当自己未来需要帮助时，通过交换服务的方式获得社会的帮助，最后形成"我为人人、人人为我"的良性循环。时间银行模式已从国外传入中国，这些年来民

间公益团队对此做了大量实践探索。

2022年6月1日起，由北京市民政部门牵头，实施时间银行互助养老模式，将个人的志愿服务时间（时间币）贮存起来，待老年人将来需要时，可以随时调取使用。为更加便捷，笔者建议将时间银行模式使用数字藏品技术进行管理，老年人按社区为单位组织公益服务团队互相帮扶，国家机关按老年人公益服务时间长短和难易程度进行审核登记，兑换成养老数字藏品，同时制定养老数字藏品使用、转赠、交易和继承等管理办法，在不同城市之间流通时按当地服务成本高低进行折算，通过互助养老，激发公益爱心，形成良性循环。

6.14.4　支持低龄健康老年人二次就业和二次创业

支持低龄健康老年人二次就业和二次创业，以弥补年轻劳动力的不足。免费帮助老年人知识更新，融入元宇宙科技建设洪流，让老年人老有所为，形成国家、企业、个人的多方共赢局面。

网上曾有一个调查数据，即将退休的老年人有70%左右希望能再就业。老年人之所以有如此高的就业愿望，主要是因为1962年之后出生的这批老年人是国家恢复高考制度后的幸运儿，也是当年改革开放的主力军，具有知识水平高、应变能力强等特点，不希望让自己过早闲下来。此外，还有一个很现实的原因，大部分老年人的下一代是独生子女，老年人想通过再就业积累更多的养老金，减轻子女的养老负担。另外，全球元宇宙科技浪潮正在兴起，年轻劳动力明显不足，老年人的经验和智慧正好能派上用场。如果能帮助低龄健康老年人完成知识更新，融入元宇宙科技建设洪流，将形成国家、企业、个人多方共赢局面。相对于传统行业的就业而言，老年人在元宇宙科技领域就业具备以下三方面优势：

（1）国家组织老年人免费培训新兴科技知识，并建立全国老年人的人才数据库，设立专门吸纳老年人就业的公司，有序引导已完成知识更新的老年人二次就业。新兴科技领域与传统就业市场能相辅相成，不会挤占年轻人的传统就业空间。

（2）元宇宙科技领域就业的工作时间可以灵活机动，网上工作地点也可以不受区域限制，报酬方式还可以多元化，例如，用工作积分定制虚拟数字人，购买虚拟土地、虚拟房产和其他数字资产等。

（3）国家鼓励有创新意识的老年人二次创业，运用DAO的方式，使用通证经济汇聚社会力量，充分调动老年人的创业热情，构建与传统行业互补的多元生态模式。

我国目前正处于养老的最关键时期，庞大的老年人数量（十年将净增长两亿人），世界上史无前例，没有任何经验可供参考，只能借助科技力量，大胆创新，将"废物式养老"升级为"有为式养老"，开发老年人口红利，走出中国式养老创新之路。2022年4月，中共中央、国务院发布《关于加快建设全国统一大市场的意见》，要求破除地方壁垒，促进商品要素资源畅通流动，营造高效规范、公平竞争的环境。相信借助国家统一大市场和养老元宇宙这股东风，一定能推动全国养老统一大市场尽快建成。让我们一起共同期待！

6.15 土豆元宇宙

> 本节内容由共创者马达飞撰写

作为地球上的短暂者，人，迟早要离开。

好人上天堂，坏人下地狱，而艺术家们都去了艺薯星球。

艺薯星球，是热爱艺术者的理想元宇宙……

6.15.1 土豆世界观——Web 3.0 时代之第一食物

元宇宙创造了一种跨越时空的存在，更加彰显数字时空的创造性和延展性。

恩格斯在《黑格尔法哲学批判导言》中指出："人创造了神，而不是神创造了人。"恩格斯对物质与意识的辩证关系的阐述正好说明了今天的时代变化。

灵境智界时代，元宇宙的出现促进了生产力提升，工作效率、沟通效率、政务管理效率以及工业研发效率的提高均有望受益于元宇宙的发展。元宇宙出现还促进了生产形态的变革，企业组织形态、城市形态、工业生产形态都有望发生变革。作为农业的重要组成部分的土豆产业即将面临革命，相关产业链及价值分配即将重塑。

土豆元宇宙的前提如下。

（1）农业生产算法因产业数字化而高度优化。

（2）多知识体系汇集到农业领域，促进生产力极大地提升。

（3）供应链体系因数字化而透明，金融因算法而赋能。

（4）食物、餐饮等消费刚需场景彻底向元宇宙迁徙。

（5）元宇宙模式开始干预农业生产，颠覆传统农业供应体系。

（6）土豆大农业 + 土豆大数据 + 土豆大文创 + 土豆大消费格局即将产生。

土豆元宇宙的核心驱动是线下全球土豆产量 + 线上全球土豆消费 + 元宇宙 IP 驱动下的土豆多元价值。

6.15.2 土豆价值观——DAO 艺薯星球元宇宙

自古以来，粮食安全都是治国安邦的头等大事。国家主席习近平多次强调："中国人要把饭碗端在自己手里，而且要装自己的粮食！"自 2015 年中国农业农村部把马铃薯主粮化工作列为国家战略以来，取得可喜成就。马铃薯主粮化不仅有助于推进种植业结构调整，实现农业可持续发展，保障我国粮食安全，而且有助于改善和丰富我国居民膳食营养结构，提高广大居民的健康水平。中国实施马铃薯主粮化战略的意义是：从消费需求、种植资源、加工水平、政策等层面多部门、多学科、多角度、多层面协调联动，从引导消费、调整政策、增加研发投入、带动加工升级、促进国际交流和逐步拓宽主粮化的口径等视角形成新的产业链和生态环境。

作为全球首个土豆元宇宙，艺薯星球的未来发展目标如下：

（1）与国家第四主粮紧密结合，将在产业数字化条件下整合全球薯业。

（2）与科技做邻居。通过 DAO 组织打造科技平台，文创无限迭代。

（3）艺薯为邻，好吃不断。形成元宇宙食物阶级，发展元宇宙社交。

（4）形成土豆大单品 Web 3.0。创建全球首个食物星球，金融价值无限。

（5）IP引领，高频刚需。以世界知名艺术家的名字命名社区，价值观驱动。

（6）打造线下有机农场。形成可溯源有机农业体系，有机食品稀缺供应。

（7）吸引大众成为艺薯星球成员，终生收益，健康生活，家族传承，永续发展。

6.15.3 土豆文化观——灵境世界，艺术令生命永恒

以全球知名画家命名的社区有梵高土豆农场、塞尚土豆花园、毕加索薯条庄园、白石土豆茶馆、大千土豆宴画楼等。

当今知名艺术家的联名领地有 ×× 食物王国、×× 食物小镇、XX 食物花园等。

土豆元宇宙将与中华传统文化紧密结合，形成具有独特创新精髓的中华故事。据传说，在远古时期，共工撞断了不周山，原本连成一片的大陆分崩离析，以至于安第斯山漂流到了南美。同时与安第斯山一起飘走的是《山海经》的一页。那一页经文落在安第斯山上盛开的一朵花上，连接着它的根茎，与花朵融为一体。后来女娲补天，余留下来的补天石绽放出了灵气，以至于安第斯山上的那朵花化成了人形，形成了土豆部落。数万年之后，天庭藏书阁在修补

藏书时发现《山海经》缺少了一页。为了补全那一页，天帝找到唐僧师徒，希望他们能帮忙前往安第斯山寻找残经，怎料唐僧因受一只海龟大神的影响，下凡做了海盗。无奈之下天帝找到了孙悟空，而孙悟空又托白龙马前往安第斯山。

……

灵薯仙子将瘟神捉住后，瘟神将真相合盘托出。他说，因为看村里的人免疫力太差，又食不果腹，最好欺负，所以就散播了瘟疫。想要救村里的人，只要将他们的身体体质提升，施加在村民身上的瘟疫法术就会失效。

灵薯仙子虽然不知道如何治病，但是听族长的母亲说过，土豆部落的人不会生病，因为他们能变出土豆果实，这种果实能让他们抵抗力变强。思来想去，灵薯仙子在他们的饭菜里都加入了土豆果实，让他们身强体壮。不出七日，村里的瘟疫果然消失了。

……

为了让村民们不再受瘟神欺负，灵薯仙子把她学会的土豆种植法教给了村民，让他们学会种植土豆。与此同时，村中的瘟疫结束，灵薯仙子想回家去，又舍不得白三公子，希望白三公子跟她一起回家。

……

就在走投无路时，一艘船从海上驶来，是邻国法王的船，带队者是法王的国师——二师兄。二师兄将灵薯仙子等人救上了船，离开了英王地界。

上船之后，灵薯仙子等人得知，二师兄原本已经是佛门使者，只因成佛后自觉过去有些孽缘未尽，欠了高小姐的情。如今高小姐托生为法王，二师兄便千里迢迢赶来辅助法王。刚巧法王国境内最近正在闹瘟疫,二师兄便与法王说,灵薯仙子等人能够救治当地百姓,法王这才派船跟英王抢人,救下了他们。

吓跑追兵之后,灵薯仙子割血给白三公子疗伤。因为土豆的特性,她的血液有强大的恢复功效。灵薯仙子说她梦想让土豆花开遍全世界。她问白三公子的梦想。白三公子说他没有梦想。他所做的一切事只是还当初西天取经的一场因缘。不过白三公子至今没说,他的任务跟灵薯仙子有关,他要把灵薯仙子送回天庭,变成一页经书,永远限制她的自由。

两人各怀心事,却难得地享受了一场安静的共处,直到二师兄的船队找到了他们。

……

那一战之后,白龙失去了灵薯仙子,悲痛欲绝,现出真身,咆哮九天。而后天空下起了雨,大雨过后,九州大陆上长出了土豆花。

而《山海经》始终没有补上关于土豆部落的一页,土豆部落的故事只埋藏在白龙心中。白龙走遍了世界各地,每到一处,他便下一场雨。而大雨之后,就会有种子破土而出,在任何地方都能生长,这就是土豆花。

再后来,时代更迭,沧海桑田,白龙在九州大陆开了一间酒吧,那时已经是现代了。白龙总是吃着土豆饼,喝着咖啡,看着窗外的雨,念叨着:"土豆花已经开满了世界各地。灵薯仙子,你该回来了吧?"

6.15.4 土豆元宇宙:共同迈向崭新的未来

面对日益激烈的国际竞争和粮食安全问题的挑战,让我们携手共同组建土豆元宇宙,弘扬中华农业文明,全面提升健康指数,通过产业数字化提供 DAO 组织和一站式数字化服务平台,再造产业生态圈,在新的历史机遇下,与各合作伙伴、机构、组织及企业共同迈向崭新的未来!

6.16 牛排元宇宙

本节内容由共创者曹彤撰写

6.16.1 什么是牛排元宇宙

牛排元宇宙是将消费者、生产者、销售者、传播者、投资者组合在一起的传统经济、数字经济、观念经济、虚拟经济的多元体。

牛排元宇宙 DAO 是什么呢?在牛排 DAO 的组织下,将供应商、销售员、消费者、爱好者、投资者、传播者、内容制造者链接起来,将各个环节的人、财、物用利益机制链接,实现贡献,获得资金,完成内容创作,以及推广给新消费者,让资源匹配都能够快速且低成本地发生,又能群策群力不断优化产品品质,从而循环提升消费者的综合体验。

牛排元宇宙 DAO 的愿景是:帮助大家吃好牛排,吃出健康身体,也让家人和孩子享受到美食和烹饪的快乐,提高生活品质;同时研究探索元宇宙七大技术赋能下的牛文化、牛排元宇宙的产业发展;促进 DAO 组织成员共创、共享牛排元宇宙新世界,创造出巨大的牛排元宇宙数字新物种和数字财富,使所有人都可享受到极具性价比的供应链源头价格,在吃好牛排的同时还能顺便赚钱。

6.16.2 牛排与元宇宙有什么关联

元宇宙和 Web 3.0 最大的价值就在于把 C 端（用户）的数据隐私和价值归还给 C 端。元宇宙本质上是对现实世界的虚拟化、数字化的过程，需要对内容生产、经济系统、用户体验以及实体世界内容等进行大量改造。在共享的基础设施、标准及协议的支持下，由众多工具、平台不断融合、进化而最终成形。它基于扩展现实技术提供沉浸式体验，基于数字孪生技术生成现实世界的镜像，基于区块链技术搭建经济体系，将虚拟世界与现实世界在经济系统、社交系统、身份系统上密切融合，并且允许每个用户进行内容生产和元世界编辑。

那么，牛排和元宇宙有什么关系呢？牛排又该如何利用元宇宙的技术优势呢？

1. NFT 的应用

用 NFT 对牛排进行溯源，这解决了牛排在消费环节中很重要的一环。消费者最在乎的牛排品质、等级、产地、加工方式、保鲜技术、运输条件都可以通过 NFT 溯源。利用区块链上每一笔交易都是公开的这一特点，对区块链上的每一笔交易进行溯源，让消费者清楚地知道牛排从产出开始是如何流转到自己手上的。

2. DAO 机制

利用 DAO 机制制定好牛排的标准，并大幅度降低企业运行成本，将其返还给消费者。用智能合约技术保障承诺给消费者和牛群的 100% 权益，且智能、自动地公开。

3. 牛排爱好者的通行证

NFT 还可以起到类似通行证的作用，让用户成为社区成员、DAO 开发者以及项目早期投资者。此外，PFP 的所有者也可能有机会访问该社区创建的游戏或其他产品，或者获得能和某个名人持有同一系列 NFT 的机会，消除距离感。NFT 还具有加密的功能。

4. NFT 赋能 AR

用 NFT 认证每一头牛，持有 NFT 者可以利用 AR 眼镜远程观察和饲养牛，并与牛互动。

5. 虚拟牛排馆

2022 年 6 月 12 日开街的广州非遗街区（北京路）被称为国内第一个元宇宙非遗街区。以北京路骑楼为原型搭建的虚拟公共文化空间——广州非遗街区（元宇宙）也同步亮相。许多市民戴上 VR 眼镜，畅游于非遗街区的元宇宙世界中。这里面包含广彩、广绣、榄雕、箫笛、通草画、岭南古琴、西关打铜等项目。北京路上还有很多出名的牛杂馆，这些牛杂馆在现实生活中原本就非常知名，生意非常火爆。在元宇宙中开个数字孪生牛杂馆、牛排馆，在带来新颖感的同时还可以帮助到线下的生意，完美地体现了虚实结合。

6. 虚拟牛排连锁店

在开牛排馆的基础上，还可以在全国各个商业街的虚拟场景以及虚拟平台上开办连锁店。

技术人员和美术人员的建模开发和虚拟场景的打造需要高额的研发费用,但同时开设多家虚拟牛排连锁馆,分摊到单个店铺的成本就降低了许多。现阶段企业应该考虑的是商业模式该如何设置。

而数字孪生的店铺,还可以有助于现实中的管理和运营。数字孪生并不是那种具象的、像游戏一样的 3D 空间,它更像是一个 3D 的透视图,现实中的标的物通过各种传感器把数据传递过来,然后在一个通盘影像的 3D 沙盘中判断所有的运行情况,比单纯看一个数据表、曲线或者一个 2D 图标更清晰、更具象。店主可以实时看到所有店面内的运行情况,一旦有数据异常,就会在管理数据看板中显示出问题,继而根据问题立即检查对应的部位,非常直观和方便。

7. 智能合约保障消费者的权益

对消费者而言,吃牛排能得到 VIP 待遇,还能得到现实生活中的权益和数字权益,同时还能分红。

读者可能会问:这早就有了各种分润模式了,为什么非用元宇宙技术不可呢?

是的,从商业思维和实操上看,早就有了分润模式。这属于老事新做。这便是选择牛排实体的优势:项目成功率高,靠谱。

因为新技术会保障你做的贡献,包含创作的内容和传播,都会被确权。分润自动计算、自动结算、不可篡改、不可撤销,无须经过人为审批等操作。

8. 如何使用牛 DAO 获客

获客是企业经营的核心点。下面以牛排元宇宙 DAO 为例来看如何快速获客。如果把元宇宙中的 DAO 单独拿出来，比作坦克的话，那么把营销和 DAO 堆砌在一起，以步兵和坦克协同炸碉堡，那么就太浪费了。

获客是这个快速增长的支点。要以 DAO 组织扩张为核心，而不是 DAO 配合企业的营销等管理工作。将 DAO 组织的优势嵌入到企业的管理和业务活动的网络中，以 DAO 系统平衡各种手段的优缺点，将 DAO 的能力发挥到淋漓尽致。DAO 组织的效能需要一些管理和业务工作配合，需要一些手段和工具，才能充分激发出来。

闪电战需要坦克、飞机和无线电协同，DAO 组织也需要顾问和好的实施团队，才能够把核心能力发挥出来。找到突破点、切入点和支点，才能把 DAO 的优势发挥出来。

DAO 组织也需要多种力量配合、协同，才能适应现代的经营理念以及消费、投资理念，这不是 DAO 实施者的独角戏。DAO 分为技术层、实施层、策划层、协同层以及对业务很熟悉的运营层。

6.17 香港文博元宇宙

本节内容由共创者梁家僖撰写

6.17.1 世上本无路，路都是人走出来的

通过元宇宙，可以向港澳台地区及海外传播传统文化。

元宇宙可以是一条京港文化科技路，也可以是一条香港由治到兴的新出路。通过元宇宙，可以向国际讲好中国故事，让更多其他国家的人了解中国。吾辈应当为中华民族伟大复兴而努力！

作为在内地生活了15年并在北京扎根11年的香港青年，笔者一直在思考问题：

中华传统文化如何传承与创新？内地与香港地区在政策、科技、文化及传播领域上如何优势互补？

我们弘扬中华传统文化到底是要弘扬什么？什么是中华传统文化的内核？

创新，又是如何创新？随着科技的新发展，文化与科技又如何融合？又如何科学地利用元宇宙呈现及传播灿烂的中华文化？

笔者作为香港土生土长的青年，如何运用文化和科技影响更多香港青年融入内地、投入祖国的怀抱？

如何在国际上说好和传播好中国故事？如何发挥中华传统文化的连结作用，促进内地与香港优势互补？

6.17.2 宏观层面：战略优势互补

"十四五"规划纲要中提出：支持香港发展的四个新中心定位，即国际创新科技中心、区域知识产权贸易中心、中外文化艺术交流中心及国际航空枢纽地位；支持香港发展四大固有优势产业，即国际金融中心、国际航运中心、国际贸易中心及亚太区国际法律及解决争议服务中心。同时，北京市的四个中心定位是政治中心、文化中心、国际交往中心及科技创新中心。从这两个城市的定位可以概括出文化产业、科创产业及高端服务产业（为实体服务的金融业、咨询业及商业服务业等）。这三大产业能连成一条贯穿南北的中轴线。这是一条可以打通从北京到大湾区再到香港的产业中心线，是战略上京港优势互补、双循环的新出路。

2022年4月10日，国务院发布《加快建设全国统一大市场的意见》，在关于构建新发展格局的论述中提到：统一大市场能更好地畅通双循环。在政策方面，香港特首李家超在2022年行政长官选举政纲里提出了六大核心政策，其中两条就是"发展创科中心，带动经济转型"及"塑造文化之都，推动创意经济"。香港财政司司长陈茂波在2022—2023年度的香港财政预算案中也提到（原文第50点及52点）：

"经济要迈向高质量发展，数字化是必然趋势。通过搜集经济体系内各式各样的数据，并将之数字化，加以整理和分析，可帮助我们更好地认识整体经济及各个环节的运作，从而提升效率，推动创新。对企业来说，数字化有助转型赋能、提质增量、激发创新。为加速数字化经济进程，我将成立一个数字化经济发展委员会，成员包括专家学者、业界精英以及相关政府官员。"

"持续推动创科的发展，是让经济更优质多元的重要策略。'十四五'规划支持香港建设国际创新科技中心。创科发展除了促进经济增长及创造就业机会，推动'再工业化'及提升制造业的竞争力，亦有助各行各业数码转型。本届政府已投放超过一千三百亿元于创科发展，近年成果渐现。我会在预算案增拨资源，持续强化整个价值链及创科生态圈。"

大家可以留意上面第二点（原文第52点），香港特区政府已投放超过 1300 亿元于创科发展，还会在预算案增拨资源。关于详细内容，读者可以留意香港特区政府官网、香港财政预算案、香港创新科技及工业局、香港贸易发展局及香港科学园等官网相关政策。

6.17.3 中观层面：产业优势互补

本节分析文化产业、科创产业及高端服务产业。

1. 文化产业

关于文化产业从文化和传播两点简述。内地文化资源非常丰富。例如，北京有国际知名的文旅 IP：故宫、长城、天安门、王府井、国家博物馆、国家图书馆、中国美术馆等，传播亦有国家最权威的官方媒体。而香港是国家对外循环的最佳出口，所以可以把北京及内地其他城市的文旅 IP 故事和文创品转化为国际上不同国家、不同地域版本的元宇宙，以当地市民喜闻乐见的产品或服务，在元宇宙中以影视、文创品、出版物及科技空间等为载体输出，向世界讲好中国故事。

2. 科创产业

国家科技自立自强并与文化融合是大方向。在形式上，科创线上创新和线下创新，前者包括近期受到大众高度关注的元宇宙、VR、AR、MR、XR、虚拟人、数字孪生、虚拟仿真、数字原生体验场景、数字藏品、NFT 及 DAO 等，后者包括产业元宇宙化、沉浸式体验馆、真人多人互动实景剧本杀及密室逃脱等。在内容上，笔者建议以正能量为基础，以运用传统文化、国潮科幻等新转化的内容 IP 为主，会更容易受到年轻人的欢迎。笔者已写了两篇元宇宙科幻爱情及命运短篇故事——《我穿越元宇宙去爱你》及《老虎年，我在"无为"元宇宙过春节》，已在香港文汇报及今日头条发表，内容是关于多个平行多重元宇宙的，有兴趣的读者请自行搜索。

3. 高端服务产业

金融业、咨询业及商业服务业等高端服务产业方面，香港熟悉国际商业操作模式及国际人脉，这些都是对内地很好的补充。

6.17.4　微观层面：人才优势互补

人才是重中之重，因为企业和项目都要依靠人才。香港地区的人才具备国际化视野，与世界上不同国家接轨的经验丰富，这是多年沉淀下来的优势。但问题是香港地区对内地的认知不一定足够，会出现"外通内不通"的情况。而内地随着海归越来越多，各领域人才在对外工作方面的经验越来越成熟，假以时日，很有可能内外循环皆通。在短中期，香港地区在外循环上仍然有制度和人才上的优势，所以香港青年必须好好努力，更积极主动地融入内地，和国家一起向未来发展。笔者希望本文能作为一个方向性指引，让更多香港读者，尤其是香港青年，能看清前路，也让更多内地读者可以利用好内地与香港的特色，在元宇宙及数字经济发展上实现优势互补。

6.17.5 案例：文博产业元宇宙

本节以文博元宇宙这个细分领域基于线下收藏品之虚实结合为例，展示如何对外讲好中国故事。

中国有历史悠久的传统文化，而线下收藏品是传统文化的重要载体。从宏观来看，如果能盘活线下艺术收藏品这部分资产，并结合元宇宙，促进经济内循环，必定大有可为。

先了解一下线下收藏品的存量有多大。除港澳台地区外，全国已调查登记的可移动文物有1.08亿件/套、不可移动文物76万处、文物收藏品4138.9万件/套。各位读者再想想单件收藏品的价值，它们的总额是天文数字！

简单地说，收藏界一直面临的问题就是大量收藏家的收藏品没法在市场上有效流通。为什么？因为"三确"问题：确真、确权、确值，这三个老大难问题多年来一直没法有效解决，通俗地说"水太深"。首先看确真。此物是真品还是赝品？有没有鉴定？谁能说了算？其次看确权。怎么证明此物是此物？怎么证明证书和实物是一一对应的？怎么证明此物物权归属于谁？线下收藏品转化为数字收藏品或NFT的法律权利是怎么厘清的？最后看确值。有没有衡量收藏品价值的标准？参照什么标准评估价值？现在此标准是国外的还是中国的？标准如何建立？线下与线上的标准之间的问题应该怎么解决？

那么，如何破局呢？随着时代的进步，综合线下科技和线上元宇宙科技是一条可行的新出路。

1. 新时机

2022年5月18日国际博物馆日的主题是"博物馆的力量",国际博物馆协会将"数字化与可及性创新"作为博物馆的力量的重要支撑,其中包括元宇宙、数字化等技术。国家"十四五"规划纲要关于推动文化产业高质量发展的战略决策是:聚焦于中华文明的起源与发展,集成使用现代科技和博物教育成果,挖掘、保护和传承中华文明自身发展及中外文明交流的实物证据序列,揭示中华文明固有的自信心和包容力,重塑中华文明在领导人类命运共同体建设中的重要角色和特殊作用。此外,前文提及了支持香港地区四个新中心定位,政策上亦支持海南自贸港成立海南国际文化艺术品交易中心、举办博鳌博物馆文化博览会、推动降低艺术品和可交易文物交易成本等,这是文化艺术品领域创新发展的良好时机。

2. 新技术

解决收藏品线下的"根"权利归属问题,将最新的区块链+光纳隐码技术应用到线下收藏品。简单地说,就是把特制的光纳隐码打印在线下收藏品表面,再上区块链,确保此收藏品、证书和收藏家一一对应。科技发展已到达一个临界点,除了打码,还要建立整个"云博通链"体系,该体系是基于新一代自主可控区块链+光纳隐码技术的文物全生命周期数字化治理体系,以科技创新实现可信溯源,为文物艺术品资产化提供技术手段和工具平台。在真实性方面,要建立相关科学鉴定交叉认证体系。而在元宇宙里,关于如何以沉浸式手段呈现相关收藏品,已经有很多文章探讨元宇宙博物馆、艺术馆、文化馆、私人藏馆和收藏展示空间等,笔者就不一一叙述了。

3. 新标准

有了标准就可以对比价值，有了标准就有可能通过香港对外输出，争取国际线上线下话语权。有相关单位正在推动文基工程建设。文基工程是以全新世（一万多年前）以来中华文明自身发展及中外文明交流为研究对象，运用系统演化、文化地层、科学鉴定和实物证据等科学方法，从科学发掘的实物标本和科学确证的传世藏品中逐级遴选出标准物证，完整而系统地展示中华文明自身发展的基本脉络以及中外文明交流的重要节点和重要事件。文基工程总计从 15 类传世藏品中选出标准物证，包括生产工具、生活用具、定居场所、军事用具、祖庙陵墓、社稷坛、中心建筑、八卦、文字、玉器、玺印、学校、天文台、货币、度量衡等。终选按照"百年一器"的原则遴选，即每 100 年时限在每类藏品中选一件标准物证，15 类标准物证总数为 1500 件。能入选的都是精品中的精品。举个例子，众所周知，宋代有五大名窑：汝窑、官窑、哥窑、钧窑、定窑，但宋代只有 319 年，所以在五大名窑里只能遴选三件作为标准物证代表，各位可以想象遴选出来的标准物证的代表性有多强。

6.17.6 人生万事须自为，跬步江山即寥廓

香港青年应该更积极主动融入内地，发挥自身优势，助力中华民族伟大复兴，在国际上讲好中国故事。笔者建议内地读者朋友多留意香港相关信息，有效实现内地与香港优势互补。本文篇幅有限，

笔者愿意在适当的时机与各位讨论以哲学和科学方法论归纳及演绎元宇宙的未来发展，元宇宙科幻故事世界的顶层设计和框架，元宇宙与政治、经济、文化和生活，等等。

当今世界正经历百年未有之大变局。祖国正处于实现中华民族伟大复兴的关键时期，2022年是实施"十四五"规划承上启下的重要一年。展望未来的两个阶段的战略目标是：到2035年，基本实现社会主义现代化；到21世纪中叶，建成富强民主文明和谐美丽的社会主义现代化强国。在此，我衷心祝愿祖国目标早日达成！在这个伟大的新时代，我为中华民族伟大复兴而自豪！

功成不必在你我，功成必定有你我！

长风破浪会有时，直挂云帆济沧海！

第 7 章

行业元宇宙的支撑技术和基础设施

7.1 交互现实技术

本节内容由共创者张力撰写

近几年,计算机视觉技术发展非常迅速。虚拟现实(VR)、增强现实(AR)、混合现实(MR)三代技术各有特点,统称交互现实(XR)技术。XR技术通过在虚拟环境中融入现实场景信息,在虚拟世界、现实世界和用户之间搭起一个交互反馈的信息回路,以增强用户体验的真实感。

XR技术是继大型机、个人计算机和智能手机之后计算领域的下一波浪潮,并且正在企业业务应用中成为主流。它提供了与空间数据和多人协同有关的本能交互,将人们从受屏幕束缚的体验中解放出来。基于计算机视觉、图形处理、显示技术、输入系统综合的进步,混合现实完成了物理世界和数字世界的融合,开启了人、计算机和环境之间自然而直观的3D数字交互。

VR是利用VR设备模拟产生一个三维的虚拟空间,提供对视觉、听觉、触觉等感官的模拟,让用户如同身临其境。在 VR 中,用户只能体验到虚拟世界,无法看到真实环境。

AR 能够把计算机生成的数字信息(文字、图片、视频、声音、系统提示信息等)叠加到真实场景中并与人实现互动。简言之,AR 是通过计算机生成的数字信息对物理场景的增强。

MR 是将虚拟世界和现实世界融合,其中的物理实体和数字对象满足真实的 3D 空间关系,并可进行本能的交互。顾君忠教授在《计算机应用与软件》上发表了《VR、AR 和 MR——挑战与机遇》,其中对混合现实是这样解释的:"混合现实有时也称 hybrid reality,它把真实世界和虚拟世界合成在一起,产生一个新的环境,使之形象化、物理和数字对象共存、实时交互。混合现实不仅发生在真实世界或虚拟世界,而且把现实和虚拟现实融合到了一起,借助于沉浸技术包容了增强现实和增强虚拟。"也就是说,人们所看到的混合现实是真实环境与虚拟环境相结合的。

通俗地说,一边是真实世界,另一边是虚拟的数字世界,MR 是中间的部分。现在我们认为 MR 技术是 VR 技术的进一步发展。VR 给人类更多的是强烈的沉浸感,但是无法与真实环境相结合,也就是说 VR 技术是脱离真实环境的;而 MR 技术也可以理解为一种新的组合技术,它通过在虚拟环境中融入真实场景的信息,在虚拟世界、真实世界与用户之间搭建了一个可交互、可反馈的信息回路,以此增强用户的真实感,而且有沉浸感。

XR 技术是一个快速发展的领域,未来将广泛被应用到行业元宇宙的多个行业、环节和应用场景中,如工业、教育培训、娱乐、地产、医疗等行业,营销、运营、物流、服务等环节,训练和模拟、培训及任务引导、远程协助、设计和模型、销售协助、场景数据叠加等应用场景。

7.2 数字孪生和数字原生技术

数字孪生也被称为数字映射、数字镜像。它是充分利用物理模型、传感器反馈的数据和运行历史数据等,集成多学科、多物理量、多尺度、多概率的仿真过程,在虚拟空间中完成映射,从而反映对应的实体装备的全生命周期过程。数字孪生是一个超越现实的概念,可以被视为一个或多个重要的、彼此依赖的装备系统的数字映射系统。

简单来说,数字孪生就是在一个设备或系统的基础上创造一个数字版的克隆体。数字孪生体最大的特点在于它是对本体的动态仿真,它来自本体的物理模型,还有本体上传感器反馈的数据,以及本体运行的历史数据。

与数字孪生容易混淆的是数字原生。数字原生是生产人类认知之外的新知识,是由以物理世界为重心向以数字世界为重心迁移的思考问题的方式。数字原生可以构建跨时空的表现内容,例如,苏格拉底和孔子可以对话,我们和老子可以跨时空对话,等等。

7.3 游戏技术及游戏化

游戏可以直达人类幸福的核心,提供令人愉悦的奖励、刺激性的挑战和宏大的胜利,是最显而易见的心流来源。游戏始终是人类自发的活动，也是人类为了宣泄被压抑的欲望而创造的精神世界。

手机游戏简称手游，是指运行于手机上的游戏软件。云游戏是以云计算为基础的游戏方式，所有云游戏都在服务器端运行，并将渲染完毕后的游戏画面压缩，再通过网络传送给用户的各类终端。区块链游戏简称链游，是运行在区块链分布式生态中的游戏。实景游戏是与现实场景相结合的游戏。

游戏的方式是元宇宙的基本呈现方式之一，游戏引擎、3D建模、实时渲染等游戏技术和艺术会大量运用在元宇宙生态场景中。游戏可以为元宇宙提供创作平台、交互和社交的场景并实现流量聚合。

游戏化（gamification）是指在非游戏环境下对游戏的思维和游戏的机制进行整合运用，以引导用户互动和使用的方法。游戏化可以提升受众参与度、忠诚度和乐趣，它能在行业元宇宙中的各细分领域影响到用户使用时的心理倾向，进而促进用户的参与和分享。

游戏化不仅是一种策略，也是行业元宇宙的产品、平台设计过程中的思维方式。游戏化在行业元宇宙中并非仅仅是达成商业目的的手段，也是让社群成员对元宇宙产生认同感的方法。通过游戏化的方式让社群成员了解和使用产品，并且获得自我实现的价值，才是实现价值双赢的方向。

在行业元宇宙中，游戏化要做的主要是两方面：一是挖掘已有行为中潜在的游戏性互动并对其进行增强；二是使用游戏规则重新组合产品内的元素，以故事的方式创造动力势能以驱动行为，让社群成员在游戏中获得物质价值、社交情感价值和自我实现的价值。

7.4 分布式网络通信技术

本节内容由共创者胡歌撰写

分布式网络有利于数据的传输、共享、分配和优化。它克服了传统集中式网络往往导致中心节点资源紧张，容易因为中心节点遭到破坏而使网络崩溃的弊病，解决了网络中存在的负载不均衡、资源难以共享、网络结构脆弱等问题。传统的网络由于存在中心服务器，可以直接管理服务器中心节点，进行安全防范；而在分布式网络中，节点的加入和退出都比较频繁，网络中往往会出现恶意节点，恶意节点发动的攻击很容易对网络造成破坏。

从技术方面分析，区块链技术就是 P2P+ 密码学 + 共识机制。具体来说，区块链就是 P2P 的网络架构，通过密码学保证数据的安全，通过共识机制保证数据的一致性。对于其他网络架构来说，故障是不可避免的；但是对于区块链的分布式 P2P 网络来说，基本上不存在单点故障，就算节点频繁地进退也不会对整个系统产生影响。

区块链的落地项目有许多，可以将这些区块链大致分为三类——公链、私有链和联盟链。公链具有完全开放的特性，这决定了它不会在网络中采用 P2P 加密；而对于其余两者（尤其是联盟链）来说，其节点间互相合作却又不完全互相信任的情况使 P2P 网络显得尤为重要。

当前即时通信面临着安全挑战，传统使用用户名 + 密码的认证方式导致盗号现象严重，C/S 架构的中心化服务器易被攻击，并且当前的服务器存储转发信息时，用户的信息没有得到更好的私密保护。采用 P2P 网络分布式通信架构，利用分布式网络 + 客户端应用的方式替代传统的 C/S 架构，并在网络层上重新创建一套底层的、高效的通信协议，替代传统的 OSI 参考模型，真正保证信息的私密与安全。

基于 P2P 分布式网络架构开发私密通信软件，节点交互认证数据传输，用户无须注册和登录，也无须输入任何身份信息，采用 P2P 通信方式可将文字、语音、图片、文件发送给好友，信息不在第三方存储，不被第三方监控，以私有隧道进行传输，在分享信息的同时充分保护了用户的隐私，让聊天更加安全。

7.5 物联网技术

本节内容由共创者李承鸿撰写

物联网技术是现实世界与虚拟元宇宙的链接，是元宇宙提升沉浸感体验的关键所在。人们用到的手机、远程测温仪、计算机、VR/AR 眼镜都属于物联网设备。

物联网技术是指通过信息传感设备，按约定的协议，将任何物体与网络连接，物体通过信息传播介质进行信息交换和通信，以实现智能化识别、定位、跟踪、监管、测温等功能。包括具备内在智能的传感器、移动终端、工业系统、数控系统、家庭智能设施、视频监控系统等，和外在使能的、贴上 RFID 的各种资产通过各种无线或有线的通信网络实现互联互通,在内网、专网和互联网环境下,实现对万物的高效、节能、安全、环保的管、控、营一体化。

物联网的关键技术包括射频识别(RFID)技术、传感器技术、无线网络技术、智能嵌入技术和云计算技术。其中,传感器技术是物联网中的关键技术。简单地说,物联网是指各类传感器和现有的互联网相互连接的一个新技术。

要实现人机交互和万物互联,需要同时具备传感器、数据集成和分析(智能中枢)促动器三大要素,传感技术作为收集信号并发出数据的桥梁,在实现虚拟向现实迈入的过程中扮演着举足轻重的作用。

在交互技术应用中,通过结合体感、环境的传感技术能为元宇宙用户提供各种真实的体感,例如视觉、触觉、听觉、嗅觉、味觉等。在现实世界中,为了将万物融入进单个呈现载体(体感设备),并对主体产生的不同物理状态传达出对应指令,还需要在物联网技术的支持下,把传感器融合到感知层中。

要实现元宇宙这个想法,需要借助许多设备和内容,像 VR、AR 等技术以及视觉、听觉等硬件大都已经实现。然而,怎么在元宇宙里再现人的触觉、味觉等感官呢?味觉传感出于人体安全的考虑相对敏感,目前虽已初步实现对食品、农产品、药品等进行味觉感官指标分析(酸甜苦辣咸等),但是直接作用于人体还需要更先进的技术和更长的时间。而触觉传感技术应用领域更为广泛,实现进程快。

以下是传感器在一些热门领域中的应用:

(1)传感器在医疗健康领域的应用包含新型生物传感器、纳米传感器、可消化传感器、柔性传感器、可植入传感器。还有人们在平时戴的华为、苹果等智能手表上看到身体健康数据都是通过传感器实现的。

（2）传感器在 VR 领域的应用包含红外传感器、空间定位追踪传感器、6 轴传感器等。

（3）传感器在机器人领域的应用包含触觉传感器、视觉传感器、力觉传感器、光敏传感器、超声波传感器和声学传感器等。

随着传感器技术的发展，人们在元宇宙的生活中就可以像电影《失控玩家》的男女主角一样，在虚拟世界里通过传感器系统感受到爱的感觉——接吻。

7.6　区块链技术

简单来说，区块链是一个分布式的共享账本和数据库，具有去中心化、不可篡改、全程留痕、可以追溯、集体维护、公开透明等特点。区块链技术是一系列现有成熟技术的有机组合，它对账本进行分布式的有效记录，并且提供完善的脚本以支持不同的业务逻辑。区块链的核心技术包括分布式账本、非对称加密技术、哈希算法、共识机制、激励机制、智能合约和预言机等。

区块链技术组合带来的是人类思维方式和生产关系的改变，更重要的是它重塑了世界科技的重心。区块链是 Web 3.0 和元宇宙的支柱，区块链技术可以提供去中心化的结算平台和价值传递，也可以实现规则透明和确定性执行机制，这样可以保障 Web 3.0 和元宇宙的价值归属与流转，从而实现经济体系的高效与稳定。区块链技术存在的意义在于保障用户虚拟资产、虚拟身份的安全,实现元宇宙中的价值交换,并保障系统规则的透明执行。

在元宇宙的相关技术里如果没有区块链技术,则元宇宙只是一种 3D/XR 的游戏形态,无法脱离现实世界。但是,区块链架起了虚拟数字世界和现实世界的桥梁,让元宇宙的虚拟世界变成了真正的平行宇宙。

元宇宙作为承载人类虚拟活动的大型平台,在流量上具备自然垄断性。以中心化平台为主导的元宇宙商业模式必然导致更大规模的垄断和控制,这是一种比互联网垄断更难以接受的结果,也不利于元宇宙的长期发展。而区块链技术能解决平台的去中心化价值传输与协作问题,解决中心化平台的垄断问题。

没有区块链技术组合的出现,就没有 Web 3.0。Web 3.0 是去中心化技术的新型互联网,它基于区块链和 DAO 等分布式技术而建立的,而不是集中在个人或公司拥有的服务器上。虽然 Web 3.0 仍处于发展初期,但它在速度、效率和成本上将逐渐赶上 Web 2.0,并且它还具有 Web 2.0 没有的优势,那就是信任最小化的加密保障。

7.7 分布式账本

本节内容由共创者曹家林、江斌、朱林撰写

区块链技术是分布式账本技术的一种形式,也是一种分布式且不可变的账本,用于转移所有权、记录交易、跟踪资产,并确保与数字资产的各种类型的交易中的透明度、安全性、信任和价值交换。

区块链根据其开放程度可以分为公有链、私有链和联盟链，所谓开放程度就是指是否所有人都可以自由地加入，获取链上信息，以及链上的信息是否公开透明。

1. 公有链

公有链简称公链，是在实际应用中开放程度最高的一类。公链对参与权限没有硬性要求，任何个人、组织都可以自由加入和退出。公链上的所有数据记录是公开透明的，任何人都能参与共识过程。公链被认为是不受机构控制，完全去中心化的区块链。最典型的公链代表就是比特币系统，这个系统向所有人开放，人人都可以成为比特币系统中的节点、验证者和使用者，比特币系统中的信息是完全公开透明的。公链的典型代表有比特币系统、以太坊网络和币安智能链等。

2. 私有链

私有链简称私链，又被称为内部链，它的开放程度很低，数据的写入、修改权限仅在少数人或组织手中，属于私有机构单中心网络。目前很多大型公司集团都在开发自己的私链，它可以用于企业管理、财务审计、银行清结算等。

私链的典型代表是蚂蚁链等。

3. 联盟链

联盟链由多个互相信任的组织共同参与，彼此间具有良好的合作关系。联盟链的开放程度介于公链和私链之间，写入、修改权限仍掌握在多个互信组织手中，被视为是部分去中心化的区块链。这个联盟可以是国与国、企业与企业、银行与银行之间合作的某种联盟。联盟链的参与方彼此信任程度高，验证效率快，交易成本较公链大大下降，同时数据的部分隐私又能得到很好的保护。

联盟链上的信息与资源只有该联盟的成员才可以共享。联盟链的设计构思比纯私链更复杂，应用范围也更广，可以让金融行业、保险行业、物联网等实现价值交换和信息共享。联盟链在去中心化、透明性等方面不及公链，但是在效率、交易速度、监管等方面要优于公链。

联盟链的典型代表有国外的 R3 区块链联盟、HyperLedger Fabric（超级账本）以及国内的 BSN、至信链、版权链、智臻链等。

由于没有发币的问题，联盟链更容易获批和监管，巨头们更偏爱联盟链。例如，华为、腾讯、京东、阿里巴巴等都发布了区块链的项目，但是都承诺不会发币。除了互联网巨头外，多家银行最近也宣布了自己的区块链计划，要落地的点都集中在清结算、支付、票据、供应链等领域。而联盟链在金融、法律、医疗、能源、娱乐、公益等领域的产业化更容易实现。

7.8 智能合约

智能合约的概念是由计算机科学家、密码学家尼克·萨博（Nick Szabo）在 1993 年左右提出的。1994 年，他发表了论文《智能合约》，这是智能合约的开山之作。尼克·萨博为智能合约下的定义是：一个智能合约是一套以数字形式定义的承诺，包括合约参与方可以在上面执行这些承诺的协议。

智能合约程序不只是一个可以自动执行的计算机程序，它本身就是一个系统参与者，对接收到的信息进行回应，可以接收和存储价值，也可以向外发送信息和价值。这个程序就像一个可以被信任的人，可以临时保管资产，总是按照事先的规则执行操作。智能合约允许在没有第三方的情况下进行可信交易，这些交易可追踪且不可逆转。智能合约承诺控制数字资产并包含了合约参与者约定的权利和义务，目的是提供优于传统合约的安全方法，并减少与合约相关的其他交易成本。

智能合约是一种旨在以信息化方式传播、验证或执行合同的计算机协议。基于区块链的智能合约包括事件处理和保存的机制，以及一个完备的状态机，用于接受和处理各种智能合约，数据的状态处理在合约中完成。事件信息传入智能合约后，触发智能合约进行状态机判断。如果状态机中某个或某几个动作的触发条件满足，则由状态机根据预设信息选择合约动作自动执行。因此，智能合约作为一种计算机技术，不仅能够有效地对信息进行处理，而且能够保证合约双方在不必引入第三方权威机构的条件下强制履行合约，避免了违约行为的出现。智能合约如图7-1所示。

从本质上而言，智能合约是一种直接控制数字资产的计算机程序。通过在区块链上写入类似if-then语句的程序，使得当预先设定的条件被触发时，程序自动触发支付并执行合约中的其他条款，也就是说，智能合约是存储在区块链上的一段代码，由区块链交易触发。

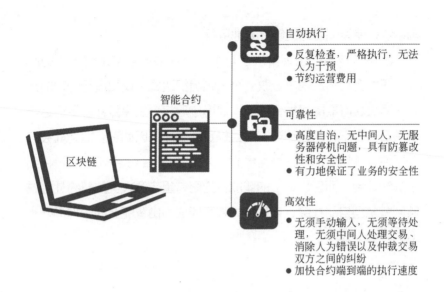

图 7-1 智能合约

例如，智能合约的数据输入可以是一项资产在某个具体时间点的市场价格，而数据输出可以是智能合约触发的现实世界中的操作，即，如果资产价格在某个日期达到某个价位，则执行向对手方付款的操作。在这里的数据输出涵盖内容广泛，包括支付、数据传输、账户余额更新、访问权限等。

代码即法律（code is law）。基于区块链技术的智能合约不仅可以发挥智能合约在成本和效率方面的优势，而且可以避免恶意行为对合约正常执行的干扰。由于智能合约是自动执行的，因此合约双方都无法改变条款或违背约定。一个合约是否拥有确定性也决定了其付款是否能得到保障。将智能合约以数字化的形式写入区块链中，由区块链技术的特性保障存储、读取、执行的整个过程透明可跟踪、不可篡改。同时，由区块链自带的共识算法构建出一套状态机系统，使智能合约能够高效地运行。

区块链技术的出现解决了可编程合约缺乏数字系统技术的问题。智能合约将从根本上改变个人和组织达成协议和履行约定的方式，强大、可靠的智能合约被大规模应用将会是保障社会平稳运行的基石。由于智能合约更安全且确定性更高，因此它能提高社会的公平性，并且更加以社群为中心。人类文明已经从身份社会进化到了契约社会，而区块链下的智能合约则有望带领人类从契约社会过渡到智慧型自动社会，未来世界将可能成为由智能合约管理而非人治的社会。

7.9 数字钱包

本节内容由共创者卜长青撰写

众所周知，钱包是一个方便支付的工具。传统的实体钱包可以存放零钱、银行卡、身份证等，方便在购物时进行支付。2009年，一种全新的去中心化支付系统——比特币诞生了，随之诞生的还有区块链技术和加密钱包。

区块链加密钱包是一种全新的数字钱包，它通过一个私钥管理加密资产和交易，并成为进入区块链世界、元宇宙世界的一把钥匙。数字钱包是一个管理私钥和加密资产的工具，它的基础功能包括私钥的生成和存储、交易签名、交易广播。

以下是几个数字钱包常见术语的定义：
- 加密资产：在区块链上发行的数字通证。

- 加密钱包：私钥或管理私钥的工具。本节后面讨论的数字钱包，如无特别说明，均指加密钱包。
- 钱包地址：私钥对应的公钥进行哈希后得到的字母数字字符串。

根据私钥的存储和管理方式，可以把数字钱包分为中心化数字钱包和去中心化数字钱包两大类，前者将私钥托管在第三方钱包服务商处，而后者的私钥是由用户自己掌控的。

1. 中心化数字钱包

中心化数字钱包私钥的生成和管理均由钱包服务商提供的钱包服务完成，私钥通常加密后托管保存在数据库中。中心化数字钱包包含交易所钱包和云钱包两类。交易所钱包主要提供交易这个核心服务并额外提供一些理财的服务；而云钱包的应用场景更加灵活，可以实现各种应用场景的加密支付。

中心化数字钱包的使用流程一般如下：

（1）用户通过手机、邮箱或社交账号注册账号，并进行个人身份认证。

（2）钱包服务为用户生成钱包，包括钱包私钥和钱包地址，并存储在数据库中。

（3）钱包服务根据钱包地址从区块链中获取钱包对应的资产列表、余额和交易记录等资产信息。

（4）支付。用户发起支付或转账交易时，由钱包服务代理完成交易，即根据用户存储在数据库中的私钥对交易进行签名，并广播至区块链网络。

由此可见，中心化数字钱包的使用方式和流程基本上与传统的数字钱包一致，能够方便地进行支付和资产的管理，在交易所中还能便捷地进行数字资产的交易。但其缺点也比较明显，由于私钥托管在中心化的钱包服务商处，如果钱包服务商出现问题或者其服务受到黑客集中攻击，用户资产容易遭受损失。此外，中心化数字钱包也无法连接使用 Web 3.0 应用。

2. 去中心化数字钱包

与中化心数字钱包不同，去中心化数字钱包的私钥在本地生成，并由用户自己保管。由于私钥保存在本地，不容易受到黑客的集中攻击，有较高的安全性，而且保持了区块链的去中心化特性，因此去中心化钱包广泛出现于各 Web 3.0 应用中。

从技术角度看，进行区块链交易时，必须使用非对称加密技术进行签名和验证，这就需要准备一对私钥和公钥。

私钥是一个数字钱包的核心，因此安全、方便地生成、保存、备份和恢复私钥是钱包的关键。私钥用于交易信息的签名，它就像密码，需要妥善保管，不得公开；一旦暴露，私钥对应的链上资产可能会全部损失，无法找回。

公钥是私钥经过椭圆曲线算法生成的，用于对签名的验证。公钥是公开的，但不具备可读性，所以会通过哈希算法对公钥进行计算，得到一个更具可读性的字母数字字符串，即钱包地址。

钱包地址就像一个身份 ID，在网络中代表了数字钱包，用于查询余额和交易记录以及发送和接收资产，因此常被认为是账户 ID。

数字钱包的助记词由一组 12 或 24 个单词（英文或中文等）构成，根据币种类型可以生成一组私钥。助记词具有良好的可读性，现在大多数数字钱包都默认使用它生成和备份数字钱包。为保险起见，备份助记词时，也需要同时备份钱包地址、币类型和索引号。

根据存储助记词或私钥的介质，可将去中心化钱包分为纸钱包、硬件钱包和软件钱包。

纸钱包是指将助记词或私钥用笔记录在纸上，这张纸就称为纸钱包。纸钱包与网络物理隔绝，无法通过网络途径接触到。但纸钱包不易保管、易丢失，保管不当也容易暴露。

硬件钱包是指将助记词或私钥单独存储在一个硬件芯片中，并与网络物理隔离，即插即用，类似于 U 盘。

软件钱包是指实现了私钥和资产管理的软件，包括 Web 应用、桌面应用和移动应用。使用软件钱包生成私钥后，私钥被保存在设备本地的安全存储中，会随着软件的删除而删除，因此软件钱包的助记词或私钥必须备份。

7.10　DApp

自从元宇宙技术出现以来，人类生活的空间就被划分为现实空间和元宇宙虚拟空间，在元宇宙虚拟数字生态中人们可以自由地穿梭在不同时空场景之间。因此，现实空间的物体就需要迁移到元宇宙虚拟数字生态中并且适应元宇宙虚拟数字生态的特性，还要动态活化、幻化，呈现出比现实空间更酷炫的影像效果。

智能手机的发展离不开App，而元宇宙和区块链基础设施则离不开DApp，DApp之于区块链，就好比App之于苹果系统和安卓系统。DApp是Decentralized Application的缩写，即去中心化应用，也称为分布式应用。

传统的信息互联网是高度中心化的系统。人们享受到了互联网巨头带来的便利，但是高度中心化的技术在提供便利的同时，也有非常多的弊端，例如用户数据丢失、用户的隐私安全存在隐患等。在实践中发展起来的App带来了互联网的信任危机。无论是腾讯系还是阿里系，都是依靠资本投入获得了大量用户，进而创造了巨大的商业价值。

与智能手机的App不同，DApp依赖的是底层区块链开发平台和共识机制，是基于区块链的智能合约+App开发的。不同的底层区块链开发平台就好比智能手机的苹果系统和安卓系统，是各个DApp的底层生态开发环境，DApp就是在底层区块链平台生态上衍生的各种分布式应用，也是区块链世界中的基础服务提供方。DApp去掉了第三方运营平台，不需要平台方运营代码，也不需要存储用户数据。DApp直接和区块链技术挂钩，依托智能合约，使得DApp无须听命于任何中心化服务器或节点，实现了自治，规避了互联网中心化带来的许多风险。

DApp可以是任何一种应用程序，例如网站、交易所、钱包、普通应用程序等，只要负责应用程序的代码在底层公链上运行，那么它就可以称为DApp。DApp带给人们希望的是基于共识机制、智能合约、跨链融合等区块链技术所描述的未来区块链世界。在未来，人们或许只需要一款DApp就可以搞定很多基于信任、价值的合作和交易。因为 DApp 可以包含重要的资产,包括个人信用、银行存款、消费情况、社交关系等。

信息互联网正在发生变革,人们的需求不再满足于连接世界,更需要有超级 DApp 的诞生,以实现他们达成共识的商业价值。这种商业价值不再是某个 App 平台制造商决定的,而是所有参与这个 DApp 生态环境建设的用户决定的。DApp 可以通过改变现有的行业生产关系,从而以更低廉的开发和运营成本实现技术上的革新。未来 DApp 是 App 的升级版,并具备以下特征:

(1)应用需要完全开源、自治,且没有一个实体控制着该应用超过 51% 的通证,以开源社群的形式运行,将决定权交给用户。

(2)应用的数据加密后存储在公开的区块链上,真正实现去中心化以及分布式存储的优势,让人人都能享有知情权。

(3)能够根据用户的反馈及技术要求进行升级,且应用升级必须由大部分用户达成共识之后方可进行。

(4)需要拥有通证的激励机制,激励矿工和用户自发参与。可用基于相同底层区块链平台的通证或自行发行新通证,矿工或应用维护节点可以得到通证奖励。

(5)通证的产生必须依据标准的加密算法,有价值的节点可以根据该算法获取应用的通证奖励。

DApp 的去信任和透明性质导致在去中心化金融(DeFi)空间中利用这些功能将取得更大发展。DApp 依照其功能、性质可以分为多个类别:交易所、游戏、金融、开发、存储、钱包、治理、财产、身份、媒体、社交、安全、能源、保险和健康等。

以下是有代表性的 DApp。OPENSEA 是海外最大的 NFT 在线交易市场，是以太坊上使用最多的 DApp。Uniswap 是一家去中心化的加密资产交易所，第二版和第三版也是以太坊网络上第二、第三受欢迎的 DApp。MetaMask 是一种基于以太坊区块链的软件多链钱包，是以太坊上第四受欢迎的 DApp。Polygon 是以太坊的区块链网桥，用于构建和连接与以太坊兼容的区块链网络。目前 Polygon 已被 400 多个 DApp、超过 3.5 亿笔交易和超过 150 万用户所广泛采用。

早期互联网的开创者将自由、开放、免费、共享的骑士精神融入了互联网，互联网也一度被视为将权力平等赋予人民的平台。但时至今日，我们早已在安全监管、数字隐私、封闭网络、寡头垄断等不断恶化的问题中沦陷。希望未来区块链世界的 DApp 能回归互联网应用本来的意义，希望区块链世界能在不断整合和不断细分中变异破局，并加速 DApp 成熟商业模式的形成，创造独有的区块链新世界。

7.11 预言机

区块链外信息写入区块链内的机制一般被称为预言机（oracle），就是在未来的某个时间给予某个系统一个确定的输入。预言机是元宇宙和区块链世界的数据入口，预言机解决了区块链外部数据源的输入确定性。

预言机虽然也叫 oracle，但和甲骨文公司没关系，这个词起源于古希腊神话中的神谕者，神谕者可以跟奥林匹斯山上的诸神进行沟通，对未来做出预言，并将神的旨意传达给人民，因此 oracle

有先知的意思。在计算机领域里，预言机是一种抽象计算机，用来研究确定性问题，根据给定的条件，预言者可以做出是否的判断并给出决策结果。而在区块链环境中，预言机解决了一大痛点问题：外部数据源的输入确定性。

对于区块链环境来说，被输入的外部数据的确定性至关重要。在区块链的分布式系统中，需要确保多个节点最终执行结果的一致性，从而保证系统稳定运行。对于随机数、实时数据，这些操作是风险是极大的，所以区块链牺牲了会导致执行结果不一致的外部动态数据的获取需要，把自己变成了一个封闭的、确定性的沙箱环境。

区块链中所有的 DApp 都是基于智能合约实现的，而智能合约有一个问题，就是它无法主动向外界请求数据，无法主动获得链外的数据，只能被动接收链外的数据，每个智能合约都是一个等待别人满足其触发条件才会启动的程序，所以在一般业务场景中需要使用一些链外数据才能启动的程序，就需要预言机来完成。

预言机因此诞生。通过预言机中间件，智能合约可以主动获取外部数据。预言机是一种单向的数字代理，可以查找和验证现实世界的数据，并以加密的方式将数据提交给智能合约。预言机就好比区块链世界中的一个第三方数据代理商。当区块链上的某个智能合约有数据交互需求时，预言机在接收到需求后，帮助智能合约在链外收集外界数据，验证后再将获取的数据反馈给区块链上的智能合约。

预言机做的主要工作就是处理区块链里智能合约提出的请求，把一些链外数据传递到链内，目前来看预言机算是链接区块链和现实世界的唯一数据接口。

总结来说，区块链无法主动获得链外和现实世界中的数据，但是有时候区块链又需要用到这些数据，个人或中心化机构提供的数据又可能不安全，所以需要由预言机提供可靠的数据。

例如，去中心化交易所（DEX）需要调取全网某个代币的价格，以给交易对定价，就可以用预言机获得这个链外数据。又如一个赌球的 DApp 也可以用预言机获取现实世界球赛的结果数据。

除此之外，还有很多 DeFi 借贷项目都会用到预言机。例如，很多稳定币并不是真实的 1:1 的价值锚定，会有一些小波动，像 Maker 的美元稳定币 DAI，可以使用预言机获得 DAI 的实时汇率。又如，SALT 借贷平台可以使用预言机在贷款生成时提供价格数据，并且能监控抵押物的保证金比率，在保证金不足的时候发出警告并触发清算程序。

预言机还可以获取现实世界的数据。除了常见的 DeFi 产品的保险外，还有一种参数保险，它是一种带有参数触发器和付款条件的特殊保险。例如，Etherisc 推出了航班延误保险和飓风保险，它就可以使用预言机获得航班是否延误的数据或者哪里受到了飓风影响的数据，从而判断是否触发理赔条件。

预言机是 Combo 多种协议中的一种。Combo 提供了一个去中心化金融开发底层，让传统金融资产，包括法币、大宗商品、股票，能通过区块链技术实现资产无缝上链，并利用传统金融资产及更多样、更复杂的交易策略提供解决通道。

第 8 章

行业元宇宙中的 DAO 链组织及节点

08

本章内容由共创者王紫上、黄润豪、张利英撰写

工业革命导致了蒸汽机的出现,又导致了大航海时代的到来。为了适应蒸汽机这一新技术带来的生产力发展,欧洲的一些科学家、企业家、冒险家创新出一批资产的复式记账、银行借贷、股票证券、有限公司等当时最先进的组织形态。16世纪时期,股份制度的公司开始出现,成为大航海时代最为重要的商业组织,创造了属于工业文明和信息文明的传奇。

公司制度是现代社会经济体系的基础制度之一,作为经济机构组织形态,与资本相结合,对人类社会的现代化乃至全球化做出了卓越而不可替代的贡献。随着人类文明发展的进程,又出现了各式各样的组织,以应对不同历史时期的商业挑战。

目前,人类社会已经从工业文明、信息文明进入数字文明阶段,传统公司制度体现出来的弊端也愈加明显。随着信息技术特别是元宇宙技术的日臻成熟,迫切需要一种适应新的数字时代生产力发展的新的组织形态、生产关系和生产方式。

到了数字文明阶段,先进的生产力变成了算力和算法,生产要素变成了数据,财富形态变成了数字资产,旧的组织形态、生产关系和生产方式已经无法适应数字时代的新技术发展要求。如何在数字文明时代探寻最经济、高效的组织形态、生产方式和运作模式,在获取最大的效率和利润的同时,又要兼顾分配的公平?

随着元宇宙的高速发展和 Web 3.0 的到来,因为 Web 3.0 更加自由、确权、解放了更多生产力而更具创新性,一种可能更适合元宇宙的机构组织形式——DAO 及链组织就被很多人所接纳,元宇宙的主体也将有机会按照一种崭新的组织形态开展经济活动。

在元宇宙和 Web 3.0 时代,DAO 在信任机制建立、人员激励、内部分工及效率上相对于传统的公司制度具有先天优势,因此 DAO 的治理方式吸引了全球众多 Web 3.0 的创业者和有志青年加入。

国内的 DAO 是具有中国本土特色的。为区别于海外的 DAO,有一部分人将其称为"岛"。国内一般是以数字藏品、数字权益等为 DAO 的主要激励形态,而且有各种公司实体、联盟单位、超级个体和社群等组织形式。本书将采用清华大学出版社于 2020 年出版的《链组织:区块链环境中的组织形态》(王紫上、孙健、蒋涛、张秋水著)中的观点,将包含了各类公司实体、联盟单位、超级个体及社群等多种组织形态的分布式组织称为链组织,它是由分布式 DAO 社群组织 + 金字塔结构的组织构成的多中心化的组织形态。

8.1 什么是 DAO

DAO，即分布式自治组织，指通过代码及程序，在共享规则下以分权自治形式完成一些决策并自动执行任务的组织形式。DAO能使参与者的利益一致，并且共同实现组织目标。在区块链世界中，DAO 通过智能合约实现，常用于项目治理或资源分配。DAO 可以理解为一种高度自治的社区，其生产激励来自通证、NFT、NFR 或数字藏品等数字资产，组织内部的决策基于共识机制下组织成员的投票，而投票权则基于数字资产。

DAO 有几大特征：信息透明、数字资产激励、代码开源、社区自治、参与者拥有对组织的所有权、自由开放。DAO 的核心框架落脚于社区。DAO 一般没有正式的领导层或者说等级制度，核心决策是通过区块链工具投票进行的。组织成员更主动、自愿地在社区中提供价值，并获得社区数字资产的激励。

DAO 的建立一般都具有一定的目的性，但是并不必然以营利为核心。DAO 是自由开放的形态，用户可以随时加入或离开，与此同时 DAO 成员身份边界消失，DAO 成员一般也是通证、NFT、NFR 或数字藏品等的持有人。除了参与构建项目所获得的报酬，成员也能够共享组织发展带来的经济利益；而这种利益上的统一进一步强化了组织共识。这就造成了 DAO 成员与资源的流动相当快，这种高流动性又不断地筛选成员，强化 DAO 本身的共识。在此过程中，发展良好的 DAO 成长速度飞快，DAO 成员又能从持有的通证、NFT、NFR 或数字藏品增值中获得不错的经济收益。

DAO 的实质是在区块链技术基础上，以数字资产进行激励，以代码迅速凝聚和强化共识的新形态组织形式。DAO 对于组织运行的效率提升可以说是革命性的。想象一下一家 1000 人的成熟公司，可能只有少数核心成员及管理层会以主人翁的心态全力投入公司运营，大部分员工以打工人的心态工作，能按时按量完成分内的工作就已经很好了；然而对于一个具有强共识、拥有 1000 个稳定成员的 DAO 来说，人人争先主动为社区投入时间、精力与资源，其爆发力是难以估计的。

对于 DAO 来说，每个成员既是劳动者同时又是组织的所有者，利益和价值的分配通过代码来保障，而且组织的决策和运行又是完全透明的。从某种意义上来说，DAO 的形态在数字资产能合法持有的条件下，可能是现代公司制度的一种替代组织形态。

DAO 通过区块链执行智能合约，实现业务自动运转，也就是通过一系列公开、公正的规则，可以在无人干预和管理的情况下自主运行。智能合约预先设定，并以开源的形式在网络上公开，每个人都可以通过购买或者提供服务的形式成为组织的投资人。投资人可以参与组织的运营和成长，并且分享组织的收益。

DAO 内部人和人、人和组织之间的相互协作和业务往来不再是行政关系或者雇佣关系所决定的，而是遵循平等、自愿、互惠、互利的原则，为彼此的资源禀赋、互补优势和利益共赢所驱动。DAO 内部的每个人都是自发、自愿、自助参与进来的，每个人都拥有自己相对独立的决策权。

8.2 什么是链组织

海外 DAO 激励成员的核心主要通过通证、NFT 等。目前在中国发行通证是明文禁止的，国内一般是以数字藏品等为 DAO 的主要激励形态，并不影响 DAO 社群的优势在国内产生影响。本书把这种为实现某一特定目标而积累一群人，参考 DAO 的运行方式运行，创建包含各类公司实体、联盟单位、超级个体和社群等多种组织形态的分布式组织定义为链组织。

DAO 可以简单理解为区块链上的去中心化的自治社群，是自下而上的开放式的链上组织形式。链组织可以理解为由蜂窝结构的分布式 DAO 社群组织 + 金字塔结构的中心化组织构成的多中心化的组织形态。链组织是由自下而上的去中心化的 DAO 和自上而下的中心化的决策组织混合组成的多中心化的分布式组织。在目前情况下，链组织更适合国内的现状。

链组织让虚拟与分布、融合与共赢、开放与共享、零摩擦零阻力、开源和自由在元宇宙和 Web 3.0 时代成为可能。对于企业及组织而言，包裹在公司制度层层重甲之下的资本、人和事被释放出来，区块链的出现改变了组织的生产关系，包括：降低了信用门槛，打破了各类公司和组织的边界，削弱了传统渠道的价值，组织长尾供给，以及改变企业追求垄断的天性，等等。

DAO 可以理解为不追求利润和现金流的去中心化、分布式的自治组织形态，是自下而上的分布式组织。极端的去中心化的好处是可以公平、公正和公开，尤其适合社区治理中讨论涉及公众利益的问题的时候，需要更多的公众参与并发表意见的时候，需要更多的去中心化的方法和社群组织。

链组织里包含的自上而下的中心化决策组织具有高维认知、高效决策、快速执行、速战速决等自下而上的DAO不具备的特点和优势。例如，上新品秒光产品时，需要短时间内处理大量的数据，就需要用到中心化的处理方式。

中心化强调的是效率，去中心化强调的是公平；极端的中心化强调的是极端的效率，极端的去中心化强调的是极端的公平。但是任何事情都不能走极端。就像力量和速度一样，如果追求极致的力量，速度就会变慢；而如果追求极致的速度，力量就会减弱。

万向区块链实验室创始人肖风指出，在中心化和去中心化的问题上，我们要清晰地看到数字世界和虚拟世界的基本组织结构就是去中心化的。原子结构的世界是很清晰的；而数字世界是比特结构的，呈现出复杂、混沌、失序、随机和非均衡，这都是非中心化的特点。在不同领域，还要考虑中心化和去中心化的折中，不能只追求去中心化。

在元宇宙的网络层上，技术是中心化的，要尊重技术发展的趋势；而在协议层上则需要自组织，偏向去中心化，又不是完全去中心化，把治理规则变成协议，寓治理规则于算法当中，治理规则是人制定的，去除了不好的方面，保留了好的方面；到了金融层，基于数字货币和数字资产所建立起来的经济体系、激励体系和DEFI则是去中心化的，但是就像中心化世界需要制定规则一样，KYC、AML和反恐融资规则在DeFi等去中心化经济体系里也必须考虑；最后是应用层，要求更多地偏向中心化，创造新的商业，谋求利益以及运营需要中心化的机制运行，去中心化是没有效率的，因此在应用层需要更多中心化的做法。

在行业元宇宙发展过程中，建议采用自下而上的 DAO 社群 + 自上而下的金字塔结构混合而成的链组织形态，能够兼顾各类公司实体、公司联盟、超级个体和社群组织，更适合中国本土化的特点。

8.3 海外 DAO 的主要特点

目前在海外 DAO 的组织形式在创始阶段的主要特性是全球化、分布式，无论是建设者还是项目用户。没有企业实体，各参与方的利益不一定能通过合同或法律得到保障，而要通过项目治理，而且项目治理是自下而上的。DAO 社群在合约参数、项目代码的修改、变化方面相比传统企业传导速度更快，效果更立竿见影。

以上特性要求组织的治理应更加公平、透明、高效且稳健，对项目发起者在创始阶段就提出了更高的多方合作博弈要求，这也是层级制结构无法平衡的。总体来说，DAO 的出现为元宇宙提供了一种群体决策的组织范式和治理形态。DAO 在消除层级和等级的前提下，尽可能为参与者在组织中的贡献和权利提供更好的公平保障，并提高治理效率，降低治理成本。

在元宇宙和 Web 3.0 时代，与传统企业相比，DAO 能解决以下痛点问题：

（1）在传统股权制度中，存在少数股东或中小股东无法提议的情况，也存在企业贡献者、合作方无权参与治理的情况。DAO 可以更好地解决公平性、权力下放的问题，让所有人的意见都可以体现在治理中，让通过的提案可以被准确地执行。

（2）传统企业的治理规则可以被少数人调整，但治理决议、资源等有不披露的范围或者延迟披露。传统企业治理的不透明性和被动性在生态拓展和投融资方面会无形中增加许多成本。DAO 可以保证治理规则透明，保证治理和资源披露的实效性。

（3）在传统企业结构下，企业内部、企业与外部合作方、创业者与投资者、员工和客户之间缺乏标准化、高效的去信任协同机制。甚至还存在时间、地域、资源、法律上的差异性。这让一些重要决策的推进要么非常缓慢，要么由管理者在权衡利弊之下牺牲部分人的利益，导致全球化推进缓慢艰难。

（4）传统企业在做大后，往往很难平衡人员扩张和管理成本之间的矛盾，总体贡献无法深度跟踪以及量化，企业人员发展往往受限于边际管理成本。DAO 可以更好地无边界化扩张，受边界管理成本的约束较少。DAO 的独特激励机制可以深入量化每个人的贡献，更好地激励每个人。DAO 可以为利益诉求不同的各参与方提供去信任、无地域限制的高效协同。

（5）在 DAO 中，代码即法律。智能合约一旦确定就无法更改，其他提案经过 DAO 社群通过后理论上也很难更改，可以减少管理中人为因素的干扰。

（6）解决贡献者和人才的痛点问题。贡献者可为多家 DAO 组织工作，可以创造出更大的劳动价值。贡献者或超级个体可以打破边界问题参与到 DAO 的建设中，在 DAO 隐私规则已经设立好的情况下，可以更好地激励人才，同时加快人才流动。

（7）DAO 可实现全球无边界化协作。无论是在地球的哪一个角落,无论是在办公室还是在家里,都没有太多的区别,这是非常人性的一面。

(8)DAO 可以对成员的贡献更精细地量化,可以使得 DAO 社群协作中贡献的比例和努力更细粒度地显现出来,贡献者可以得到更合理、更精确的回报及奖赏。

8.4　行业元宇宙的行业节点

节点原意是指计算机的网络节点。在数据通信中,一个物理网络节点可以是数据电路端接设备,也可以是一个数据终端设备。在区块链中,节点指的是区块链网络中的计算机,包括手机、矿机、计算机或者服务器等,而操作一个节点的人可以是普通的钱包用户、矿工或者多个人协作。

区块链结构中的分布式就是不依托于哪一个中心化的服务器,而是由千千万万个对等的节点组成,只要我们参与一个区块链客户端,我们就变成了那千千万万个节点中的一个,我们自己就是这个数字世界中的一个节点。节点越多、分布越广泛,区块链网络就越具有去中心化的特性,网络运行也就越安全、稳定。目前,在不同的语境下,硬件设备、生态资源、普通的组织或个人都可能被称为节点。

我们在行业元宇宙中引入行业节点的概念。行业节点就是一个行业元宇宙生态中某个行业通过构建公开透明的秩序,实现人与人之间、企业与企业之间、人与企业之间、人与项目之间、人与平台之间等等的一个个"大连接"中心点。

行业节点是链组织的重要组成，是打造行业元宇宙经济体系的一个重要支撑。行业元宇宙 DAO 建立之后，就像建立了一个宇宙星系，星系中就需要一个个星球，包括恒星、行星，甚至还有流星。节点就像星系中的一个个独立星球，既独立生存发展，彼此之间也相互联系。

行业节点把行业元宇宙中的各个主体由弱联系变为强联系，完成强化共识、推广理念、引入流量、吸纳成员、成员培训、组织各种"八共"活动、推广销售数字新物种等活动。

行业节点的目标是链接行业元宇宙生态中的参与者，形成聚合效应，实现价值最大化，强化生态社群的共识，扩大生态社群的共识宽度，带领相关的参与者共识、共创、共生、共养、共治、共玩，最终实现共赢和共享，让行业元宇宙中的经济生态能够健康、稳定地成长和发展。

一个完整的行业节点从创建到正常运行包括以下几个环节：根据共识机制制定透明规则，如智能合约；发现合适的行业节点；进行行业节点评估；确定行业节点的激励政策和游戏规则；实施行业节点培训；不断优化行业节点的运营质量；定时、定期考核运营数据结果，不合格的行业节点需要及时进行更换。

行业节点也可以设在现实世界中，按照地理区域设立城市节点或者社群功能节点。城市节点按照所在的地理位置，对区域内的行业元宇宙参与者进行赋能和管理；社群功能节点则按照社群管理服务的功能进行设置，主要有服务节点、研发节点、培训节点、生产制造节点等。

8.5 行业元宇宙的城市节点

行业元宇宙的城市节点是按照所在的地理位置对区域内的行业元宇宙参与者进行赋能和管理,为城市节点的有效运行提供必要的硬件资源或生态资源,并参与生态业务的开拓和构建,同时获得有关奖励与收益。硬件资源包括算力支持、分布存储以及记账等物理资源,生态资源包括流量、社会及公众影响力、社群成员等虚拟资源。

在行业元宇宙里,行业数字资产将成为城市节点的燃料。创造基于行业数字资产的奖励机制,很容易获得节点的共识,同时行业数字资产的奖励、分配及变现的奖励操作起来要容易得多。基于节点的奖励机制、管理规则需要事先公开,达成节点共识之后,再利用合约或者智能合约来执行,节点主体之间的价值流通就会自动而高效地完成,节点社群就会被激活。

第 9 章

行业元宇宙的价值载体
——海外 NFT

09

9.1 海外 NFT 介绍

本节内容由共创者曹家林、江斌、朱林撰写

NFT 是元宇宙世界非常重要的基础设施，代表非同质化代币。NFT 是一种数字资产所有权的标记，是发行在区块链上的数字资产和权益凭证。它具有非同质化、不可拆分的特性。它可以锚定现实世界中的商品，具有唯一性和不可复制性。NFT 是一个独特的数字资产，是不可替代的数字资产，是 Web 3.0 的产物，在区块链上认证后，每个 NFT 都是独一无二的。海外的 NFT 一般基于公有链发行，NFT 可以在二级市场中通过加密货币交易，增值部分除了有交换价值之外，币值还有增值波动部分。

NFT 的典型特征在于链上所有权的确定性。尽管图片或者模型可以被复制和传播，但买下数字藏品的人才是其真正的拥有者。NFT 的每一次交易、每一个拥有者都将在区块链系统里被记录在册，任何人都可以清楚地查询到一个 NFT 的主人和流通链路，不可篡改。

因此，NFT在版权保护方面有其独特的优势，通过区块链技术，不仅艺术品的交易更加快捷便利，告别耗时费力的真伪鉴定，也更加透明和安全。

NFT作为一种数字资产，摆脱了实体限制，可以与任何内容进行绑定，将内容货币化，上链后形成一串哈希值。买家购买的NFT艺术品并非一幅可批量生产或任意下载的图片，而是这串哈希值编码——图片的权属凭证。

多数NFT使用同一套标准建立，即ERC-721标准。ERC-721标准规定，每个NFT都拥有全球唯一ID，具有可转让性，可选择是否包含元数据。NFT的创建有一个特定目的：代表数字或实体资产所有权。由于NFT不可拆分且唯一的特性，NFT通常会链接到某些特定资产，并用来证明游戏皮肤、数字藏品等数字物品代表的无形资产所有权和门票、房产证等有形资产所有权。

NFT的创新之处是将稀缺性引入加密货币领域，成为与加密货币不同的非同质化加密资产的代表，由此，数字资产不再只是指代加密货币，而是由同质化的加密货币与NFT代表的非同质化的加密资产组合而成的。

2017年6月，世界上第一个NFT项目——CryptoPunks在以太坊发布。同年，由Dapper Labs团队推出的名为《加密猫》（*CryptoKitties*）的游戏首次引出了NFT概念。2018—2020年，NFT生态大规模大幅增长，用户基础和技术革新给NFT项目带来了更多玩法，发展出以OpenSea、Rarible为代表的NFT平台，应用领域涉及游戏、艺术品、收藏品、音乐等多个方向。2021年3月，艺术家Mike Winkelmann（Beeple）的数字艺术作品《天天：最初的5000天》以6934万美元的价格在英国著名拍卖平台佳士得成交，成功引发了一场数字艺术热潮，NFT行业也逐步走向了快速扩张阶段。

NiftyGateway是一个全球知名的NFT交易市场，它在2021年12月举办了一次全球瞩目的交易：知名NFT数字艺术家Pak的实验性项目Merge售出了价值近9200万美元的mass（数字小圆球的组合），位列全球在世艺术家作品成交金额榜单第三。

关键是，Merge是一个未完成的艺术品，开创了一个全新的、用户参与并能影响产品最终结果的新商业模式。它的起始门槛较低，一个最小的白色圆球mass标注为m（1），即一个mass。共发售了28 983个mass。每个mass初始价格为299美元。大众也能参与该作品的完成过程，和艺术家Pak一起实时动态影响其最终结果。事先写好的智能合约决定，当收藏者通过同一个钱包地址买入多个mass后，这些mass会进行合并。例如，m（100）和m（20）会合并成一个更大的圆球m（120），同时销毁原来的m（100）和m（20）。市场上总mass值是固定的，但NFT的数量会逐渐减少。创意十足的玩法激发了收藏者的购买热情和互动氛围，也因越来越珍贵的稀缺性，市场会自发推高mass的最低价格。

这个艺术品可能一直处于未完成的状态。目前体积最大的圆球至少包含了12 120个mass。未来所有mass会汇聚成一个顶级圆球吗？让我们拭目以待。

9.1.1 海外 NFT 的发展历程及现状

1. NFT 的引入期

NFT 发源于以太坊，2017 年是 NFT 的引入期。John 和 Matt 当时还只是依靠着 ERC-20 标准制造了基于像素的角色头像 CryptoPunks，并将其发行在以太坊公链上。当时极具朋克精神的 CryptoPunks 是以太坊上的一股清流，并给众多从业者带来启发。随后，Dapper Labs 受此启发，推出了基于 NFT 的 ERC-721 标准，并以此标准推出了名为 *CryptoKitties* 的游戏，让每一只加密猫都独一无二，并推出"稀缺才能让价值最大化"的理念。

2. NFT 的构建期

2018—2020 年是 NFT 的构建期。在此期间，各大 NFT 的基础设施开始搭建。例如，基于 NFT 的公链 Flow、交易所 OpenSea 和 Rarible、元宇宙游戏 *Sandbox* 和 *Decentraland* 等陆续诞生，标志着 NFT 大基建时期的到来。

3. NFT 的爆发期

2021 年至今是 NFT 的爆发期。此时 NFT 迎来爆发式增长。以 Cryptopunk 为例，它的一个月交易量能达到 20 万 ETH。OpenSea 的交易量在 2021 年 8 月相比 7 月增长接近 10 倍。周杰伦的 *Phantabear* 从 0.26ETH 一度增长至地板价 8ETH。此时 NFT 项目爆发式发展，各种项目纷纷涌现，活跃用户大幅增长，交易金额急剧增长，但此时也伴随着 NFT 泡沫的风险。

4. 诞生 NFT 的以太坊

最初的 CryptoPunks 和 *CryptoKitties* 的爆火为基于以太坊的 NFT 带来了巨大的流量，也为用户带来了巨大的财富效应。但截至目前，其余公链生态的发展不尽人意，以太坊在公链竞争中具有压倒性的 TVL、开发者、艺术家、收藏家以及商人，因此，相对于其他公链，以太坊具有强大的先发优势。

5. 以太坊上的 NFT 配套设施

以太坊上的 NFT 配套设施相当齐全。其中不仅包含最重要的二级交易市场，还包括 NFT 的配套应用，例如 NFT 交易市场聚合、NFT 碎片化、NFT 抵押借贷等，大大增加了 NFT 的使用价值。

6. 以太坊具有强大的品牌效应

所谓品牌效应，首先指的是某个项目在用户大脑中的心智占位，心智占位更靠前的项目更容易被用户优先提及、使用和推荐给他人。无论在圈内的用户认知中，还是在圈外的新闻媒体报道中，有价值的 NFT 的交易以及发行大多是基于以太坊的。即，项目方如果想发行 NFT，会首先考虑在以太坊上发行。而这条路径会反过来作用于用户，刺激更多的用户加入以太坊的 NFT 交易，这又进一步强化了"优先在以太坊上发行并交易 NFT 的路径"的认知。

但是不得不承认，基于以太坊的 NFT 也存在不少问题：交易费用太高，铸造(mint)时手续费经常是几十美元，最高可达 200 美元；

交易缓慢，涉及铸造时，通常需要一两分钟才能确认交易。交易费用高昂导致中低净值玩家难以进入以太坊生态，并且会选择加入以 Solana 和 BSC 为代表的新公链。NFT 的发展需要新用户，而新用户希望他们能享受到早期比特币和以太坊资产持有者的收益，往往更愿意接触和参与新公链生态。

综上所述，基于以太坊的 NFT 的核心成功因素包括以太坊的先发优势（用户、TVL、收藏者、开发者等）。在以太坊上，NFT 生态以及配套设施发展较好，基于以太坊的 NFT 具有品牌效应。而其缺陷在于：交易费对于中低净值玩家来说太贵，且交易较慢。

目前比较热门的 NFT 大多是 PFP 类（个人头像类），其次是艺术类，这些类别蓝筹的项目也几乎都在以太链上。但是以太链存在高 GAS、低 TPS 的弊端，使更多的 GameFi 类 NFT 部署在 BSC 链上。和体育、娱乐资本交好的 Flow 则有可能是体育类、音乐类 NFT 发展的温床。

9.1.2 海外 NFT 的特性及价值

1. 稀缺性

NFT 一次只能有一个所有者，通过唯一的 ID 和其他代币无法复制的元数据管理所有权。NFT 通过智能合约铸造，智能合约分配 NFT 的所有权并管理它们的可转让性。有人创建或铸造 NFT 时，他们会执行存储在符合不同标准的智能合约中的代码，如 ERC-721，此信息会添加到正在管理 NFT 的区块链中。

NFT 不同于 UNI 或 AAVE 等 ERC-20 通证，因为每个通证都完全独一无二、不可分割。NFT 支持分配或声明任何独特数字数据的所有权，可通过使用以太坊的区块链作为公共账本进行追踪。换句话说，如果你拥有一个 NFT，可以轻松地证明自己拥有它，没有人能够以任何方式操纵它。并且如果你创建了一个 NFT，可以轻松地证明自己是创建人，由你确定其稀有度；也可以设置版税，每次出售该 NFC 时你都可以赚取版税；同时你可以在任何 NFT 市场或点对点出售，没有被限制在任何平台上，也不需要任何中介。

类似于同质化代币的总供应量，稀有度因素是 NFT 最核心的元素，收藏品中最稀有的 NFT 通常是市场上最有价值的。除了稀有度之外，所有的变量都保持不变，数量稀缺的 NFT 的价格比较高。这构成了基于稀有性的 NFT 估价模型的基础。

2. 可编程特性

NFT 通过 ERC-721 等智能合约标准被标准化为非同质化通证，即赋予了 NFT 的可编程特性。使得 NFT 市场交易机制具备更大的灵活性，交易过程中的利益分配可以按编写的智能合约程序自动触发执行，帮助版权拥有方获得长期被动收入。在交易撮合方面，智能合约也可以实现多种 NFT 的自动化做市机制，以应对长尾资产流动性差的问题。

另外，NFT 的可编程特性可与 DeFi 结合，催生了以 BendDAO 为代表的 NFT 借贷平台，以便 NFT 用户可以通过使用他们的 NFT 作为抵押品获得流动性，同时仍然保留自己对 NFT 的所有权。这将有效地将 NFT 从静态艺术品转变为收益产品。一旦用户使用完他们的贷款，他们就会偿还本金和累积的利息，并且从

NFT借贷平台赎回他们的NFT。

3. 基于公链的安全性

NFT价值的基础在于区块链技术的不可篡改，是有保障的数字资产（建立在它们的底层区块链基础设施保持不可更改和有保障的特性之上）。目前在NFT的铸造网络选择中，以太坊网络占据着统治地位，这在很大程度上要归功于以太坊是当今最安全的智能合约平台，而且这种主导地位有望在可预见的未来延续下去。换句话说，在可靠的链上铸造NFT有助于保证它的价值，这就是为什么以太坊上铸造的NFT在价值上远高于其他公链铸造的NFT的原因。

另一方面，一些NFT项目使它们的NFT依靠外部的、非链上的供应商（如亚马逊云）以获得便利和灵活性。这引入了一个信任的维度，所以你必须祈祷该项目会坚持下去并保持其服务器的运行。一旦服务器停止运行，你的NFT资产可能会不可见或消失。因此，NFT上链的价值不言而喻，它证明了自己的可靠性，并且可以在任何时候在链上证明自己。

9.1.3 海外NFT的应用类型

随着区块链技术的发展，NFT像野火一样蔓延，并通过社交媒体、娱乐等落地应用。海外NFT市场的发展历程较长，NFT应用场景呈现多元化发展趋势，头像、游戏、票务、音乐等各类新项目层出不穷。总体来说，海外NFT的应用可以归类为社交、艺术、功能和资产四类。

1. 社交类 NFT 应用

BAYC（无聊猿）、CryptoPunks 和 Azuki 等头像类 NFT 项目的成功可以归功于它们的产品顺利落地并满足了社区对社交的需求。在区块链技术的支持下，NFT 坚不可摧的独特性为满足个人对社交化数字身份的需求奠定了基础。

NFT 是个人主义和集体主义之间的平衡。BAYC 社区满足了用户个人对专属社区的渴望，同时维护了一个平台，让用户的社区可以自由地表达他们的个性、自由和价值忠诚。

归根结底，NFT 社区的目的是在内部和外部建立、达成和聚合共识：内部是社区成员的社会化效用的满足；外部是市场价格在过去、现在和未来（预期）的表现。

由于难以为 NFT 找到新的使用场景，NFT 的价值很大程度上（不完全是）基于社区共享的共识。NFT 用户倾向于将 NFT 价值与其市场价格联系起来，即 OpenSea 上项目的地板价。

2. 艺术类 NFT 应用

NFT 艺术品的价值基于其文化影响力和意义。一件好的艺术品将展示主流价值观、道德标准，并对社区中的成员产生激励。

一些知名艺术家的 NFT 作品包括 Beeple 的《天天：最初的 5000 天》、Xcopy 的《凡人》、村上隆的《太阳花》以及烤吐司的《涂鸦》等。

NFT 成功的艺术属性在于艺术家灵感的独特性、他们在区块链技术方面的工作以及作品内在的艺术价值水平。因此，价值也取决于值得信赖的艺术家或值得信赖的公司。市场行为类似于传统艺术品收藏家。这些收藏家更欣赏艺术，不会经常交易他们的作品，因此他们对应用价值不感兴趣。

3. 功能类 NFT 应用

功能类 NFT 主要包括游戏内 NFT、音乐 NFT 和 DAO NFT。

1）游戏内 NFT

游戏功能：根据实际游戏体验，玩家可以选择为游戏功能付费，对未来回报的期望不高。

情感依恋：游戏内 NFT 是用于游戏活动而非金融产品的 NFT，为玩家提供了情感投射，尤其是当玩家花费资源升级 NFT，花时间与 NFT 角色一起战斗时。这样的预测进一步降低了用户对未来回报的期望。

2）音乐 NFT

音乐 NFT 允许粉丝购买歌曲、专辑和活动门票。它还为艺术家提供了更多关于他们的名字、肖像、形象和艺术作品的盈利能力。区块链技术和智能合约为艺术家和粉丝提供了实用性。艺术家将从他们的作品中保留更多的利润，想要对他们最喜欢的艺术家表达支持的粉丝可以购买艺术家的 NFT。门票和独家通行证是音乐 NFT 的未来元素。

3）DAO NFT

DAO 被推测为下一代公司的表现形式。它们为协调全球投资和社区提供了一种新的组织形式。如今，许多 DAO 正在兴起。DAO 在治理方面将使用多种形式的 NFT，功能 NFT 就是一个可能的例子。

DAO 成员可以通过其持有的 NFT 为 DAO 的发展做出治理贡献。做出突出贡献的会员也可以获得 DAO 基于 NFT 发放的空投通证激励。同时，DAO NFT 也会作为 DAO 系统的通行证，以发挥其治理作用。

4. 资产类 NFT 应用

由于加密货币的金融性质，NFT 具有特定的资产属性。其放大的市场价格波动是影响其实际价值的一个重要因素。NFT 具有交易、借贷、碎片化和 ETF 等金融应用属性，可以整合复杂的金融合同关系。因此，NFT 已成为可信的金融投资，代表了一种加密世界的资产所有权，并通过智能合约为资产所有权提供保障。

提供金融权益的 NFT 被称为资产 NFT，以将此类 NFT 与普通收藏家的 NFT 区分开来。目前，基于资产的 NFT 具有广泛的金融应用。随着 DeFi、GameFi 等概念的不断演进，以 NFT 为载体的金融行为将会越来越多，甚至成为未来 NFT 的主要价值来源。

9.2　海外 NFT 交易市场

截至 2022 年 6 月 30 日，NFT 行业的累计交易量已经达到了 678.18 亿美元，每天约有超过 5 万名 NFT 交易者在链上参与交易。而一年前这个数字仅仅只是 13 亿美元，在短短的一年内 NFT 的累计交易量增长了 50 多倍，目前海外 NFT 交易市场正在急剧增长。

目前国外平台的 NFT 发行模式主要是 UGC（用户生产内容）。UGC 模式的创作主体主要由普通用户构成，平台通过给予用户话语权并开放平台功能,让普通用户自主创造内容。代表平台有 OpenSea、Mintbase、加密空间等。海外 NFT 交易市场如表 9-1 所示。

表9-1 海外NFT交易市场

分类	序号	平台/项目名称	说明
综合	1	OpenSea	全球最大的 NFT 交易平台,进入门槛低
	2	LooksRare	对标 OpenSea,在 OpenSea 的基础上新增空投代币、系统报价、即时版税、混合支付功能以吸引用户
	3	Rarible	以趣味艺术作品为主,是第一个推出治理代币的 NFT 交易平台
	4	Mintbase	用户可以创造和销售音乐、艺术品、门票、摄影等作品
艺术品	5	NiftyGateway	限量版 NFT 交易平台,审核严格,多样化拍卖玩法
	6	SuperRare	策展艺术品、知名艺术家交易平台,主打原创数字艺术品,有严格的创作者审核机制
	7	MarketPlace	限量艺术收藏品平台,引进社交功能,创作者可以通过浏览量、喜爱程度等功能进行分析
	8	Foundation	艺术收藏品平台,社群主导策展模式(初期邀请限量艺术家,卖出藏品且用户投票排名前 50 位的艺术家可持续获取邀请码),主打限时拍卖
	9	KnowOrigin	限量版 NFT 交易(一级、二级)平台
	10	First Derivative	底层标的物为 OpenSea 等平台上的艺术品,根据标的物进行二次创造

续表

分类	序号	平台/项目名称	说明
自主创作	11	Autonomous NFT	NFT 绘图平台。用户可登录平台自主绘图，由空白画布开始，后一个人可以在前一个人的基础上绘图，每个绘图者都会有一个标记，画布有修改就会同步给所有绘图者，最终由所有用户合作完成绘图。NFT 的铸造费用根据时间线性增长，第 N 个人要支付的铸造费用会平均分配给前面 N-1 个人，实现社交裂变
	12	Murral Art	与 Autonomous NFT 平台类似，创意参考源于解构艺术，用户可以共同创作同一幅作品，图片可拆解为多个图层再次重构

9.2.1　国外最大的 NFT 交易市场 OpenSea

OpenSea 是目前涵盖类别最广泛、数字商品最多的综合型 NFT 交易平台，也是全球最大的 NFT 交易市场，在海外 NFT 交易市场中一家独大。自 2017 年诞生以来，OpenSea 已发展成为 NFT 市场领域无可争议的领军者，其市场份额超过 97%，其成交额是其第一大竞争对手的 12 倍。

目前国外 NFT 交易市场发布流程简单，再加上完全放开的二级市场，每个人都可以铸造自己的 NFT，导致国外 NFT 的铸造数量远远超过市场的需求，且项目销售热度往往取决于项目内部因素，从买卖双方市场来看，国外 NFT 市场暂时供大于求，处于买方市场。

　　OpenSea 相对于其他 NFT 平台的进入门槛较低，让很多创作者能够轻松加入，不但吸引了很多创作者，而且吸引了很多一级和二级市场上的用户，如果说 Uniswap 是任意山寨币的市场，那么 OpenSea 就是任意 NFT 的市场。OpenSea 鼓励用户低成本参与 NFT 创作，NFT 上市不需要许可，不需要任何批准或复杂的审批流程，不设发行限制，极大地降低了用户的创作门槛，吸引了大量个人用户在 NFT 平台上创建自己的 NFT。

　　创作者在完成创作之后，发布在 OpenSea 平台可以选择一口价、竞价或者捆绑销售。最终作品经 OpenSea 平台审核后便处于待售状态。OpenSea 为了进一步激励用户的创作热情，提高市场活跃度，还为 NFT 开发者提供了开发工具，支持 NFT 铸造并挂单、拍卖，开发者在第一次出售时支付首次发行的 Gas 费，并从后续每次交易中都能按智能合约中约定的比例获取版税，通常 OpenSea 默认的版税为 10%。

　　另外 OpenSea 完全放开二级市场，并且鼓励用户进行二次交易，NFT 价格会随市场行情和供需关系而波动。OpenSea 为 NFT 支持者提供各类资产交易服务，平台从每次交易中收取 2.5% 的费用。NFT 支持者通过交易差价、以太币行情变化赚取利润。

　　同时 OpenSea 提供了很好的用户体验，允许自定义过滤和排序，根据正在查看的集合进行更改，以便用户可以根据该特定集合细化他们的搜索。为了降低高昂的矿工费，OpenSea 允许在链下降低拍卖价格，这样价格变化就不需要每次都支付 Gas 费，在最终销售期间仅支付一次 Gas 费。

  这几个功能都显著降低了新的艺术家和各类数字艺术项目的进入门槛，极大地提升了平台上的 NFT 产品数量，源源不断的新项目 NFT 开始在 OpenSea 上架，同时也为 OpenSea 带来了客户。因为 OpenSea 支持 NFT 在每次销售中获得版税，使项目本身也受到激励，因此会鼓励其客户使用 OpenSea。

  OpenSea 于 2017 年底上线，到 2020 年 3 月，累计只有 4000 余名活跃用户，每月交易额为 110 万美元。直到 2021 年 8 月 NFT 狂热推动了 OpenSea 的需求增长，OpenSea 的活跃用户数量、交易数量、交易总额才呈爆炸式增长。NFTGO 数据显示，截至 2022 年 5 月 24 日，OpenSea 的总交易额达 306.5 亿美元，用户数超 171 万。另外，Ultrasound 数据显示，自 EIP-1559 实行以来，OpenSea 已销毁超 23 万枚 ETH，远超其他热门 DeFi 应用。

  与传统中心化交易平台相比，OpenSea 利用区块链技术搭建了买卖间的直接连接，去掉了传统交易中为买卖双方撮合的经纪人，通过自动执行智能合约来保证交易的公平性，但 OpenSea 仍被加密市场圈认为是 Web 2.5 的交易市场，即

OpenSea= 智能合约（OpenSea Wyvern Exchange V2）+
OpenSea 服务器 + 前端 UI

  OpenSea 并没有自己的代币，而且作为一家美国公司，OpenSea 受到美国监管机构监管，不会冒险推出自己的代币，这是 OpenSea 未来发展中需要突破的潜在障碍。

9.2.2 国外 NFT 交易平台的黑马 LooksRare

最近出现的 NFT 交易市场 LooksRare 相较于 OpenSea 来说有很多优势：费用低于 OpenSea，并且拥有原生代币，这增加了它对加密原住民的吸引力。除此之外，它还与代币持有者分享其所有手续费。目前 LooksRare 已经超越了所有其他平台，并且正在缩小与 OpenSea 交易量和交易金额的差距。未来海外 NFT 交易市场如何演绎和发展，我们将拭目以待。

凭借着空投营销、交易挖矿及质押奖励的激励方案，LooksRare 日交易量曾一度超过 OpenSea。LooksRare 允许用户单独使用 ETH 和 WETH 或混合使用 ETH 和 WETH 购买或出售 NFT，也可使用 WETH 对单个 NFT 进行报价，或者使用系列报价功能对一个系列里的 NFT 进行一键报价。同时，LooksRare 还允许用户交易 NFT 时获得平台手续费分红，且质押 LOOKS 也可以获得代币奖励。

然而，在官方团队套现风波以及前期投机者刷量尚未形成有忠实用户的情况下，LooksRare 日交易量出现幅度不小的回撤，且用户数与 OpenSea 有较大差距。NFTGO 数据显示，截至 2022 年 5 月 24 日，LooksRare 的总交易额达 262 亿美元，用户数超 9.1 万。

9.2.3 主打 NFT 质押挖矿的 X2Y2

与 LooksRare 不同，X2Y2 主打 NFT 质押挖矿玩法，奖励根据挂售的 NFT 对平台的贡献度进行计算，对普通用户更为公平。除了提供最基本的 NFT 交易市场功能外，X2Y2 还提供批量发送和列表、综合稀有度排名和分析、买卖的即时推送通知及对集合或特征进行竞标等功能，且未来还将与多个交易所聚合，开发具有 3D/VR 沉浸式 NFT 市场、更高级的 UI/UX 体验等。

值得一提的是，X2Y2 没有进行任何私募融资，且去 VC 化，只基于白名单系统进行代币的公开市场预售 ILO，且募资获得的 ETH 与代币总量的 1% 组建 LP 提供初始流动性。X2Y2 实行去机构化，使代币分配更加公平，对社区和用户相对友好。不过，X2Y2 自上线以来并未吸引很多流量。NFTGO 数据显示，截至 2022 年 5 月 24 日，X2Y2 的总交易额达 8.99 亿美元，用户数超 3.4 万。

9.2.4　Coinbase NFT

Coinbase NFT 是美股上市交易平台 Coinbase 即将推出的平台，支持使用自托管钱包（CB Wallet、Metamask 等）或直接通过万事达卡购买 NFT，且支持基于以太坊的 ERC-721 和 ERC-1155 智能合约协议，未来将推出多链支持计划。目前，Coinbase NFT 的排队名单注册用户数已超 380 万，是 OpenSea 总交互地址量的 2.7 倍。

9.2.5　野心勃勃的 NFT 交易平台 Yuga Labs

Yuga Labs 的野心不局限于 MetaRGP 游戏和 PFP，作为 NFT

市场的头部竞争者，其发行的各大项目已经广泛赢得了社区和公众的信任与支持。更重要的是，这些项目也实现了交易数量与交易价值的长期增长。发售的 $APE 通证是 Yuga Labs 成功的关键一步。目前，Yuga Labs 总市值为 40.3 亿美元，而 LooksRare 的市值仅 4.41 亿美元。Yuga Labs 的潜在市场规模可能在所有以太坊交易平台中位居第二。

9.3　NFT 发展三段论

我们提出了 NFT 发展三段论，即 NFT 1.0 到 NFT 3.0，并将 NFT 初创时期称为 NFT 0.5。

NFT 0.5、NFT 1.0、NFT 2.0、NFT 3.0 这四个阶段的具体特点如下。

1. NFT 0.5 阶段

NFT 0.5 阶段基本上处于以中心化为主的阶段，架构在联盟链上，不但在联盟链之间 NFT 无法转移，在同一联盟链内部的各子链间数字资产也无法自由转移传递。

2. NFT 1.0 阶段

NFT 1.0 阶段即从网上复制迁移到链上的阶段，这个阶段主要是将现实世界已有的 IP 或作品从网上复制迁移到链上。在这一阶段，利用区块链的链上非同质化的特点，复制现实世界已经存在的过去时的 IP 或者实物品牌作品，相当于批量制作赝品、复制品放到链上，这个过程也被称为数字孪生。这样的 NFT 未来价值增值和成长空间有限，泡沫随时会破碎。

3. NFT 2.0 阶段

NFT 2.0 阶段即数字创作品、网链共生养成阶段。这一阶段的特点是网链混合，多人网上、链上联合进行数字创作，成为过渡阶段的 NFT 和数字创作品。这一阶段是众生共创的，社群成员共同创作，分享利益，享受创作过程的乐趣和游戏化、养成化等特点，有一些行为艺术创作的特点，初步具备了无限游戏的一些特征。

4. NFT 3.0 阶段

NFT 3.0 阶段即链上的原生数字艺术品、超维共生阶段。这一阶段的主要特点是数字艺术品完全产生在区块链上，链上原生数字艺术品和创作要素完全脱离了互联网。

链上原生数字艺术品使用区块链加密数字语言和加密数字工具进行艺术创作，是真正超维度的、前无古人的、真正属于加密元宇宙的数字艺术品。

NFT 3.0 具有数字原生性、稀缺性、社群共识性、多人参与互动共创共享、游戏化交互、全程行为艺术、身份性、交换交易价值性、永生性等特点与核心价值，同时，也具备区块链技术赋予的所有特点，如确权、存证、溯源、去信任、去中心、去中介等通用价值。

数字艺术品是一个多人无限游戏，是元宇宙世界的超维度永生的生命体，超越了时空维度，与具体的创作人既相关又不相关，独立永恒，永不消失，突破了人类自身的时空局限性。

第 10 章

行业元宇宙的价值载体
——国内数字藏品

10

2022年6月16日,人民网在微博上发表了《国内数字藏品与国外NFT的3点区别》,这篇微博指出:

(1)国外的NFT基于公链,公链对所有人开放,任何人均可参与、读取数据、发送交易等。最核心的特点是不受管理,不受控制,没有任何人或者机构进行监督。而国内的数字藏品基于联盟链,很多区块链、联盟链是由政府搭建的基础设施,国家对联盟链进行了管理。

(2)在发行藏品的内容上,国外的NFT没有经过版权审核,国内规范的数字藏品必须经过内容审核才能上链进行发布。

(3)国外的NFT是把一个作品或者某个虚拟的东西进行代币化,传递的不是真正的数字文创作品、数字版权作品的价值。国内的数字藏品通过利用区块链可溯源、不可篡改、公开透明的技术手段,将文化要素进行流通,使得数字文化产品、版权作品的价值进行锚定,传递的是数字文化要素的价值。

目前国内大多将NFT翻译为数字藏品,本书虽然沿用数字藏品的提法,但同时需要指出,目前国内的NFT内核不断进化,应用场景不断拓展，已经从海外的数字艺术演化到数字权益、数字营销、数字广告和数字品牌等全新的领域。

10.1 国内数字藏品介绍

数字藏品是使用区块链技术对应特定的作品、艺术品生成的唯一数字凭证，这样，在保护其数字版权的基础上，可以实现真实可信的数字化发行、购买、收藏和使用。简单来说，数字藏品在区块链上具有唯一的标识和所有权信息，相当于在链上拥有一张虚拟身份证。图片、音乐、视频、艺术品等均可上链成为数字藏品。

国内的数字藏品基于联盟链。很多区块链、联盟链是由政府搭建的基础设施，国家对联盟链进行管理，国内规范的数字藏品必须经过内容审核才能上链进行发布。

目前国内数字藏品开始进入网链混合的阶段。

10.1.1 国内数字藏品的应用类型

国内数字藏品主要有以下 8 个应用类型。

1. 传统文化类

传统文化类数字藏品包括非遗文化、传统文化、博物馆文物等。当传统文化和数字藏品开始联合时，既能吸引数字文创市场中的年轻人参与进来，又能让传统文化的呈现顺应数字化时代发展潮流。传统文化与数字藏品相结合，为传统文化注入了更新潮的能量，吸引了年轻群体的关注。

2. 文旅景区类

拥有丰富资源的文旅景区类数字藏品，为受疫情困扰而业务停滞的文旅、景区的发展局面打开一扇全新的大门。景区 IP 可以借助数字藏品进行虚拟空间的衍生，或者推出"数字藏品兑免费游玩景区资格"等活动，为景区带来更大的曝光度和关注度。

3. 潮玩动漫类

目前喜欢数字藏品的玩家大部分是 18~35 岁的年轻人，占比接近 80%；男性与女性用户比例接近 7：3。其中有非常多的人属于科技与数码爱好者群体。Z 世代作为当前炫酷潮玩、动漫 IP 的主力消费者，拥有积极接受新事物、为自己喜爱的内容消费并进行自发扩散等特征，对于部分潮玩和动漫 IP 来说，数字藏品能带来更强的社交属性和更大的粉丝凝聚力。越来越多的潮玩和动漫 IP 将目光投向数字藏品领域。目前动画 IP 数字藏品的数量正在不断增加。

4. 体育竞技类

体育主题的数字藏品是体育和科技结合的热门趋势之一。奥运会、欧洲杯、亚运会在内的国际顶级体育赛事以及许多世界顶级职业联赛、俱乐和运动员都纷纷追赶数字化风潮。体育竞技类数字藏品包括球员卡、球队卡、球场卡等数字产品，也包括马拉松等体育赛事的纪念奖牌、纪念章和吉祥物等。

5. 游戏道具类

游戏道具和数字藏品的结合开辟了更为广阔的市场。除了允许玩家保留其游戏内物品的个人所有权之外,游戏内数字藏品还允许玩家以多种方式赚钱,包括在市场上购买、转赠和交换物品。游戏内数字藏品的大量用例允许玩家将它们用作游戏中的角色、商品、特殊能力和可交易对象,更重要的是允许玩家获得额外的收入。

6. 人工智能生成内容类

AIGC 自 2022 年开始大爆发,尤其是在 AI 绘画领域,迭代速度更是呈指数级增长,成为继 PGC 和 UGC 之后一种新的内容创作方式。AIGC 能够以优于人类的水平承担信息挖掘、素材调用、复刻编辑等基础性机械劳动,从技术层面以低边际成本、高效率的方式满足海量的个性化需求,通过 AIGC 加速复刻物理世界,进行无限内容创作,从而实现自发的有机生长。

AIGC 能够通过支持数字内容与其他产业的多维互动、融合渗透从而孕育新业态、新模式,产生更为丰富的商业落地场景,以 AI 技术赋能的数字艺术品将为艺术品和 IP 塑造独特的数字内涵,用虚实融合的创新内容形式为品牌带来更多的附加价值,让数字藏品和数字艺术品走进更多的年轻人的视野。图 10-1 为王紫上用 AI 技术创作的数字艺术品,也是本书的封面图片。

7. 企业数字品牌类

数字藏品自带流量,这股热潮也不可避免地蔓延到了消费品领域。数字藏品以其新奇时尚的概念、全新的数字化体验和酷炫的展

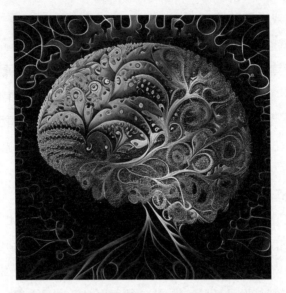

图 10-1 用 AI 技术创作的《行业元宇宙》封面图片

示方式,成为消费品牌贴近年轻一代的有效方式,不仅能够为品牌营销提供新的触点,而且能从精神、体验层面,更深层次地传递品牌价值。李宁、安踏、奈雪的茶、麦当劳、肯德基、茅台等越来越多的消费品企业开始尝试发行数字藏品,极大地提升了企业品牌影响力。

8. 行业应用类

对于传统行业来说,数字藏品提供了新的发展思路和契机。由于自带线下的基因和场景,传统行业一旦与数字藏品相碰撞,往往会产生"化学反应"。当前进入新消费升级时代,年轻一代新用户购买力强劲,行业应用类的数字藏品能有效赋能实业,帮助各行各业换道升维。

10.1.2　优质数字藏品的主要特性

数字藏品是目前数字权益和数字资产中最简单的一种表现形式，目前大部分数字藏品都是将现实世界的 IP 资源和流量资源映射到元宇宙数字虚拟世界。在数字藏品发展的早期阶段，大部分仅仅是文化艺术领域的数字孪生品，没有权益支撑的藏品仅仅有欣赏、炫耀、收藏和炒作价值。

数字藏品的 3D/XR 表现形式、AI、游戏化其实都是面子，改变制度、结构、形态、方式以及去信任、去中介、去成本、大规模分布式协同才是里子。数字藏品真正的本质是虚实结合，推动产业革命性的大发展，改变传统固有的所有权和权益分配机制，这也是真正的数字资产的价值所在。通过 DAO 社群链组织的架构模式，以"八共三公"原则让参与其中的每一个人都能得到自己想要的数字资产。

数字藏品只是一种表象和一个切入口，其本质是数字藏品背后代表的权益。拥有以下特质的数字藏品更容易取得市场的欢迎：

（1）具有高赋能权益。数字藏品背后代表的权益非常重要，高赋能权益的数字藏品容易受到热捧。

（2）稀缺性强，发行数量少，社群基数大。尤其是发行的数字藏品只有几百个，极其稀缺时，将特别受市场欢迎。

（3）创新性强。目前数字藏品和数字艺术品的主要受众是年轻人。创作的内容和形式是创新的、突破传统的、市场前所未有的数字藏品可以带来示范效应。

（4）众生共创。极具价值的数字藏品不是靠几个人打造出来的，而是成千上万人一起按照"八共"原则创作的。

（5）能够促进实业发展。目前在国内，虚实结合赋能实业的数字藏品，尤其是能够赋能文化、旅游、实体行业等的数字藏品，会越来越普及。

（6）时尚潮流 AI 加持。上半身是艺术，下半身是 AI，由 AI 和人一起创造的数字藏品酷炫、时尚。在艺术中融入了 AI 技术后，非常容易突破传统，创新出前所未有的数字藏品。

各行各业通过行业元宇宙的七大技术将实体经济及品牌实现换道升维，可以快速迁徙到行业元宇宙中，通过数字藏品创造出的实虚结合、虚实共生的数字新物种和数字新资产将会大放异彩。

10.2　国内数字藏品市场

2021 年 6 月 23 日，支付宝联合敦煌美术研究所在蚂蚁链粉丝粒全球限量发布 16 000 件敦煌飞天和九色鹿两款 NFT 皮肤。腾讯 2021 年 8 月 2 日上线了幻核 App，首期限量发行 300 枚十三邀的黑胶唱片 NFT。这两个事件标志着国内互联网巨头正式进入数字藏品领域。

2021 年 10 月 23 日，支付宝的蚂蚁链粉丝粒以及腾讯的幻核上发售的 NFT 全部改名为数字藏品，标志着 NFT 在国内的本土化，数字藏品这个称呼意味着中国弱化了 NFT 的二次交易属性和金融特征，更符合国内监管要求。

2022 年 7 月 2 日，腾讯新闻 App 暂停了数字藏品的售卖服务。

7月下旬，腾讯裁撤了旗下幻核数字藏品平台。不到一年时间，国内互联网巨头腾讯退出了数字藏品领域。

国内数字藏品发行平台基本都是由联盟链提供底层技术支持。例如，腾讯至信链为幻核提供技术支持，京东智臻链为灵稀提供技术支持，国家信息中心、中国银联和中国移动联合推出的 BSN 链盟链为数藏中国等提供支持。BSN、京东智臻链、蚂蚁旗下蚂蚁链、腾讯至信链均属于许可制区块链网络，即联盟链。联盟链是由多个组织共同合作维护的区块链，每个组织都具备相应的受限访问权限，第三方也可通过该区块链开放的 API 进行限定查询。

在联盟链或私有链发行的数字藏品无法自由流通，同一联盟链在不同平台上的数字资产也无法流通，且暂时不在二级市场随意交易或流通，可以有条件地转赠，交换价值部分可能会产生增值。例如，蚂蚁链上的数字藏品目前的政策是在持有者购买 180 天后才能够进行转赠，而受赠方需要在受赠两年后才能继续转让。

国内市场由于目前对数字藏品交易市场的监管并不完善，也不明朗，国内的数字藏品内容需要审查，同时为避免像海外 NFT 作品一样的虚拟货币的连带关系及二级市场炒作，国内数字藏品交易平台目前采用了 PGC 模式，即定时限量发布。PGC 模式的创作主体通常是拥有专业知识水平的团队或个人，平台与艺术家、博物馆合作联名发行 NFT，代表平台有蚂蚁鲸探、腾讯幻核、京东灵稀、数藏中国等。

国内数字藏品的创作方式以平台与游戏 IP、动漫 IP、影视 IP、博物馆 IP、知名艺术家合作为主，普通艺术家的作品较少。例如，知名 IP 一般由帮助达人进行内容持续输出和变现的 MCN 机构负责签约，由专业的数字藏品发行平台负责发行。

随着人工智能自动生成内容（AIGC）的不断普及，尤其是 AI 绘画在 2022 年的全面爆发，越来越多的人可以借助 AI 创作出数字艺术作品。2022 年 8 月，在美国举办的新兴数字艺术家竞赛中，一位参赛者提交的 AIGC 绘画作品《太空歌剧院》获得了此次比赛"数字艺术 / 数字修饰照片"类别一等奖。

在 AI 的帮助下，人们可以实现以十分之一的成本和百倍、千倍的生产速度生成 AI 原创内容，一个人人都是艺术家的元宇宙时代即将到来，数字艺术资产的丰富素材、原材料将取之不尽、用之不竭。毫无疑问，AIGC 已经成为继 PGC 和 UGC 之后元宇宙的一种新的内容创造方式和新的生产方式，会不断改变和重构全球 NFT 及国内数字藏品市场的格局和发展方向。

以正版桥 IP 聚合平台为例，该平台主要针对游戏 IP、动漫 IP、影视 IP、博物馆 IP、知名艺术家作品等，一站式孵化 IP，并提供数字藏品的线上线下推广以及数字藏品平台的联合发行，协助创作者一站式发行数字藏品。

数字藏品为各类艺术 IP、博物馆 IP、游戏动漫 IP 等注入一种天然的粉丝效应，自带收藏属性的种子用户给粉丝更加近距离的参与感和获得感，也让 IP 更加触手可及，从加密朋克圈走入千家万户。同时数字藏品带动了数字内容的资产化发行、版权确权保护、交易流通等上下游全价值链的重构。

截至 2022 年第三季度末，国内数字藏品平台已超过千家，每个月都源源不断地有数百家数字藏品平台上线发布。数字藏品平台提供原创数字藏品生成、发行、传播及数字资产沉淀等相关解决方案和应用场景,并发挥技术、渠道、内容、资源等方面的优势,共同助力内容创作者的社交价值拓展及数字资产变现,赋能创作者经济形态进化。

随着元宇宙和 Web 3.0 的不断发展,全国各地大城市在拓展数字新产业方面不断推进,数字藏品交易平台建设有望进一步明朗。

2022 年 3 月 21 日,厦门市工业和信息化局办公室发布了《厦门市元宇宙产业发展三年行动计划(2022—2024 年)》,明确提出提升元宇宙数据治理能力,落地数字拍卖 NFT 运营平台,筹建 NFT 数字藏品产业基地,布局一批特色行业应用。厦门在计划中率先提出发展 NFT 产业基地,拉开了国内数字拍卖 NFT 及二级市场流通的序幕。

2022 年 7 月 12 日,上海市人民政府办公厅印发了《上海市数字经济发展"十四五"规划》的通知,在拓展数字新产业、培育数据新要素、提升数字新基建、打造智能新终端、壮大数字新企业、建设数字新载体等方面进行了部署。同时提出支持龙头企业探索 NFT 交易平台建设,研究推动 NFT 等资产数字化、数字 IP 全球化流通、数字确权保护等相关业态在上海先行先试。

由于我国正大力推进区块链技术的发展及未来数字人民币的普及,市场需要同步加紧监管机制的建设,防止数字藏品的投机炒作及藏品金融化。但是,伴随市场以及监管体制的日益完善,预计国内会尝试放开数字藏品的二级交易市场,而文化产权交易所等官方指定的文化产权交易场所或可成为数字藏品交易落地试点的第一站。

2021 年 6 月,海南国际文化艺术品交易中心正式上线运营。

2021年11月，经海南省地方金融监督管理局批复，海南国际文化艺术品交易中心在国内率先成为可以开展国际数字艺术品交易业务的平台，为国内外实物艺术品数字凭证交易、实物艺术品数字产权交易、原生数字艺术品交易、原生数字艺术品产权交易提供交易服务大平台。

2022年4月22日，浙江首家国资系数字藏品规范化交易平台——虚猕数藏正式上线。官方介绍称，虚猕数藏是浙江首家规范化数字藏品交易平台，也是市场中为数不多的有国资背景的数字藏品交易平台之一。

2022年4月15日，由山东省互联网传媒集团和山东文化产权交易所联手打造的山东首个国有数字藏品交易服务平台——海豹数藏项目正式启动建设。2022年4月8日，青岛文化产权交易中心发布《关于征集数字艺术品、数字收藏品相关合作平台、机构的公告》，诚邀平台、机构共同开发、运营数字艺术品和数字收藏品。

在二级市场和定价权方面，国内数字藏品市场为了防止投机炒作数字藏品以及潜在的洗钱风险，平台同批次发布的数字藏品采用统一的市场售价，而藏品的定价权通常掌握在平台或者机构的手中，即平台主导型议价。

但截至2022年第三季度末，国内一部分数字藏品平台试探性地开通了二级交易或寄售市场。开通二级交易市场往往难以避免地会引发部分社群用户对数字藏品进行炒作，而一旦炒作行为过多，便会引起监管部门的注意，从而给数字藏品平台带来不必要的风险。开通二级交易市场的数字藏品平台需要严格把握自身的合规建设，做好合规工作，才能应对未来可能的各种监管政策变化。

预计有关监管部门会根据数字藏品市场的发展情况，陆续出台数字藏品和相关业务活动的规范，并建立健全应对数字藏品交易炒作风险的工作机制，加强数字藏品交易炒作风险监测预警，完善数字藏品立法规制体系，确保数字藏品行业处在安全可控的发展轨道之内。

第 11 章

《行业元宇宙》创世记

11

《行业元宇宙》是一本"活"的元宇宙书,是由一个群体共同参与创造,以游戏化、行为艺术的方式共同孵化的全球首款数字原生共创专著。让我们一起重温这段历程,看看你参与了哪些环节?可以在每个事件后的方框打√。

　　2022年3月25日21:18,王紫上等发起人决定动笔撰写《行业元宇宙》,记录团队以元宇宙技术赋能实体经济的实践经验总结。☐

　　2022年4月7日18:20,发起人商议《行业元宇宙》发行原生数字藏品,全球首款数字原生共创图书就此诞生。☐

　　2022年4月9日9:30,《行业元宇宙》数字藏品工作启动,《行业元宇宙》数字藏品项目组成立,确定工作清单。☐

　　2022年4月9日11:11,全球首部数字原生共创图书《行业元宇宙》数字藏品设计方案初稿出炉,确定共计发行1万个原生数字藏品。☐

　　2022年4月11日11:37,确定由正版桥发行《行业元宇宙》原生数字藏品,确定全书概要及目录,确定设计需求等准备工作;确定在数藏中国和3D元宇宙分别发行1000个数字藏品,并筹备上架。

2022年4月12日8:40,确定《行业元宇宙》按章节发行数字藏品,并设计不同章节可以合成新物种,未来可繁殖出新的藏品形态。

2022年4月13日13:50,成立《行业元宇宙》DAO群,来自元宇宙的各大领域,游戏圈、3D/XR、5G/6G、影视圈、动漫IP圈、科技圈、人工智能、链圈、金融圈、币圈、出版圈、直播圈和传统实业圈的朋友们陆续进群。

2022年4月14日16:20,在3D元宇宙生态发展云端沙龙,王紫上正式发布《行业元宇宙》全球首款原生共创图书数字藏品。

2022年4月15日20:00,全球首部数字原生共创图书《行业元宇宙》首批2000个数字藏品在3D元宇宙和数藏中国被秒光,自此开启了共识、共创、共建、共养、共治、共玩、共赢、共享的元宇宙出版的历史大幕。

2022年4月25日,社群发布《行业元宇宙》数藏1号令:赋能权益征集活动,面向社群征集有关赋能和权益方面的藏友意见。随后一个月发布多条征集令,就《行业元宇宙》数字藏品的权益、赋能、玩法等问题征集藏友意见。

2022年5月9日,《行业元宇宙》共创者DAO创建接龙,有大约200多位业内专家、企业家、实践者、学者、程序员等报名接龙,参与共创。

2022年5月11日,《行业元宇宙》与清华大学出版社正式签约。

2022年5月11日20:00,《行业元宇宙》共计1万个按章节发行的原生数字藏品全部售罄。

2022年5月18日20:00,红色金融元宇宙发行第一个数字藏品。

2022年5月18日20:00,《行业元宇宙》选定的数字人波氪范儿启动预约。

2022年5月20日10:55,中国网刊发《从行业元宇宙看如何赋能实体行业》。

2022年5月26日9:55,中国网刊发《360行 行行皆可元宇宙》,随后360多家媒体转载了这篇文章。

2022年5月29日,第一个乡村振兴元宇宙创建。在此后两个多月的《行业元宇宙》赋能实体经济实践中,先后协助创建了30多个DAO社群。

2022年5月31日,红色金融元宇宙创建。

2022年5月31日,智媒元宇宙创建,法律元宇宙创建。

2022年6月2日,并购元宇宙创建,土豆元宇宙创建。

2022年6月3日,茶元宇宙创建,瘦身元宇宙创建。

2022年6月6日,牛排元宇宙创建。

2022年6月7日,直播电商元宇宙创建,全民教育元宇宙创建。

2022年6月9日,《行业元宇宙》共创者提交共创内容及版权授权文件,并开启共创者内容编辑修改和全书整合等相关工作。

2022年6月10日,艺术电影元宇宙创建,音乐戏曲元宇宙创建。

2022年6月11日，古琴元宇宙创建。

2022年6月12日，缘元宇宙创建。

2022年6月17日20∶00，《行业元宇宙》数字人波氪范儿系列数字藏品十大数字权益出台，国内第一批1000个波氪范儿开启认养。

2022年6月19日，白酒元宇宙创建。

2022年6月20日22∶00，虹宇宙旗下《元宇宙雷达》刊发行业元宇宙采访稿《融合与重构：宇宙如何驱动行业变革》。

2022年6月24日20∶00，《行业元宇宙》数字人波氪范儿系列数字藏品国内第二批1500个开启认养。

2022年6月28日15∶13，《行业元宇宙》初稿内容完成，和共创者内容一起提交给清华大学出版社初审。

2022年6月29日10∶00，清元宇宙沙龙，王紫上分享《行业元宇宙数创平台如何解决中小企业痛点问题》，指出中小企业的痛点问题是行业元宇宙要解决的首要问题，并给出上方数创的具体解决方案。

2022年7月1日，行业元宇宙核发动机——上方数创、DAO社群工具、波氪庄园、数创商城、数创工场、数字场景5合1发动机正式上线。

2022年7月7日14∶00，行业元宇宙赋能实体行业发布会召开，为本书写推荐语的朱嘉明教授在本次会议上做分享。横琴数链数字金融研究院、海南省区块链协会等20多家协会和企业就行业元宇宙联盟发起倡议。

2022年7月27日14∶15，清华大学出版社书稿初审提出诸多修改意见。

2022 年 8 月 1 日,《数字化转型方略》杂志发布行业元宇宙采访稿《炒作幻象已现 国内 NFT 能否借实体经济另辟新赛道？》

2022 年 8 月 8 日 10：34,《行业元宇宙》修改稿再次提交给清华大学出版社，完善共创者授权文件。

2022 年 8 月 9 日，数藏中国征集意见，针对拥有《行业元宇宙》原生数字藏品、愿意在纸质书中留下名字者启动报名，为期一周。

2022 年 8 月 16 日，3D 元宇宙征集意见，针对拥有《行业元宇宙》原生数字藏品及波氪数字人系列数藏、愿意在纸质书中留下名字者启动报名，为期一周。

2022 年 8 月 27 日,《行业元宇宙》修改稿补充数字藏品参与名单及其他相关内容后，再次提交给清华大学出版社。

2022 年 9 月 1 日至今，根据清华大学出版社的意见多次提交、修改、调整和审核。

2022 年 9 月 17 日至今,清华大学出版社进行初审、复审、终审、排版、校对、封面设计等各项工作。

附件1 《行业元宇宙》数藏1号令：赋能权益征集活动

2022年4月25日

《行业元宇宙》原生数字藏品已经在3D元宇宙完成了全部12章的发行，数藏中国已经发行了第1章1000个，还有部分藏品尚未发行，发行时间待定。

《行业元宇宙》数字藏品是一个没有边界的游戏化共创品，拥有《行业元宇宙》数字藏品的每个藏家都希望它们以后能价值连城。如何能实现未来的成就感和财富梦呢？

在发行之初，最初的4位发起人给出了支持《行业元宇宙》数字藏品的3项权益：

（1）所有在官方指定藏品商店购买了《行业元宇宙》图书数字藏品的藏家名字（以平台显示名字为准）都有权列入纸质书的参与者名单中。

（2）获得《行业元宇宙》纸质书的抽奖权益（作者签名版，共计200本，包邮）。

（3）《行业元宇宙》纸质书的所有稿酬用于《行业元宇宙》数字藏品的价值支撑。

现在《行业元宇宙》项目组向拥有一个以上《行业元宇宙》数字藏品的藏友征集除了上述三条之外的赋能权益。

具体方法如下：

（1）在数藏中国《行业元宇宙》相关微信群或其他行业元宇宙相关群里公开提交赋能权益建议。

建议可以是一条到多条，最好前面标识【行业元宇宙数藏1号令】ID：215****，提议内容 1+ 提议内容 2。

例如：【行业元宇宙数藏 1 号令】ID：张三，……（提议内容 1）；……（提议内容 2）。

（2）群志愿者发现藏友的提议后，就会截图快照。参与活动提议的藏友也可以截图留底，避免群志愿者没有看到。因为如果提议内容相同，最终按照时间的顺序采纳，为此要确定哪个提议是最早提交的。1 号令只采纳第一个提出的、从未出现过的最新提议。

（3）不同群的志愿者将截图和提议一起汇总到总协调。总协调每天晚上 22：00 汇总一次，然后将汇总结果公布在各个 3D 元宇宙群组中。如果群志愿者或者总协调有疏漏或者遗漏的地方，请温柔提醒，不要着急。

（4）本次征集活动从发布之日起，截止时间为 2022 年 5 月 3 日。

响应《行业元宇宙》数藏 1 号令赋能权益征集活动的藏友可以获得以下奖励：

（1）参与 1 号令活动的部分过程会作为历史被记录下来，或许整个过程会被纸质书采用，你的 ID 和提议有可能会被写入书中。

（2）参与 1 号令活动的藏友有机会参加 1 号令抽奖活动，奖品是项目组赠送的第 1 章到第 12 章数字藏品 12 个。获奖藏友名单会记录在纸质书中。

（3）在 1 号令活动中，首先提议并且被最终采纳的藏友有权利获得项目组赠送的一个《行业元宇宙》数字藏品（第 1 章到第 12 章随机抽取）。

欢迎各位持有《行业元宇宙》数字藏品的藏友开动你智慧的大脑，一起为你手中的藏品赋能，真正做到共识、共创、共生、共养、共治、共玩、共赢、共享。

附件2　藏友提交的关于【行业元宇宙数藏1号令】的提议

2022年4月25日

ID：61779**

提议内容：拥有后期平台指定IP藏品的优先购买权。

（理由：藏品合成类玩法由于耗费时间和金钱更多，所以需要给予这部分藏家更多的后续奖励，这样可以凸显该藏品的高大上地位，也可以激励藏家继续保持关注，是一个平台和藏家共赢的赋能玩法，也被目前绝大多数平台所采纳。）

ID：61885**

提议内容：第二项权益建议增加一下玩法丰富度。藏品编号为1、11、111的可获得后期拍卖资格，拍卖所得金额90%归藏品收藏家，10%放入奖池用于持有该藏品的玩家分红。藏品编号尾数为2、4、6、8的藏友可获得《行业元宇宙》纸质签名书。

ID：61835**

提议内容：由于12章的数字藏品数量不一样，对于稀缺章的需求很高。建议平台后续推出类似万能卡的藏品，该藏品可代替任一章进行合成。

（理由：首先，有利于创新玩法，增加丰富度；其次，有利于平台忠实藏家顺利合成该藏品，满足藏家需求，提高常驻藏家数量，有利于平台后续持续发展；最后，有利于平台发放新的产品，也能为后期大IP发行造势预热。）

ID: 27284**

提议内容：第三项赋能权益中的纸质书稿酬用于数字藏品的价值支撑这一点，我认为需要做出进一步的解释：怎样理解价值支撑？用什么方式实现支撑？实现支撑对平台和玩家有怎样的影响？

（理由：赋能玩法应该透明化，有长期利益赋能，这样才能吸引玩家长期持有该藏品，从而凸显藏品价值。）

附件3　数字人波氪家族系列数藏介绍

（1）波氪家族姓波氪。每位认养者拥有对自己认养的数字人起名和转让的权利。起名字时中文不超过15个汉字，英文不超过30个字母。名字只能起一次，一旦确定，上链后将不可更改，请务必认真起名。也可以先不起名，把起名权留给接受转让的其他人。

（2）每个手机号限购3个，同时认养的第一代3个数字人是兄弟姐妹，不能结婚；只能与其他手机或钱包地址认养的异性数字人结婚，繁殖第二代数字人。

（3）波氪范儿是波氪家族0001号数字人，波氪小丝是0500号数字人，将它们写入《行业元宇宙》一书，出现在元宇宙数字虚拟世界中，除了为本书代言，还为本书做介绍、推广、销售、服务等工作。

（4）波氪家族其他数字人的使用权被授权给认养者，可以授权给其他图书或者各行各业的实物产品，可在商业领域为各行各业做代言、推广、销售、服务等工作，获得更多利润。这些数字人未来有机会进入数字虚拟空间，在每个行业元宇宙中都具有唯一的数字身份，并创造出小说、动漫、影视、游戏等作品。

第 12 章

数字藏品参与者及共创者

12.1 数字藏品参与者名单

2022年4月15日,全球首部数字原生共创图书《行业元宇宙》首批数字藏品发行,此后又分批次发行剩余章节数字藏品及波氪数字人数字藏品,有近千位收藏者参与其中。

《行业元宇宙》原生数字藏品及波氪系列数字藏品参与者名单中除了自然人之外,还可能有若干数字人或虚拟人(姓名按拼音字母排序)。

白艳龙	白云虎	包阔	毕春凤
毕春萍	毕春岩	毕统一	蔡任杰
蔡晓永	蔡徐坤	藏永珍	曹家林
曹嘉龙	曹彤	曾凡波	曾培先
曾志鹏	陈飚	陈翠香	陈凤梅
陈罡	陈海标	陈海明	陈豪
陈嘉豪	陈杰	陈垲烜	陈鹏宇
陈强	陈沁初	陈清良	陈生兵
陈天鸿	陈一恒	陈有议	陈泽森
陈卓锋	陈姿羽	程国节	程立清
楚启昕	崔雨清	代学兵	戴彬
单方	邓格格	丁亚飞	董殿平

董宇	董作文	杜壮	段睿
范良军	方俊良	方黎	方伟
房群力	冯晓晖	符泽	付凯
傅林烽	高董海清	高极	高昆鹏
高庆军	龚亚祥	古俊东	顾逸飞
管鹏	郭安康	郭傲	郭俊伟
郭淼华	郭鹏泽	郭锐洲	郭文泽
郭正平	国玉麟	韩永晗	韩永旭
何锴	何锟	何连峰	何日红
何姝漩	洪浩	侯孟成	胡歌
胡秋生	胡晓芳	胡晓福	胡烜峰
胡雪岩	胡钊川	花策	黄纯钦
黄端	黄光辉	黄国杰	黄浩
黄鸿全	黄莉	黄润豪	黄润生
黄彦豪	黄垚	黄勇	黄志宏
黄钻英	贾博越	贾广雨	贾浩辉
贾星伦	江丽丽	江宗志	姜洪岩
姜开庄	姜鹏	蒋伟平	矫钰华
金渊	靳紫祥	康焱炯	孔凯旋
邝江磊	邝良位	赖国叔	赖育青
赖远明	兰文平	雷佳佳	雷杨林
李冰	李博文	李春林	李昳敏
李洪兴	李建栋	李建煌	李健东
李金檑	李明浩	李鹏飞	李起

李瑞祥	李森	李帅	李思伟
李涛	李婷	李文锋	李文静
李旭	李学凤	李学伟	李洋
李一鸣	李中东	李忠东	李宗辉
梁利荣	梁颖	林佳佳	林嘉琛
林杰	林森浩	林轩逸	林泽涛
林展宏	刘彬	刘波显	刘超凡
刘飞杰	刘国云	刘季闳	刘珈屹
刘家顺	刘晶	刘俊辰	刘阔超
刘明	刘鹏程	刘平	刘权威
刘涛	刘统连	刘贤庆	刘潇涵
刘星辰	刘轩烨	刘雅淇	刘燕
刘义松	刘亦薇	刘奕	刘玉成
刘振宇	卢本伟	卢洪波	卢祯智
芦杰	罗建华	罗文勤	罗向雄
吕媛媛	马博	马朝群	马宏鑫
马军伟	马英	马颖	满旺
门帅先	门小朋	苗勇	莫宏伟
莫书青	牟亮	缪荣华	牛宝银
牛宇宁	牛长江	钮超杰	潘兵
潘风顺	潘越康	彭婧雯	齐艳妮
钱小稳	钱扬学	钱銎培	乔恋晶
乔韦云	乔驿舒	乔驿婷	秦郭顺
秦玉金	秦志超	阙持健	任衍龙

商越	申江虎	莘永清	沈嘉源
沈学海	施桂武	施俊杰	石大章
石鹏	石绍玉	石振山	史宗郑
苏连泉	苏黔鑫	苏忠敏	孙晨
孙晨渊	孙浩深	孙静洋	孙胜楠
孙肃将	孙万昊	孙镱泽	孙玉珍
谭瑞龙	田立峰	童宏志	万凤林
汪凯	汪世洋	汪之祺	王安
王保	王城鑫	王聪聪	王二强
王宏兵	王金涛	王昆	王磊
王鹏昊	王瑞	王睿豪	王彤
王文	王祥雨	王兴君	王宇欣
王喻	王智勇	王梓聪	韦杭岑
韦华	韦华美	温恩	温家红
乌俊卿	邬伟超	吴华平	吴建中
吴军	吴鹏	吴清建	吴荣潇
吴涛	吴熙杰	吴笑天	吴雪茹
吴永庭	吴宇	吴照辉	仵宇振
武文君	夏霆	肖攀	肖志强
谢成栋	谢欢	辛涛	徐程义
徐浩	徐桓标	徐慧莹	徐可成
徐鹏	许骋	许俊华	许刘春
许少兵	许晓东	闫莉	闫鹏程
闫泽霖	严创	严燕锋	严燕玲

杨大勇	杨高照	杨广兆	杨嘉
杨坤	杨名	杨士荣	杨燕锋
杨志山	姚岑	姚帅	易翔
尹刚华	尹世存	尹悦可	尹资淦
尹子升	于艺家	于永富	余海博
余海鹏	余柔	袁祉灏	原宇斌
岳清江	臧中荣	詹俊宇	张超众
张春豪	张德福	张烽华	张高伟
张功强	张海龙	张寒军	张佳乐
张杰	张立华	张蒙蒙	张娜
张鹏辉	张清华	张庆龙	张韶晖
张世杰	张涛	张伟	张伟昊
张小宁	张毅	张英俊	张玉龙
张泽源	张振江	张志东	章钦
赵宝芹	赵军	赵善瓒	赵兴旺
赵永奎	赵雨桐	赵智峰	郑坤
郑宇帆	钟世贸	周建丰	周建华
周剑斌	周锦锋	周林	周前余
周婷婷	周贤	周扬	周圯枫
周永国	朱发娣	朱海军	朱家辉
朱岚青	朱琦	朱施施	朱希平
祝杰霖	庄开华	卓涛	左灿
谢陆洋	骄阳	奋斗永无止境	养牛的
周末	JasonW	HarrySilker	熊猫病

惠丰乔	毓恩	章钦	琰皓
珈屹	我佛降临	Zxxi!	宋.
WZF	果冻	雷权富	睦忉
句号	ALLIA	Rain	Goat
Urcute	小冰	不是没有可能	CoolBoy
woa	包荒琴粒子	鸽子	狗三剩
喝着稀饭看夕阳		辉辉辉	江
迷先生	三旦旦	台风扫过	小天王
薰悟空	懿崽	永安当的小伙计	愿意
1688			

12.2 行业元宇宙欢迎第 100 位吃螃蟹的先行者

2022 年 5 月 9 日上午创建《行业元宇宙》共创者 DAO，截至 10 日 4：00，共有 66 位来自各行各业的共创者报名参与。9 日元宇宙发展群、奇遇元宇宙和行业元宇宙爱好者 3 个群的接龙过程非常让人激动，让我们先给这些先行者鼓个掌。

也有个别人委婉地给我提建议，大意是，感觉有些共创者水平不足以成为能写书的人，这是专业的事、专家的事，甚至觉得有的人是蹭热点，觉得共创者 DAO 鱼龙混杂，自己不愿意与之为伍；版权问题可能也是个大雷，以后我恐怕会被版权问题搞得官司缠身。

目前每个行业的第一本书都是一粒种子。而这本元宇宙图书是活态的，这个行业里的每个企业都可以以自己的观点和业务描述这个行业的元宇宙。一个新行业的第一本书有附加优势就可以了。这本书本来就是一个元宇宙，现在参与的每个行业的先行者都是纲举目张的人，他/她打开了一个行业的元宇宙描述之门，随之而入的同一行业领域的人将不断丰富、完善这个行业的元宇宙描述。而行业对元宇宙的描述从各个侧面让我们越来越清晰地看到元宇宙的未来。

Web 3.0 作为元宇宙的基础设施之一，成为特别潮的一个词。到底什么是 Web 3.0？为什么很多人要从 Web 2.0 走向 Web 3.0？

在 Web 2.0 时代，互联网巨头垄断了网络，也垄断了流量和话语权，导致很多中小互联网企业无路可走。同样，在 Web 2.0 时代，大部分时候都是大V们、大IP们、专家们垄断了话语权和著书权，吸引了太多的流量，而导致普通人没有机会发出自己的声音，更没有机会写一本书。

在元宇宙这个崭新的世界里，谁是牛人？不是 Web 2.0 时代已经掌握话语权的人，不是传统价值观认为的专家学者和强者，而是认知超前的一群人，是已经意识到元宇宙技术可以赋能自己所在的行业，帮助行业走出内卷的现状，走向未来蓝海的这群人。参与《行业元宇宙》接龙的共创者在细分领域的赛道上开启了元宇宙的大门，虽然有些超前，门可能也打开得很窄，表达可能还有点生涩，对元宇宙的认知还很模糊，但是他们却已经成为自己所在行业的领路人，未来会启发、引领更多的同行进入元宇宙的新蓝海，这才是元宇宙世界里认知最超前的一群人。

当《行业元宇宙》发行的一万个数字藏品被秒光，当《行业元宇宙》共创者 DAO 创建，当每个共创者都持有行业元宇宙数字藏品的时候，这本书就已经不再是王紫上等几个发起人的书。它真正彻底地成为一群共识者的书，是每个参与者的书，它和每个共创者都有了关系。它未来会在你心里，在你的笔下，成为你的作品。你可以拿着这本书跟你的朋友家人孩子们说：在元宇宙爆火的时候，我们干了一件特别有价值的事，我们创建了共创者 DAO，我们还出版了一本书！当有一天行业元宇宙数字藏品价值翻了上百倍的时候，你也可以很安心地跟自己说，这是以后可以养老的数字资产。

在这本书还没有出版之前，已经有了一群爱护它、关心它、关注它、谈论它的共创者和读者群。在编辑连稿子还没有看到的时候，已经有人在掂量着这本书会不会限量发售。我们见证和参与了出版业进入出版元宇宙的过程，见证和参与了《行业元宇宙》从孕育、诞生到成长的完整历程，我们以这样的共创者 DAO 改变了出版业元宇宙的发展和进程。

我们以元宇宙的思维迭代出版业的这个案例，举一反三，同样也可以迭代各行各业。相信每一个细分领域，360 行，行行都值得我们利用元宇宙思维和技术赋能。越是细分的领域越容易出彩，案例也越容易带给人深刻的启发。例如嗅觉元宇宙和传感器元宇宙，未来人们在元宇宙世界里可以感受到味道、触感，这些都是充满了想象力的细分领域，是非常有价值的行业元宇宙。

5 月 9 日《行业元宇宙》共创者 DAO 接龙报名创建，共计有近 200 位来自不同行业、认知领先的创业者、实践者、专家学者、艺术家、程序员等专业人士接龙报名，参与共创。限于本书的篇幅，最终收录了 20 多位共创者分享的自己所在行业的行业元宇宙探索和实践，他们以自己的观点和业务逻辑描述了行业元宇宙。希望今后有机会看到更多共创者分享关于行业元宇宙的思想和思考。

12.3　共创者报名接龙名单

以下是《行业元宇宙》共创者报名接龙名单（姓名按拼音字母排序）。

阿英	巴依	白云虎	宾颖超
步亚辉	曹家林	曹美英木	曹鹏
曾伟华	常宇晗	陈飚	陈菜根
陈清良	陈雄	陈中坚	虫
丹麦灵艳	刁孝力	丁方	范光军
飞鱼 todd	高泽华	龚才春	顾伟
管鹏	郭松杰	郝一鸣	贺宁
贺钰涵	洪波	胡歌	胡恒朗
胡瑞	黄润豪	吉祥如意	贾博越
姜鹏	蒋亚洪	叫我果果	静日
柯丹	乐瓶子	雷蕾	黎跃春
李春林	李广灿	李鲲鹏	李晓琪
李旋	李永刚	李正海	梁家僖
梁凯	林俊榕	林里鹰	凌露佳
刘秉林	刘家贱	刘琳	刘少军
刘勇	留人醉	卢洪波	罗浩/孙哲
罗佳	吕绪康	马超轶	马达飞
孟东辉	孟虹	慕超	庞品行
彭伏莲	麒计	钱锋	钱晓文

秦滔	邱平	裴维东	任小盈
三金先生	商越	石城	史杰
洪启	思二勋	孙瑜	汤汇道
韬	张权/李海峰	王彬	王大凯
王钧凯	王璐	王鹏飞	王鹏昊
王润杰	王星娴	王紫上	威马
微至	吴陈炜	吴导	吴昊
吴俊杰	吴小伟	五蕴数字	武立辉
武源文	夏云龙	箫杨	小艾胡说
肖灵艳	谢复之	心瑶	徐大白
徐道彬	徐攀	徐卫兵	许晨茜
许虹	闫宗成	颜涛	杨古院
叶毓睿	易诗涵	尹健	尹逊钰
勇敢的马	袁新迪	张东方	张峻玮
张普	张迅诚	张志粦	章新挺
赵子旭	赵紫弘	着陆	季正融
郑大平	周振宇	朱猛	AI
A-Zero	Eva	GeoffLeng	Matt
Michelle	Novia 王凝	Percival	Seauniv
Serena	WenSUN- 孙子辰		seven

12.4　共创者介绍

本书收录了 20 多位共创者分享的自己所在行业的行业元宇宙探索和实践。随着本书内容的不断迭代，相信会有越来越多的共创者内容被加入。关于共创者介绍可以扫描以下二维码加以了解。

共创者介绍